Michel Foucault:
Política – pensamento e ação

Haroldo de Resende
(Organizador)

Michel Foucault:
Política – pensamento e ação

Estudos Foucaultianos   **autêntica**

Copyright © 2016 Haroldo de Resende
Copyright © 2016 Autêntica Editora

Todos os direitos reservados pela Autêntica Editora. Nenhuma parte desta publicação poderá ser reproduzida, seja por meios mecânicos, eletrônicos ou em cópia reprográfica, sem a autorização prévia da Editora.

COORDENADOR DA COLEÇÃO ESTUDOS FOUCAULTIANOS
Alfredo Veiga-Neto

CONSELHO EDITORIAL DA COLEÇÃO ESTUDOS FOUCAULTIANOS
Alfredo Veiga-Neto (UFRGS); Walter Omar Kohan (UERJ); Durval Albuquerque Jr. (UFRN); Guilherme Castelo Branco (UFRJ); Sílvio Gadelha (UFC); Jorge Larrosa (Univ. Barcelona); Margareth Rago (Unicamp); Vera Portocarrero (UERJ)

EDITORA RESPONSÁVEL
Rejane Dias

EDITORA ASSISTENTE
Cecília Martins

REVISÃO
Lúcia Assumpção

CAPA
*Alberto Bittencourt
(sobre foto* Outras janelas, *2011, de Maria José Carvalho)*

DIAGRAMAÇÃO
Larissa Carvalho Mazzoni

Dados Internacionais de Catalogação na Publicação (CIP)
(Câmara Brasileira do Livro, SP, Brasil)

Michel Foucault : política : pensamento e ação / Haroldo de Resende (organizador). -- 1. ed. -- Belo Horizonte : Autêntica Editora, 2016.

Vários autores.
Bibliografia.
ISBN 978-85-513-0082-4

1. Filosofia - História 2. Foucault, Michel, 1926-1984 - Crítica e interpretação 3. Foucault, Michel, 1926-1984 - Filosofia política I. Resende, Haroldo de.

16-07649   CDD-320.510

Índices para catálogo sistemático:
1. Filosofia foucaultiana : Ciências políticas 320.510

GRUPO AUTÊNTICA

Belo Horizonte
Rua Carlos Turner, 420
Silveira . 31140-520
Belo Horizonte . MG
Tel.: (55 31) 3465 4500

São Paulo
Av. Paulista, 2.073,
Conjunto Nacional, Horsa I
23º andar . Conj. 2301 .
Cerqueira César . 01311-940
São Paulo . SP
Tel.: (55 11) 3034 4468

www.grupoautentica.com.br

Sumário

07 **Apresentação**
Haroldo de Resende

09 **Os perigos de uma ontologia política *ainda* sem cabimento ou o legado ético-espiritual de Michel Foucault**
Alexandre Simão de Freitas

35 **Foucault e os coletivos políticos: novas formas de vida para além do sujeito identitário de direitos**
André Duarte

51 **Desde Foucault, para além de Foucault**
André Queiroz

59 **A ontologia e a ética em Michel Foucault**
Celso Kraemer

77 **Práticas de subjetivação e experiência da sexualidade em M. Foucault: Sobre *O uso dos prazeres* e *O cuidado de si***
Cesar Candiotto

95 **Interconexões entre política, pensamento e arte**
Dulce Quental

111 **Governamentalidade, política, resistências ao poder**
Guilherme Castelo Branco

123 **Política e ação no pensamento de Michel Foucault: conexões entre poder, saber e discurso**
Haroldo de Resende

137 **A crítica da noção de identidade e atualizações contemporâneas da estética da existência: feminismo(s), movimentos LGBT e política *queer****
Maria Rita de Assis César

147 Derivas da escrita de si
Marilda Ionta

163 Foucault, governamentalidade e neoliberalismo
Nildo Avelino

179 Pensar, agir... viver uma vida verdadeira: desafios éticos à ação política do intelectual na atualidade
Pedro Angelo Pagni

197 Foucault e a ética do intelectual
Priscila Piazentini Vieira

213 Entre a biopolítica e a sexopolítica
Susel Oliveira da Rosa

223 Liberdade
Tania Navarro Swain

231 Sobre os autores

Apresentação

Haroldo de Resende

Ainda que com diferentes modulações, a obra de Michel Foucault é atravessada por uma analítica do poder na qual, de maneira original, associa-se a atualidade e a reflexão teórica, realizando uma história do presente, problematizando-o e distanciando-o de constantes antropológicas ou de meras variações cronológicas.

Para Foucault o papel da filosofia nunca foi desvelar verdades ocultas, mas estabelecer visibilidades ao que já é visível, àquilo que, de tão perto, de tão imediato, não é percebido, o que faz com que sejam as relações de poder o que deve ser interrogado. Nas interrogações que efetuou, ao problematizar o poder, desenvolveu e mobilizou com seu arsenal teórico-metodológico uma série de conceitos e categorias, tais como normalização, disciplina, anatomopolítica, biopoder, biopolítica, governamentalidade, genealogia, dispositivo, controle, liberdade, estratégia, combate, microfísica, guerra, tática, discurso, entre outros tantos, que fizeram ver modos de exercícios e de relações de poder.

O papel que via para si como intelectual não era o de um arauto de grandes verdades descobertas ou de profecias para o futuro. Ele apenas queria a destruição das evidências e das universalidades, queria localizar e indicar, nas inércias e limitações do presente, suas fragilidades, suas linhas de força, suas fissuras, assim como a possibilidade de sua ultrapassagem.

A expressão de seu pensamento, em suas palavras, em seus ditos e escritos, autentica sua ação política como filósofo e intelectual preocupado com seu tempo, eticamente ligado ao que enunciava e ao que vivia. Além de um homem das palavras, por vezes rachando-as, por outras estabelecendo-lhes novos sentidos, Foucault foi um homem de palavra, por tudo o que com as palavras conectou ao seu pensamento e às suas ações.

Talvez esteja aí a sua coragem da verdade: dizer e agir. Agir dizendo, na compreensão de que em cada gesto, em cada murmúrio, em cada silêncio, há uma vontade, um desejo. A atividade filosófica compreendida como prática permite dizer que Foucault é um filósofo de ação política, sendo incontornável o vínculo que estabeleceu entre o que pensou e o que fez no arco desenhado por sua práxis política.

Naquilo que deixou de testemunho e testamento, sugere a utilização da *prática política como um intensificador do pensamento, e a análise como um multiplicador das formas e domínios de intervenção da ação política*.[1] É no sentido dessa pista aberta para a política nas dimensões do pensamento e da ação que se reúnem os textos deste livro. Cada um, em sua abordagem específica, é norteado pela ação política do pensamento, fazendo de aspectos e noções do pensamento de Foucault seu ferramental comum. Uma parte dos textos aqui reunidos foi apresentada por ocasião do III Colóquio Nacional Michel Foucault: política – pensamento e ação, realizado na Universidade Federal de Uberlândia, durante três dias de atividades que começaram no dia em que Foucault completaria 87 anos. A esses textos, apresentados e discutidos no Colóquio, compondo a coletânea, se juntaram outros, alinhando-se ao mesmo propósito que animou o evento e que, certamente, animará o interesse dos leitores em transitar por temas políticos que atravessam o pensamento e a ação desse filósofo que fez da expressão de sua vida um testemunho político, e de sua prática intelectual, um legado a ser revisitado para melhor compreender as relações de poder que atravessam nosso tempo presente.

---

[1] FOUCAULT, Michel. *Prefácio (Anti-Édipo)*. In: _____. *Repensar a política*. MOTTA, Manoel de Barros da. (Org.). Tradução de Ana Lúcia Paranhos Pessoa. Rio de Janeiro: Forense Universitária, 2010. p. 106. (Coleção Ditos e Escritos). v. VI.

OS PERIGOS DE UMA ONTOLOGIA POLÍTICA *AINDA* SEM CABIMENTO OU O LEGADO ÉTICO-ESPIRITUAL DE MICHEL FOUCAULT

Alexandre Simão de Freitas

> [...] *o mais frio de todos os monstros frios...*
> *mente em todas as línguas do bem e do mal –*
> *e não importa o que ele possua, foi roubado...*
> *somente lá, onde cessa o Estado,*
> *o homem, que é não supérfluo, começa.*
> Nietzsche

Com essa citação de Nietzsche, extraída de *Assim falou Zaratustra*, Peter Miller e Nikolas Rose (2011) iniciam uma curiosa reflexão acerca do poder político para além ou aquém do Estado, tomando por base os estudos da governamentalidade desdobrados por Michel Foucault em seus cursos no Collège de France nos anos 1978 e 1979. Para esses autores, a principal contribuição de Foucault, naquele momento, consistiu em tornar evidente que o debate político contemporâneo permanece inundado de *imagens do Estado*. No máximo criticam-se seus excessos, suas ineficiências, suas injustiças, ao mesmo tempo em que se buscam encontrar soluções para seus problemas administrativos. Nesse contexto, seria uma tarefa inócua tentar encontrar quem ainda questione o próprio Estado, já que ele é apreendido como o principal garantidor de uma vida justa.

Mesmo assim, nos seus cursos tardios, Foucault esboçou um exame radical do poder político, chamando nossa atenção para a questão por ele denominada de *governamentalização do Estado*. Por isso, diferentes autores (BERT, 2013; DÍAZ, 2012; LAZZARATO, 2011; COLOMBANI, 2008) têm destacado que parte das críticas endereçadas às análises políticas de Foucault tem como pano de fundo uma incompreensão generalizada de seu deslocamento em direção à ética. Difunde-se uma percepção equívoca acerca da sua impotência para lidar com as mutações no atual regime de acumulação do capital. Admite-se mesmo que Foucault tenha se deixado seduzir pela análise da governamentalidade neoliberal (LAGASNERIE, 2013). Um tipo de crítica que não apenas erra o alvo, como também projeta um ponto de vista inadequado para abordar as formulações do pensamento político de Foucault.

Nessa direção, partimos da compreensão de que os discursos políticos se constituem como um campo privilegiado para a formulação e a justificação de esquemas idealizados para representar, analisar ou retificar a realidade, assumindo que se toda racionalidade política requer uma epistemologia, uma vez que "são formuladas em relação a alguma concepção de natureza dos objetos governados" (MILLER; ROSE, 2011, p. 76), elas também não podem se sustentar sem desdobrar um esquematismo de caráter moral. Isso significa dizer que os discursos políticos pressupõem a percepção de que o real é programável, estando sujeito a certas regras, normas e processos que podem ser exercitados e majorados através de intervenções normalizadoras. O poder político agencia o exercício concreto das condições de liberdade dos sujeitos e incitando-os a adotarem uma relação adequada com a esfera política, movendo ações direcionadas a fazer com que indivíduos assumam "uma relação educada e culta de autocuidado" em relação aos seus corpos e mentes (MILLER; ROSE, 2011, p. 257).

Assim, não há governo político dissociado de uma ativação dos processos de subjetivação. Governo das condutas e produção de assujeitamentos seriam duas faces de um mesmo fenômeno. Por isso, seguindo Maurizio Lazzarato (2011, p. 14), entendemos que não é possível separar a construção de um sujeito político do processo de transformação de si. Os modos de governamento político se estruturam por meio da valorização de determinadas relações de si a si, mediante técnicas variadas de gestão do tempo, das escolhas, dos estilos e das maneiras de viver a própria vida.

Por essa razão, nosso ponto de partida são as mutações do poder pastoral. Interessa-nos particularmente o deslocamento das técnicas de governo das almas para as técnicas de governo dos homens. Como sabemos, essas transformações conduziram Foucault a um inquietante "mergulho na relação entre religião e política nas sociedades ocidentais modernas" (GRABOIS, 2011, p. 14), pondo em jogo uma análise minuciosa não apenas da "especificidade das revoltas de conduta em relação às revoltas políticas e às revoltas econômicas contra o poder" (p. 16), mas também da própria história das relações entre subjetividade e verdade. No entanto, só muito recentemente essa temática vem chamando a atenção dos pesquisadores (CANDIOTTO; SOUZA, 2012). É neste sentido que nos interessa fornecer visibilidade ao que chamamos aqui de *legado tardio* de Foucault. Faz parte desse legado um conjunto de textos aparentemente heterogêneos, como suas reportagens sobre o Irã, suas aulas nos cursos finais no Collège de France, suas análises sobre a questão do Esclarecimento e o problema da revolução, mas principalmente a redescoberta dos seus textos chamados de *protoarqueológicos*.

Esse *corpus* vaporoso permite colocar em outras bases o interesse de Foucault pela Antiguidade greco-romana, explicitando não apenas sua autovinculação paradoxal a Kant, mas, sobretudo, delimitando o lugar da espiritualidade nos seus últimos escritos. Consideramos esse um passo importante, inclusive, para delimitar criticamente as acusações de que Foucault foi e continua sendo objeto no plano ético e político. Admitimos que pode haver perigos mais sombrios reservados àqueles que se ocupam de seu pensamento, tais como uma fantasmática ontologia da alma ou do espírito humano, cujas dificuldades de recepção manifestam que o problema da verdadeira vida (*alêthê bios* – as maneiras de ser, de fazer, de se conduzir), tema essencial, afirma o próprio Foucault, tanto para a história do pensamento filosófico quanto para a história da espiritualidade e que ainda permanece um tema *confiscado* pelas instituições religiosas e *anulado* pelas instituições científicas (FOUCAULT, 2011, p. 217).

Mais ainda: tudo indica que, ao tematizar as práticas de cuidado na Antiguidade, Foucault estava procurando respostas para uma crítica adequada ao solo antropológico no qual edificamos parte significativa de nossos processos formativos, seja em termos de singularização ética, seja em termos de socialização política. Afinal, ao longo de toda sua trajetória, ele parece perseguir sem tréguas uma determinada concepção do humano que não colidisse com o projeto de uma ontologia crítica. Eis porque a tematização da alma aparece sempre como uma questão incontornável para Foucault.

O problema, como afirma Bernauer (1994), é que, ao escavar uma história da alma e de nossa relação com ela, Foucault também traz à tona a extravagante ideia de uma *política do espírito*, cujas implicações para o nosso tempo ainda não são evidentes. A questão é sensível, pois, por um lado, não há como ignorar a naturalização crescente das categorias do espírito humano, através do avanço das novas neurociências, e, por outro lado, as formas mais insidiosas de exercício do poder continuam operando, hoje mais do que nunca, através de concepções específicas do que consideramos *humano* na alma humana. Nessa configuração, a problematização do espírito em um mundo sem espírito parece carregar lições ainda insuspeitas a serem extraídas do seu pensamento, embora o tema, como sabemos, esteja mergulhado em uma obscuridade ontológica.[1]

Os perigos e as seduções do que nos encanta

Embora o pastorado tenha se configurado como a forma política mais estranha e mais característica do Ocidente, ele permanece um fenômeno praticamente desconhecido pelas nossas filosofias políticas e pelas nossas teorias críticas da educação. Talvez porque, como afirma Lazzarato (2011, p. 81), o poder pastoral e "seus avatares modernos" não se confundem "com os procedimentos utilizados para submeter os homens a uma lei, a um soberano ou às instituições democráticas". Longe de atingir os indivíduos como sujeitos de direito, o poder pastoral visa aos sujeitos vivos, concretos e singulares, com idades, competências, sexo, maneiras de se comportar específicas, intervindo no espaço aberto de uma subjetividade.

Além disso, a mutação do poder pastoral em governo político dos homens amplificou os problemas da soberania e das disciplinas, uma vez que essa forma de poder não se exerce contra a lei, contra as instituições democráticas ou contra a soberania, deslizando e se constituindo sob as próprias relações jurídico-democráticas. A singularidade excêntrica das transformações do poder pastoral reside na sua capacidade de recompor as nossas definições da política, bem como as modalidades de luta e de resistência que lhe são concernentes. Daí nossa dificuldade em incorporar algumas das provocações políticas de Foucault, já que essas lutas aparecem, por vezes, como uma recusa à participação política e à própria ideia de luta política.

O fato é que as lutas em jogo não visam ao agenciamento de direitos e não estão situadas no terreno estrito da representação política. Seu alvo é a colonização administrativa das ações possíveis dos governados. Essas lutas se localizam entre uma lógica de resistência (moldada por atitudes defensivas ou ofensivas às dominações existentes) e uma lógica de experimentação política (articulada pela criação de um novo *ethos* derivado de um engajamento em práticas de cuidado consigo mesmo).

Desse modo, a analítica do poder político que foi desdobrada nos escritos de Foucault exige um novo aparato conceitual para sua efetiva

---

[1] Noções como as de *Gemüt*, alma, si mesmo e espiritualidade aparecem recorrentemente nos textos de Foucault e são fundamentais para uma apropriação efetiva das suas provocações políticas. Todos esses termos encenam uma espécie de dramaturgia a reclamar um maior envolvimento dos pesquisadores.

compreensão. Em primeiro lugar, cumpre conjurar os perigos éticos do seu pensamento, balizando os possíveis riscos que sua resposta aos dilemas políticos de nossa época representaria para o nosso ideal de autonomia. Pois, aparentemente, tudo se passa como se, ao tematizar uma possível atualização da ética greco-romana, Foucault estivesse endossando uma ética individualista e defendendo um esteticismo amoral e apolítico. No limite, essas críticas contribuem apenas para desviar o olhar das novas problematizações, submergindo as análises foucaultianas sobre a ética do cuidado na reafirmação do mesmo.

Perde-se de vista que, ao tematizar a noção de cuidado de si, Foucault produziu *insights* vitais sobre os processos de subjetivação que guardam estreitas relações com questões éticas e políticas no âmbito da tradição da *Bildung*, afetando a representação que temos da pedagogia, das suas categorias e dos seus campos de formação discursiva. Uma implicação direta, nesse caso, pode ser encontrada na reflexão do *si mesmo*, a partir da qual se constitui uma crítica radical aos modos hegemônicos de pensar e de mover as ações educativas. A reflexão sobre o *si mesmo* permite vislumbrar duas pedagogias: uma que se volta para a produção do sujeito e outra que visa transformá-lo, alterando seu modo mesmo de *ser*-sujeito (CASTRILLÓN, 2003, p. 204).

Apesar disso, a ideia mesma de uma ontologia do si mesmo permanece algo descabido e excessivo em nossas reflexões. Com isso, categorias como negatividade, singularidade e contingência, que afetam a reflexão crítica acerca da nossa capacidade de ter acesso a verdades e as condições do agir moral para além dos códigos de orientação das condutas, deixam de ser problematizadas. O desconforto gerado pela ontologia do si mesmo pode estar relacionado a dois fenômenos inter-relacionados. O primeiro é a sua clara vinculação à noção de espiritualidade, já que, contrariando as destinações ocidentais do pensamento, Foucault mobilizou uma reflexão original que fez dessa noção algo ainda pertinente para os debates filosóficos e pedagógicos.[2] Uma segunda razão para a pouca visibilidade da ontologia do si mesmo é a sua vinculação com problemas aparentemente superados pelo pensamento foucaultiano como o projeto de contestação dos fundamentos das ciências humanas e suas críticas severas às questões antropológicas (KRAEMER, 2011).

---

[2] Com todos os estranhamentos que a noção de espiritualidade comporta, o fato é que dificilmente a defesa da filosofia ou da educação como arte de viver pode ser dissociada de uma analítica rigorosa dos exercícios espirituais. Foucault (2004, p. 21) chega a ser incisivo ao apreender o próprio ato de conhecer como comportando "toda a estrutura de um ato espiritual", abrindo um cenário discursivo que contribui para deslocar os processos formativos do reduzido terreno cognoscitivo ou didático-instrumental.

Nesse aspecto, vale ressaltar que alguns pesquisadores, ao se debruçarem sobre as análises foucaultianas, nos anos 1950, têm evidenciado uma espécie de "conjunto problemático que segue do kantismo às ciências humanas" (MIOTTO, 2011, p. 8) em uma continuidade assombrosa com as análises desdobradas na sua fase ética, indicando-se uma série de fissuras em uma linha tortuosa de elaboração conceitual que vai da defesa de uma "teoria geral do ser humano" a uma análise histórica das formas de experiência, o que permite perceber como o próprio Foucault se impôs a tarefa de recusar os humanismos e evitar as antropologias, sem, contudo, afastar da sua visada crítica o esforço para uma apreensão do homem em sua singularidade concreta.

Dessa maneira, a expressão *há algo de perturbador no princípio do cuidado de si*, formulada por Foucault no curso de 1982, pode guardar mais problemas do que somos capazes de balizar neste momento. Uma tarefa urgente consiste então em refinar a recepção e os usos recentes da noção de cuidado de si. Isso é importante, pois, além da incompreensão generalizada relativa a um conjunto de temas que passaram a configurar o *corpus* foucaultiano, tais como as noções de ascese, parrésia e amizade, circula um tratamento ambíguo da própria noção de cuidado de si. Aliás, os próprios ouvintes-leitores dos seus cursos finais são esclarecidos das dificuldades enfrentadas por Foucault para lidar com esse termo. No curso de 1984, *A coragem da verdade*, na aula de 22 de fevereiro, ele expõe suas tentativas de investigar as origens etimológicas do termo *epimeleia*. Para organizar essa aula, Foucault afirma ter realizado a consulta George Dumézil. O resultado da pesquisa apresentou as seguintes indicações. Primeiro, parece não ser possível fornecer qualquer indicação concreta às raízes etimológicas do termo. Segundo, na ausência de uma significação segura, tanto Dumézil quanto Foucault se põem a levantar, em suas próprias palavras, hipóteses loucas, associando a raiz da noção, *melos*, a um conjunto de termos como melodia, canto, música, e chegando a uma associação com a expressão "me encanta". Essa última faria referência a algo que nos vem à mente e persiste obsessivamente, como quando uma música surge e fica ressoando em nossas cabeças sem que possamos fazer algo com relação a isso.

Mais sugestivas ainda são as associações que Foucault então articula juntamente com o historiador Paul Veyne. A loucura da hipótese residiria agora no fato de a noção guardar certa relação com a ordem do dever, como se o *melos* fosse um canto, mas um canto de chamada. O exemplo fornecido é o canto do pastor para fazer regressar seu rebanho ou outros pastores. Seria uma espécie de canto sinal. Com base nessas ideias, Foucault resolve admitir que a noção de *epimeleia* guarda uma relação com algo que nos canta e encanta na medida mesma em que nos chama e convoca. Ele finaliza sugerindo maliciosamente aos que se interessassem pelo problema que haveria algo como um segredo musical, o segredo de um chamado musical na noção de cuidado.

De sorte que, e isso é fundamental do ponto de vista do argumento que estamos desenvolvendo, na análise dos textos relativos à ética do cuidado haveria que se levar em conta certa exigência metodológica, pondo em jogo, na análise das palavras, "um método de superposição das diferentes indicações formais que podemos encontrar em um texto, uma sorte de método de palavras cruzadas que mostrasse uma cabal homogeneidade com o método utilizado pelo próprio Dumézil na análise das mitologias indo-europeias" (FOUCAULT, 2011, p. 134). A finalidade última desse método não consistiria em fornecer respostas absolutas aos problemas investigados, configurando-se antes como um caminho irônico para retomar o que, em um determinado discurso, texto ou acontecimento, repousa ainda como um enigma para os sistemas de pensamento.

No que se segue, faremos uma apropriação bruta desse método com vistas a sugerir que a análise foucaultiana da política pede uma linguagem específica, enfatizando que essa língua envolve mais que uma retórica ou uma pragmática. A política apreendida como experiência, como sinalizam os textos tardios de Michel Foucault, reclama um tratamento próprio da linguagem poética.

Há que se precaver contra os perigos irradiados pela língua dos poetas

Los poetas hablan en otra lengua. Essa advertência do poeta seiscentista Antonio Lullio faz ressoar os perigos passíveis de serem irradiados pela língua dos poetas. Pois, como os loucos e os sonhadores, os poetas agiriam como bárbaros acampados às portas das cidades, invocando, evocando, provocando, isto e aquilo, este e aquele; copiando, resumindo, glosando, simulando, transgredindo. Herdeiros de velhos andarilhos ambulantes, os poetas carregariam consigo, nas suas palavras e nas suas obras, a própria indigência do pensamento humano. Nos restos de suas vozes circulariam fantasmas que anunciam angústias e temores que, de tempo em tempo, se abatem sobre as cidades. Por isso, o dom presente na língua dos poetas nos exporia politicamente a perigos, a gestos e responsabilidades arriscadas.

Como afirma Derrida (2005, p. 22), o dom poético consiste em oferecer "uma hospitalidade ao outro gênero, ao outro de qualquer gênero que venha parasitá-lo, habitá-lo ou manter seu hospedeiro refém". Não seria já *isso*, pergunta ele, a experiência da política? Gesto cuidadoso para com as palavras e atos que permitiriam presentificar e celebrar o acontecimento da presença intempestiva do outro em nossas vidas?

Talvez. Em outro lugar busquei construir uma resposta pondo em jogo uma meditação situada entre as peripécias oníricas de Dom Quixote na caverna de Montesinos e uma leitura heterodoxa dos textos éticos de Foucault tomados em uma relação especular com sua produção proto-arqueológica (FREITAS, 2013). Naquele momento, sonhei acordado com um novo Dom Quixote foucaultiano.

Um Dom Quixote *espectro* dos cursos tardios de Foucault.[3] Esse novo Dom Quixote seria uma espécie de filho bastardo da ética do cuidado: um praticante da alquimia e seguidor do método, bruxo da razão e iluminista da loucura, convertido por meio de misteriosas práticas e técnicas de si em um parresiasta à pro-Cura de si mesmo (MATTOS, 2007, p. 30). Retomarei brevemente esse experimento quixotesco para ressaltar que *meu* Dom Quixote surge trajado não como um Cavaleiro da Triste Figura, mas como um militante encapuzado, arruaceiro das ruas, um vândalo baderneiro.

Meu Dom Quixote luta por um pensamento sem catracas, ao mesmo tempo em que prega uma nova experiência de vida em uma sociedade descolada das molduras do Estado. Um Dom Quixote rebelado e movido pelo espírito de destruição, o mesmo que, nos últimos meses, parece ter tomado de assalto nossa imaginação política, com seus Black Blocs. *Meu* Dom Quixote fantasmático, portanto, é atravessado por sonhos de combate em torno da produção do insuportável (PASSETTI, 2013, p. 42).

Assim, como Foucault lendo Kant, acreditamos que os acontecimentos carregam sinais imperceptíveis para além ou aquém do barulho que provocam. O imperceptível é justamente o modo pelo qual o acontecimento faz espetáculo. Logo, não estou certo da justeza do conteúdo ou dos métodos. Pouco me importam os (des)acertos das manifestações de nossas ruas, praças e avenidas. Estou mais interessado na agudeza provocada pelas manifestações. Agudeza, como sabemos, é um efeito do engenho poético gerado por uma técnica singular de composição.

---

[3] Assim, *esse* Foucault não está completamente dentro nem fora de suas obras, entrevistas e cursos; trata-se de um Foucault construído por meio de malabarismos, simulacros, citações opacas, reinserções de enunciados em domínios referenciais diferentes; um Foucault, portanto, inventado que se situa entre o encantamento da "experiência trágica [que] subsiste obscuramente nas noites do pensamento e dos sonhos" (FOUCAULT, 2009, p. 47), e a obsessão pelas "palavras esmagadas", recusadas pelas instituições. Por isso, o conteúdo e até a dicção, tudo comparece nessas reflexões como uma combinação artificiosa, sem dúvidas, uma tentativa quixotesca de pensar com Foucault.

Uma forma eminente de artifício que amplifica o núcleo retórico da *razão poética* (HANSEN, 2000).

A característica vital da agudeza reside na sua capacidade de gerar, no leitor ou no ouvinte, o deleitamento com maravilhas, sendo, apesar disso, capaz de convencer com plausibilidade. O artifício mobilizado para alcançar esse intento é a metáfora, considerada a *mãe das agudezas poéticas* por desdobrar o jogo das analogias no âmbito do pensamento, favorecendo efeitos inesperados de sentido pela condensação de conceitos extremos. Por meio das metáforas, o engenho poético seria responsável por um uso singular da inteligência, expressando, no discurso, uma síntese de semelhanças e diferenças em uma forma nova e inesperada.

O sentido poético se diria mais longe do que o seu dito, alojando-se nas bordas de um pensamento que, ultrapassando a si mesmo, inspiraria o *pathos* do espírito humano pela criação de *fantasmas*, ou seja, pela criação de imagens fantásticas que seriam transmitidas da mente do poeta ou orador para a mente do ouvinte ou leitor, gerando alterações na alma pela fabricação intencional de conceitos hiperbólicos. Do que decorrem as relações inesperadas entre coisas e palavras. Assim, não casualmente, a poesia de agudeza se tornou um problema-chave nos debates sobre a necessidade de se corrigirem os excessos da razão (BAZZONI, 2007, p. 189).

A agudeza poética estimularia o funcionamento incorreto da faculdade do juízo na medida em que alteraria o processo de significação dos conceitos,[4] tendo sido, inclusive, objeto do interesse de Kant. Para Kant (2005, p. 181) tanto o poeta como o louco enxergariam a realidade com a mesma correção que qualquer pessoa, mas, devido a uma ilusão disparatada, eles acreditam ler nessa realidade determinados desígnios alarmantes de que as pessoas normais não teriam o menor vislumbre, adulterando os dados do mundo sensível ao adotar as imagens geradas pela faculdade da imaginação como um dado sensível. Nos níveis avançados, continua o filósofo, essa perturbação do ânimo faria multiplicar inumeráveis intuições sutis, que aproximariam perigosamente o poeta do visionário e este do metafísico. As afecções espirituais geradas pela agudeza poética apontariam, portanto, o fato de que mesmo os filósofos, às vezes, transformam fantasias em coisas

---

[4] No texto *Sonhos de um visionário explicado por sonhos da metafísica*, de 1776, Kant (2005) tentou explicar, de modo bastante sugestivo, o funcionamento das ilusões provocadas pela loucura, articulando os tratados metafísicos e os tratados esotéricos às visões espirituais do místico sueco Swedenborg, a fim de demonstrar não existirem diferenças entre o metafísico e o visionário na construção dos seus sistemas.

existentes, misturando, com convicção, conceitos intelectuais e conceitos sensíveis. Dizendo de outro modo: videntes e metafísicos, loucos e poetas se identificariam pela capacidade de fabricar sonhos capazes de iludir o espírito. Todos, segundo Kant, seriam construtores de castelos no ar e sonhadores acordados.[5]

Não há que se estranhar, então, que em uma sociedade atravessada pelo poder e pelo cogito soberanos, os ditos do louco, do poeta, do metafísico, do visionário, do militante, do revolucionário, do vândalo, do baderneiro acabem por se tornar uma ameaça. Como consequência, afirma Prado Júnior (2004, p. 26), é preciso exorcizar todas as formas equívocas do *outro*, limitando para isso os argumentos da loucura e do sonho. Da loucura, por ser uma espécie de erro incorrigível dada sua "cegueira para a regra", e do sonho, por ser uma ilusão de alguma maneira natural, mas passível de correção pela análise crítica. O problema é que, sendo a loucura incorrigível, pela terapia estritamente conceitual, e as ilusões oníricas dinâmicas por natureza, não haveria uma "cura definitiva" para esses *outros* da razão. Por isso, o sonho e a loucura permanecem assombrando nossos jogos de linguagem, gerando inúmeros conflitos quando se trata, entre outras coisas, de tornar explícito o campo de uma alteridade na medida em que compreender a alteridade exige colocar em cena outro sistema de regras, reconhecendo "o caráter corrigível, e mesmo correto, do que, segundo nossa gramática dos usos das palavras, é incorrigível" (PRADO JÚNIOR, 2004, p. 26).

O problema é que as experiências do sonho e da loucura, por não poderem ser mantidas a uma distância segura, embaralham as fronteiras e os limites que a razão filosófica, política ou mesmo pedagógica deve guardar da língua aguda e incendiária dos poetas. Uma língua voltada a estimular certa indecibilidade constitutiva no uso dos dados da experiência. Espero que já seja possível perceber que as peripécias desses dois sujeitos aqui ficcionalizados, Dom Quixote e Michel Foucault, visam afirmar que algo em nossa experiência e em nossos sistemas de pensamento recusa abordar de modo sistemático e, às vezes, intransigente as implicações políticas de uma poética do espírito. O argumento ancora-se na percepção de que faz parte do político albergar em si uma zona de indeterminação, cuja força aponta a positividade corrosiva do acontecer poético do espírito na alma humana. Estamos nos movendo, então, em um terreno situado para além das formas regradas do decoro científico ou acadêmico.

---

[5] Entre os sonhadores acordados estão, diz Kant (2005, p. 177), todos os que acreditam conhecer além da experiência, criando mundos outros.

A política como tomada inspirada da palavra

Na sua *História da loucura*, Foucault admite que uma das figuras seminais da loucura é provocada pela identificação romanesca. Ele pergunta: o que anuncia o saber dos loucos poetas? Sua resposta é incisiva: "uma vez que é o saber proibido, prediz ao mesmo tempo o reino de Satã e o fim do mundo; a última felicidade e o castigo supremo, o todo-poder sobre a terra e a queda infernal" (FOUCAULT, 2009, p. 21). A razão ou o saber dos poetas-loucos e dos loucos-poetas evocariam sonhos do apocalipse; sonhos que predizem o afogamento completo do mundo na agudeza de um furor universal. Por isso, a loucura e a poesia fascinam e amedrontam. Suas imagens não são apenas aparências fugidias que logo desapareceriam da superfície das coisas, pois tudo o que nasce do delírio poético já estaria oculto, como verdade, nas entranhas mesmas do homem. Haveria uma ligação entre a loucura e o agir político dos homens.

Essa mesma ligação se mostraria nos sonhos, nos delírios e nas ilusões coletivas enquanto experiências geradas por um *logos* selvagem regido pela oferta onírica de *um mundo onde tudo poderia ser diferente*. Daí porque a língua das ruas, por alguns instantes, pode se tornar veículo dos sonhos, nesse caso, dos sonhos utópicos. Essa língua, não há dúvidas, é trágica, pois está desvinculada dos modelos que projetam, através da filosofia ou da ciência, uma cidade ideal que permite aos seres humanos atingir a felicidade. A língua das utopias poéticas atualiza o exercício negativo de uma liberdade movida por uma razão desviada de si mesma, projetando nos subterrâneos das cidades a busca por outros mundos. Elas são exercícios de negatividade.

De acordo com Carlos Lima (2008, p. 13), essa língua se dá "como negação do lugar ou lugar-outro", lugar extremo onde se dá o próprio ter-lugar-da-linguagem. A língua das utopias poéticas conjuga-se a uma razão distópica, *logos* excêntrico, que, rebelado contra as injustiças do mundo, assusta os projetos político-pedagógicos, sendo, por eles, violentamente renegada do espaço da cidade. A língua das utopias poéticas tem sabor de insurreição, revolta e subversão, compondo obliquamente com o *terror de Estado* (PASSETTI, 2013, p. 38), esconjurando disciplinas e normalizações, mediante um circuito seletivo que visa paralisar, sabotar, conter o dispositivo que nomeia as condutas perigosas e indesejáveis. A língua das utopias utópicas incita radicalidades agudas, fazendo ecoar o ruído infinito dos contrapoderes. O dizer poético das utopias se compara à brasa ardente, ou seja, torna-se chama quando o assopramos.

Por isso, no fazer político, ardor e luz são uma questão de fôlego, inspiração a forçar o desvelamento dos biopoderes. Como resultado, *a língua dos poetas faz tremer a política,* ao colocar em evidência indivíduos apaixonados que tentam escapar ou desconfigurar as ordens normativas existentes. Os sujeitos dessa língua insistem em ignorar conselhos terapêuticos, sejam eles filosóficos, legisladores ou pedagógicos, pois seu estado de ânimo tende para ações monstruosas sustentadas por um estado delirante de produção de sonhos impossíveis. Para eles é difícil dizer se o mundo em que vivemos é uma realidade ou um sonho. A força ontopoética que os move só se deixa apreender por um *logos* extático, para o qual os modernos já não têm ouvidos.

Os antigos gregos, contudo, tinham dele uma experiência sensível porque o acolhiam no vigorar mesmo da língua. E ao fazê-lo, abrigavam experiências políticas extremas. Com isso, eles faziam entrar em choque a forma com a vida, procurando encontrar uma vida que, por meio da forma, se tornasse dotada de sentido ético-estético. Ao tocar a vida, essa forma abria possibilidades inesperadas de gestos desmedidos.

A política inspirada dos antigos gregos colocava em cena a loucura de indivíduos que, com todos os seus desacertos e infortúnios, faziam tremer o "sereno devir da história" (MELIM, 2009, p. 299). Eis porque a primeira experiência política é a de uma confrontação pragmática. Basta recordar o lugar constrangedor da poética no discurso fundador da reflexão filosófica sobre a política: *A República* de Platão com seu embate agonístico entre a filosofia e a poesia. Como diz Lacoue--Labarthe (1996, p. 140), a violência da questão filosófica endereçada ao poético é na realidade a questão que concerne à essência mesma da política. Na raiz desse combate, o entrechoque de duas leis, dois estados anímicos: o sonho, a embriaguez e o êxtase sagrado, por um lado, e a sobriedade do direito, da cidade-Estado e das ideias claras e distintas, por outro.

Na atualidade, esse confronto emerge nas tentativas de reescrever a história do fracasso ou do fim da poesia diante da generalização da política como prática governamentalizada. Nos termos de Otsuka (2013, p. 33), o deserto deixado pelo enfraquecimento do poético na esfera comum tem um impacto direto na dimensão política que se vê tomada pelas técnicas de administração voltadas à gestão dos vários grupos populacionais, estabelecendo novos padrões insuspeitados de dominação e controle. Logo, afirma, se a "crítica (não só a literária) tem se mostrado, na maior parte, incapaz de elaborar a experiência presente [...], talvez não seja por estar em crise, mas por estar funcionando muito bem, inteiramente ajustada à lógica gestionária atual".

Mas moinhos de vento ainda são necessários? Ou... O que querem os vândalos?

Os poetas fazem a política falar outra língua. Ora, essa língua fala o acontecimento poetado, diz ou escreve a vida como fábula. Mais: proferir a palavra poética significa literalmente ser tomado, ser possuído, ter experiência da alienação do próprio lugar. Com isso, sua transmissão configura uma "cadeia magnética" que prende e mantém juntos, em suspensão, "num êxtase comum, poetas, rapsodos e ouvintes" (AGAMBEN, 2006, p. 107). Assim, quando a palavra poética invade a "grade urbe", ilumina-a com sonhos furiosos e destrutivos, impedindo separar os bons dos maus cidadãos. Palavra mágica que evoca, chama às ruas e constrói sua própria realidade por meio de uma política experimental que se alimenta de estados oníricos alterados.

Os mensageiros dessa palavra portam, consciente ou inconscientemente, messianismos ígneos, agindo como *assaltantes do céu*.[6] Esses mensageiros teriam realizado mais uma aparição nas ruas de nossas cidades? Difícil responder. O tom da questão já é duvidoso. Certo, ao que tudo indica, é apenas a tomada aguda da palavra que vem com o retorno dos novos vândalos à cena política brasileira.[7] Um retorno próprio do "velho ciclo dos argonautas" (FOUCAULT, 2009, p. 9), pois o furor dos novos vândalos, com seus Black Blocs, tem embarcado os homens em sua nau insensata, despejando sua "carga insana de uma cidade para outra".

Como outrora, os novos vândalos polemizam com o caráter imperialista do Estado, fazendo entrechocar as correntes ideológicas difusas de nosso imaginário democrático. Por isso, em pouco tempo, o retorno dos novos vândalos faz ecoar as vozes retumbantes dos guardiões da *pólis*. O fato é que o valor de verdade dos seus gestos já passou a residir nos seus (e)feitos dissonantes. O mal-estar advém menos das depredações do patrimônio público e mais do fato de eles afirmarem que fazem "o que os outros não têm coragem de fazer" (MONTEIRO, 2013, p. 28).

---

[6] Expressão utilizada por Marx para designar os movimentos sociais que contam com muita energia de potencial revolucionário, mas que têm pouca propensão para a análise das condições objetivas da situação em que estão imersos. O exemplo paradigmático aqui é a Comuna de Paris (1871), aprendida como épica e forma social, pois os sujeitos dessa experiência agiriam movidos pela força de um sonho, percorrendo as ruas apoiados nos mitos dos antigos homens guerreiros (GONZÁLEZ, 1999, p. 96).

[7] Vale lembrar que os antigos vândalos faziam parte de tribos germânicas que penetraram no Império Romano durante o século V. O termo supostamente deriva do alemão *wandeln* que significa "vagar". Mas foi no final do século XVIII, em janeiro de 1794, que Henri Grégoire, bispo francês, usou a expressão *vandalismo* para denominar as depredações de obras de arte e prédios públicos que estavam sendo destruídos. Em suas memórias, ele diz: "Inventei a palavra para abolir o ato".

Ou seja, mesmo sabendo que estão sitiados fora da lei, eles fazem da violência uma decisão, o que desperta a reflexão angustiada em torno do seu aspecto demoníaco, tendo em vista a indistinção entre a "sagração" do "criminoso-terrorista" e a "sagração" do "militante-revolucionário", pois eles abrem um espaço indecoroso *na* e *da* política (MACHADO, 2004, p. 13). Recordemos mais uma vez que, quando Platão excluiu os poetas da cidade, ele estava excluindo também os supostos perigos que rondam toda ação, todo gesto que possa contribuir para a ficcionalização do real. Do que decorre sua defesa de uma educação "fundada sobre a exemplaridade (da mímesis)", com indicações claras de quais condutas deveriam ser consideradas ou não perniciosas para o viver junto. O confronto que se prolonga desde então entre poesia, filosofia, paideia e política é bem mais que uma simples rivalidade (LACOUE-LABARTHE, 1996, p. 161). Ela é a vivência temida e temerosa do ilimitado de toda ação inspirada.

A questão é que, no tecido de sonhos em que fomos educados, a política designa um modo de vida fundado sobre a palavra. Todo sujeito que resolve agir politicamente deveria aceitar o princípio de que tudo pode ser decidido através da palavra, do diálogo e da persuasão, e não com paus, pedras e coquetéis molotov. A identificação da política com a linguagem e a compreensão da linguagem como esfera da não violência sempre foi de tal ordem que tudo o que se encontra fora dessa experiência acaba por se referir a uma privação. Nos termos de Agamben (2006), o conflito encontra sua razão de ser precisamente no fato amargo de que as verdades políticas se encontram permanentemente expostas à ameaça nua da violência que as fundamenta. É justamente essa possibilidade de subtração da violência pelo discurso político que os novos vândalos vêm ameaçar. Face à sua ação persistente, podemos observar, entre atônitos, indignados ou desesperados, que, como os gregos antigos já sabiam a verdade, a política não é por si só suficiente para persuadir nem para pactuar.

Assim, toda ação política que se pretenda radical força a repetição do ostracismo imposto pelos filósofos-reis aos poetas e aos perigos irradiados por sua língua incendiária, anarcoterrorista. Os sujeitos dessa língua, como dissemos, são, por isso, levados a uma existência errante e as cidades há muito desenvolveram estratégias para escorraçá-los de seus muros, os visíveis e os invisíveis. Deixados a correr pelos campos distantes, o costume do expurgo dos loucos, dos vândalos e dos poetas é uma antiga medida das municipalidades. Mas o que fazer, então, quando eles chegam e insistem em ficar; quando eles permanecem vagando indefinidamente entre os muros da cidade?

A resposta não é simples nem direta, sobretudo, quando se leva em conta a nossa compulsão para clinicar acerca da potência ou da impotência psicopolítica das massas. Além disso, quase sempre, enxergamos os acontecimentos com os olhos de quem se amedronta com o irrepresentável e com o indeterminado, remetendo a ação para o tribunal policialiesco da razão. Raramente, nos dispomos, nos termos de Foucault (2010a), a apreender como determinadas disposições de ânimo podem fazer irromper novas formas de vida comprometidas com o indefinido trabalho da liberdade.[8]

Com seus sonhos delirantes, os novos vândalos nos falam das verdades que vêm como uma surpresa, um corte, uma cisão. As mesmas verdades que estão na raiz de toda atividade filosófica e pedagógica, ou seja, aquelas que tornam possível abordar as perguntas fundamentais que estruturam o sujeito de uma vida humana.

A dimensão onírica dos biopoderes: Foucault como militante dos sonhos

Nesse aspecto, a sugestão é que, no esforço de apreensão analítica das experiências políticas em jogo na nossa atualidade, valeria a pena pensar a partir dos ecos ressonantes produzidos pela aproximação entre os chamados *Foucault tardio* e *Foucault pré-arqueológico* (MELIM, 2009, p. 57). Ambos preocupados em investigar o ser humano nas suas formas concretas de vida; ambos curiosamente às voltas com as atividades oníricas do espírito humano. Para os dois, o sonho seria um dos núcleos irradiadores de sentido da existência e uma chave de abertura das artes da existência mobilizadas pela analítica do cuidado de si.[9] Atentemos para a raridade dessa junção e para os fantasmas que ela permite evocar. Por exemplo, nas belas e difíceis páginas da Introdução ao texto *O Sonho e a Existência*, de Binswanger, sabemos que Foucault se

> [...] encontra num impasse ontológico, numa dobra ontológica que não é ainda inteiramente tomada como histórica. Foucault não se decidiu ainda completamente por esse ser que "se constitui

---

[8] Lembra Foucault (2006, p. 124), os infames falam. No entanto, sua palavra permanece transfigurada pelo fabuloso, pois movem uma tomada da palavra marcada e regulada "por um toque de impossível".

[9] Foi assim que nos defrontamos com uma frase enigmática no último volume da *História da sexualidade*: os sonhos permitem pensar um "dom-obrigação que nos assegura a liberdade obrigando-nos a tomar-nos nós próprios como objeto de toda a nossa aplicação" (FOUCAULT, 1985, p. 53). Esse estranho dom é o cuidado de si, um dom para todos e para ninguém, para um tempo de vida e para toda uma vida. Curiosamente esse dom parece não ter despertado muita atenção dos comentadores do seu pensamento.

historicamente como experiência". Entretanto, é significativo que se comece a esclarecer os elementos dessa decisão. Na *Introdução*, encontramos um Foucault interessado na significação, e principalmente na expressão, da existência, da subjetividade, nos modos como esta aparece/desaparece a si própria [...]. Ao olhar do pré-arqueólogo, o interesse maior de *Sonho e Existência* joga-se na tentativa de esclarecer o conteúdo positivo da existência em referência a um dos seus modos menos inseridos no mundo. Modo em que a rede de significações parece estreitar-se, em que a evidência se turva, em que as formas de presença estão mais esbatidas, "fazendo surgir o que na existência é mais irredutível à história": o sonho (MELIM, 2009, p. 93).

Assim, no mesmo ato em que desqualifica a abordagem da *Daseinsanalyse* como sendo mítica, Foucault retorna a ela com o objetivo de demonstrar como a existência se realiza de maneira significativa no sonho. Essa ideia ancora-se em uma antropologia da imaginação que culmina em uma ontologia existencial do homem decifrada em chave onírica (NALLI, 2011, p. 10). Nesse momento, Foucault parece buscar um fundamento para as ciências humanas em uma ontologia, na qual sonho, poesia e loucura repousariam em uma mesma matriz. Mas nessa ontologia,

> [...] o sonho se caracteriza como experiência fundamental. Não porque se caracteriza a partir de um sujeito fundante e condicionante de uma realidade, mas porque antecede a própria cesura entre o subjetivo e o objetivo, entre o sujeito e o objeto [...]. Na experiência onírica, assim como na experiência imaginária em geral, o homem não se fecha em torno de sua alma, mas se abre para um mundo que o acomete e afeta e que, ao mesmo tempo, pela imaginação, constitui. Assim, pela experiência onírica, o sujeito experimenta outra sorte de relação com o mundo, que não passa pela polarização e antagonismo sujeito-objeto, mas que abandona sua subjetividade para mergulhar num mundo imaginário que lhe é, em sentido pleno, próprio (NALLI, 2011, p. 11).

Diferentemente do sono, no qual o indivíduo se entrega a um estado de aniquilação da realidade, ainda que transitória, pela qual se desliga do mundo, no sonho o indivíduo nem se aniquila nem foge da realidade.

> O indivíduo, quando sonha, não se confunde consigo mesmo em estado de vigília, apesar de dizer "eu", tanto num estado como no outro [...]. Mas, quando o indivíduo sonha, ainda que possa se referir como "eu", ele ainda se identifica com o que lhe cerca, com as coisas, de tal modo que não cabe qualquer distinção ou exterioridade. No sonho, tudo é "eu", todas as coisas se fundem numa única totalidade, que não se subjetiva ou objetiva (NALLI, 2011, p. 13).

Logo, o sujeito do sonho é o sonho mesmo. O sonho é o mundo na aurora de sua primeira explosão. Sonhar é para o sujeito que sonha a maneira radical de fazer a experiência de um mundo próprio. Ao constituir o mundo pelo sonho, o indivíduo, imerso no mundo onírico, constitui a si mesmo. O imaginário onírico não é, portanto, uma forma de irrealidade, mas atualização da realidade constituída existencialmente.

A força do sonho não advém da imagem, forma primaz da representação; vem, antes, de sua natureza *poética*, força construtiva e constitutiva porque prenhe de realidade a se *fazer* e a se *dar* como realidade. Como consequência de sua *força poética*, o sonho possibilita caracterizar a política com outras cifras. A política como experiência consistiria numa prática de liberação das potências oníricas, enclausuradas na repetição das imagens fixadas, cristalizadas pelos poderes instituídos. Nesse processo, se enfraquece a própria soberania cogitante do sujeito. Pois o sujeito cuja linguagem fala no sonho "falha o mundo", quer dizer, falha "certa atitude face ao mundo", o que não significa que seja "incapaz de mundo" (MELIM, 2009, p. 73). A linguagem do sonho seria uma espécie de linguagem inoperante. Por isso, no mundo onírico, o critério social da verdade não tem nenhum valor em si.

> [...] o sonho desvela o movimento originário pelo qual a existência, na sua irredutível solidão, se projeta para um mundo que se constitui como o lugar de sua história [...]. Paradoxal e ambivalente o sonho: designa simultaneamente o conteúdo de um mundo transcendente e o movimento originário da liberdade [...]. No mais fundo do sonho, diz Foucault, o que o homem encontra é a sua morte [...]. O sonho de morte aparece como o que a existência pode aprender de mais fundamental acerca dela própria. Nessa morte, de angústia ou de serenidade, o sonho cumpre a sua vocação última (MELIM, 2009, p. 108-109).

No ato onírico, tanto o louco e o sonhador, e nós já podemos acrescentar, quanto o poeta e o parresiasta assumem a liberdade de uma palavra que renuncia a fazer-se reconhecer publicamente, rompendo com a natureza intersubjetiva, dialética ou dialógica, da linguagem. Todos eles falam, mas sua linguagem não se constitui como palavra de ordem, já que nela habita uma insuportável força negativa. Daí serem eles "instrumentos pedagógicos" por excelência; eles são como dobras, religando mundos. Mundos vividos, mas alterados, transtornados. Mundo às avessas. Tanto para uma filosofia da ação comunicativa como para uma filosofia da consciência, o louco, o sonhador, o poeta e o parresiasta não têm lugar na ordem do discurso (MELIM, 2009, p. 76-77), uma vez que encarnam figuras cuja alteridade não foi ainda devidamente refletida pela razão filosófica ou pedagógica.

O sonho é um *ato* ético-político por excelência. Daí que, na procura experimental de Foucault, a analítica dos sonhos não culmina na *História da loucura*, ela atinge tanto a *História da sexualidade* como a *Hermenêutica do sujeito* e a *Coragem da verdade*, passando pela experiência traumática com os sonhos delirantes dos iranianos. Na analítica dos sonhos, ele desvela fontes ontológicas ocultas, gestos esquecidos porque realizados. Foucault lembra que o sonhador e o louco, o poeta e o parresiasta não são privados de razão, mas testemunhas de uma confrontação com o poder soberano de bem julgar, de ajuizar corretamente o verdadeiro do falso, de definir a vida que merece viver e a vida que merece morrer. Por essa razão eles se vêm obrigados a mobilizar uma linguagem de combate pronta a confrontar os poderes estabelecidos, pois reconhecem que eles são também ficções dispersas.

Isso significa dizer que os biopoderes se efetivam também por meio de dispositivos que acionam um *campo de delírio* que almeja segregar e eliminar os sonhos que poderiam se tornar arrazoáveis. Como indica Silveira (2009, p. 8), quanto mais densa é a descrição da biopolítica por Foucault, mais se faz presente a crítica aos limites delirantes desses sonhos de poder. Nesse aspecto, as heterotopias oníricas seriam portadoras de inquietação, solapando secretamente a linguagem do poder. Contudo, vale lembrar aqui o alerta de Passetti (2013, p. 48) de que as lutas a que Foucault faz referência não objetivam estabilizar um novo "sistema de poder ao cabo de um certo número de mudanças" a serem acatadas pelos aparelhos estatais. Isso significa que todo ato de resistência é apenas um deslocamento de forças entre arranjos diversos.

Assim, no horizonte opaco da miragem dos sonhos aqui delineada há apenas uma promessa de desestabilização dos mecanismos de poder, uma desestabilização sem fim, e que pode ou não abrir novas práticas de liberdade. Tem-se então uma última lição, ou melhor, uma "recomendação cínica" de Foucault para os legisladores, os pedagogos e os profetas: vandalizar não pode ser apenas uma conduta, mas uma atitude. Uma ética inspirada no cuidado de si se configura sempre como uma experiência frágil e volátil no campo de embate permanente com os poderes. Enquanto configuram pontos de resistência, as práticas de si são apenas sonho vivo em exercício, cujos efeitos e implicações políticas não podem ser calculados *a priori*.

Considerações finais em torno do legado tardio de Foucault

Assim, espreitamos, através da dimensão onírica considerada transversal ao pensamento de Foucault, um gesto oracular, uma espécie de arte premonitória dos destinos das forças políticas que atuam sobre nossas vidas. Oracular aqui se referindo à descrição de um afeto incidente sobre o consulente do barco da História: diagnóstico de mutações em devir. Os diagnósticos do presente tardio de Foucault nos obrigam a retornar aos arcanos originários de nossos sistemas de pensamento.

Esse retorno configura-se, de fato, como um gesto pedagógico na medida em que aponta para uma lição inquieta que se desprende do relato da morte de Sócrates. Essa lição, contudo, vem acompanhada de outra, quase nunca audível: a prevenção contra toda forma de delírio. A exceção, como sabemos, é o delírio filosófico, único a contar com algum efeito benéfico para a busca da verdade. A admoestação contra os efeitos embriagantes, provocados pela palavra inspirada, implica que, para proclamar reivindicações de verdade, não é mais suficiente remeter ao deus que mobiliza o sujeito como porta voz, ou apelar ao *in vino veritas*. Nesse sentido, filosofar deve significar argumentação, e argumentação quer dizer falar em um estado declarado de racionalidade. Nessa tradição que ainda é a nossa, o discurso filosófico, embora apareça como uma espécie de solilóquio da alma, deve tomar como premissa um processo sistemático e racional de autorreflexão. A linguagem do decoro filosófico confunde-se, aqui, com a linguagem da consciência. De fato, o discurso extático goza de muito pouco crédito na atualidade. Isso significa que algo mais perigoso ronda a língua dos poetas: a ideia dos fármacos divinos a partir dos quais se podia pensar até mesmo o ato filosófico.

A exclusão do fazer poético das ruas da cidade reverbera como uma cisão mais profunda que remete à experiência de êxtase e embriaguez provocada pela experiência de uma tomada corajosa da palavra que se "torna o lugar de um conflito entre o que se pode com-saber naquilo que se diz e o que necessariamente se diz sem saber" (AGAMBEN, 2006, p. 122). Age-se politicamente no ímpeto das paixões que transtornam as vidas humanas, instalando uma luta no âmago da própria alma humana levada a escolher um caminho de ação sem que haja certeza sobre erros ou acertos da escolha levada a cabo. O agir político se apoia sobre um fundamento mudo, sobre uma voz que jamais poderá ter deste silêncio uma compreensão plena e absoluta. Ainda nos termos de Agamben "esta voz é o fundamento místico sobre o qual se apoia toda a nossa cultura, a sua lógica como também a sua ética, a sua teologia e a sua política, o seu saber e a sua loucura" (p. 125). Essa voz indica aquele lugar em que o homem se encontra desde sempre, o lugar de uma decisão radical; lugar de uma laceração, de uma fissura.

No entanto, acreditamos, como sujeitos pós-esclarecidos ou pós-revolucionários, poder nos libertar de todo estado anímico excepcional a sustentar a indecibilidade constitutiva de nossas deliberações existenciais.

Logo, perdemos contato com toda forma de saber que permite lidar com o ruído desarmônico, com a vitalidade do horror e da ilusão, enfim, com toda vertigem imposta pela presença do estrangeiro em nós. Em um mesmo gesto, subestimamos o saber poético e exilamos os estados de delírio de nossas experiências fundamentais. Esquecemos ou fingimos esquecer que nas fontes de nossa cultura e de nossos sistemas de pensamento oculta-se uma antropologia pneumática. Como indica Foucault (2010a, p, 148), Platão incorpora silenciando o mistério extático, ou seja, o mistério da alma que se dobra sobre si mesma, reprimindo desse modo o problema central da política: a política como experiência, ou seja, o "problema do que é em seu *ethos*, a política". Por isso, todos aqueles que não se submetem a essa regra de exclusão do pneumático têm que seguir agindo e pensando com o peso da acusação de contaminar-se com alguma forma fundamentalista de religião, ou com o terrorismo criminoso, ou compadecer de perturbações da consciência.

Nesse terreno, os pensadores terapeutas, de ontem e de hoje, permanecem lutando contra os múltiplos extravios da razão. Mas isso significa dizer também que eles se tornaram figuras que não conhecem mais a possibilidade da privação de sua própria razão. Foram elididas a bases profundas da política que nasce em conversação com a corrente de revoluções poéticas que atravessam gerações, disseminando e transmitindo a palavra inspirada dos antigos mestres extáticos. O curso inaugural de Foucault (2012), no Collège de France, exprime, com clareza, o caráter aporético dessa transmissibilidade. Uma década depois, ele mesmo convoca mais uma vez as figuras arcaicas do nosso pensamento: os mestres da existência. Tendo feito sua primeira aparição na última aula do curso de 1980, *O governo dos vivos*, o mestre de existência tem um caráter ambivalente: fala muito mais do que escuta, instrui muito mais do que confessa. Herdeiro direto dos mestres da verdade (Detienne, 2013), o mestre da existência realiza o gesto radical de uma tomada da palavra capaz de "sacudir" e "provocar a cólera". Sua presença nos cursos de Foucault adquire força no momento em que a *parresía* é apresentada como ato por excelência. No horizonte aberto por essa figura enigmática abre-se uma interrogação inquietante: que governo de si deve ser posto como fundamento e como limite do governo dos outros?

A pergunta permite também entender o esforço de Foucault, em 1983, ao se concentrar na análise da tragédia *Íon*, acompanhando minuciosamente os percalços vividos pelo filho oculto dos amores de Apolo e Creusa. A situação é embaraçosa, pois, nessa tragédia, a *parresía* não se constitui nem como direito do cidadão, nem como competência dos dirigentes políticos. Ela é um exercício livre da palavra que se enraíza na política como experiência. Dito de outra maneira, na tragédia *Íon* quem age politicamente é convocado a fazer uma prova experimental da verdade.

Daí Foucault evocar nesse texto-personagem o próprio "real" da filosofia, que passa a se localizar no combate ativo com os poderes. A chave da atitude política de um filósofo não deve ser requerida a suas ideias, mas à sua vida filosófica e ao seu *éthos*. Nesse espaço, todos sabem e sentem: o perigo cresce! O debate sobre o "real" da filosofia reacende diagnósticos sombrios. Como lembra Sloterdijk (2002, p. 164), o problema da política não é "as instituições tornarem-se independentes e separarem-se dos interesses de base, mas a base separar-se de si própria como sujeito político", ao mesmo tempo em que os pensadores pedem demissão, sendo substituídos pelos peritos.

Nesse aspecto, uma das peculiaridades dos cursos tardios de Foucault é a colocação em cena da diferença ontológica de uma tomada de palavra que passa pela confiança na capacidade ética dos sujeitos deliberarem a respeito de suas próprias formas de vida. Os ecos dos cursos tardios de Foucault extravasam, portanto, o contexto explícito da sua enunciação. Na verdade, eles oferecem não apenas uma contribuição aos debates sobre a democracia, mas integram ao próprio debate político uma dimensão que visa romper com o sono dos justos do humanismo tradicional.

Por isso, Foucault parece não temer conceder importância filosófica ou política "aos estados interiores do eu, a escuridão do coração humano" (BERNAUER, 1994, p. 331). Sua ontologia crítica não teme pensar uma "política do espírito", escavando a contrapelo uma genealogia da alma e de nossas relações com ela. No último estágio de sua obra, ele recupera uma análise da existência humana, retirando-a mais uma vez do "domínio do cientificamente cognoscível", liberando "nossos espíritos das categorias biológicas" que obscurecem a percepção de nós mesmos, trazendo à tona o modo como chegamos a nos "compreender como seres espirituais" (p. 335).

Por exemplo, ao questionar o que sonhavam os iranianos, Foucault (2010b, p. 36) buscava também as condições de ruptura de certa racionalidade política, através de uma forma de luta que "faz de milhares de descontentamentos, de ódios, de misérias, de desesperos, uma força", uma força que atua enquanto forma de estar junto. A assim chamada espiritualidade, ele esclarece, não é senão o nome que os homens dão ao ponto de maior intensidade em cada domínio da sua vida".

A espiritualidade remete, aqui, a uma tradição política de que quase já há traço nos governos e oposições que temos hoje. Foucault (2010a) retomou essa tradição de forma aguda nos seus textos tardios, articulando formas outras de insurreição. É possível antever o mal-estar generalizado, mas o argumento é incontornável. Nos textos ético-espirituais de Foucault a vontade coletiva sempre parece pertencer à esfera da mitologia política. Pessoas, dezenas, centenas, milhares, os números, diz ele, importam menos que o descer às ruas e se defrontar "a peito nu, com as metralhadoras". É nesse ponto que ele insiste que se fale de espiritualidade; um ponto em que conflui a diferença entre a obediência ao código, a forma externa da lei e o que ele denomina de uma vida espiritual profunda. Vida espiritual relacionada, portanto, à experiência de decisões tomadas sem a segurança de um saber ou de normas, uma forma de compromisso ou relação consigo mesmo e com o outro no risco absoluto.

O próprio Foucault (2010a) não deixa de ressaltar que essa espiritualidade que lhe provocou tanto fascínio iria se apagar, ou que as práticas de si dos mestres do cuidado de si na Antiguidade greco-romana não eram a solução para os nossos problemas. De fato, o que restou dessas experiências é apenas uma provocação: um núcleo onírico, delirante, insano que dormita em todas as revoltas utópicas (McCall, 2013, p. 46) e em todo trabalho paciente de transformação de si mesmo.

As sociedades contemporâneas não têm como negligenciar esse núcleo se pretendem manter viva a possibilidade concreta do exercício das liberdades individuais e coletivas. Pois o espírito aqui se configura como um princípio de vivificação de um estado de ânimo que nos transporta para a fronteira do impossível. O espírito é o que cria, em nós, uma reserva heterotópica de mundo. Uma política movida pelo espírito pode ser o ponto de sutura em que as cidades reais se chocam com as cidades invisíveis ou rebeldes, perturbando os lugares-comuns dos nossos modos de viver e pensar.

Isso nos conduz a duas séries de questões que estruturam as considerações finais e extemporâneas deste texto. A primeira: o que significa transpor a política para um diapasão espiritual, uma vez que esse deslocamento rumina quase sempre uma experiência suspeita de derrota e de fundamentalismo? E a segunda, relacionada com a anterior: como recusar um pensamento estratégico enquanto caminho de resistência ao poder, levantando o problema dos sonhos de que ainda somos capazes?

No limite, as duas questões apontam a importância de recusarmos toda forma de legitimação política dos meios pelos fins, espiando "um pouco abaixo da história, o que a rompe e agita", e, ao mesmo tempo, velando "na retaguarda da política, o que deve incondicionalmente limitá-la". Uma recusa, portanto, a considerar a "infelicidade dos homens" como um "resto mudo da política" (Foucault, 2010b, p. 370).

O ponto chave é se podemos fazer desse silêncio, dessa impossibilidade de fala, uma compreensão de nossa presença no mundo em toda a sua profundidade, instalando nessa cisão que ameaça o estar junto dos homens um espaço para "o que pode ser uma linguagem sem Voz, uma palavra que não se funde em mais nenhum querer-dizer, isto é o que certamente devemos ainda aprender a pensar" (AGAMBEN, 2006, p. 131). Essa linguagem sem Voz, sabemos bem, expressa o grito do impotente, do inumano em todos nós com seus apelos mudos de justiça.

Não será por isso que próprio Platão (2011, 338e), no diálogo *Íon*, afirma que "a parte mais importante da formação de um homem é ser terrível no que concerne à poesia", uma vez que toda palavra dada, na poesia ou na política, é a experiência de ser tomado pela própria palavra? Talvez a pergunta indique que o agir político deva se *dar* seu próprio dom poético. Estranho dom, sem dúvida. O dom de uma poética. O único jeito de a política não ceder à retórica e à violência seria fazer-se dom, um dom de verdade. Dom poético da política, incalculável, improvável. Qual dom? O dom da resistência a um estado de governamento econômico generalizado. A impossibilidade desse dom se esclarece pela ruptura do possível enquanto repetição daquilo que, afinal, já estava aí, predestinado: o controle biopolítico dos corpos e das almas.

Eis porque se algo se *dá* na política, desde o espiritual, isso só pode querer dizer dom daimônico, dom portador de loucuras, de fantasias delirantes. É neste sentido que talvez o grito dos novos vândalos, exigindo o passe livre em nossas cidades, seja mesmo impossível. A figura mesma do impossível, pois a poesia ensina antes de tudo esta resistência anárquica. De fato, as pessoas afinam ou desafinam em seus próprios tempos poéticos; tempos inclassificáveis para os biopoderes que não entendem porque, às vezes, é preciso colocar um eco antes da voz para enfrentar moinhos de vento: o desconhecido e o impensado inerentes ao ser mesmo do homem. Daí que acolher o que vem através de uma relação efetiva com a fala de outrem pode ser também uma estranha e singela experiência política; acolher através da hospitalidade e da escuta, pode se configurar como uma arte a evocar em nossos espíritos o exercício sutil da política.

Referências

AGAMBEN, G. *A linguagem e a morte. Um seminário sobre o lugar da negatividade.* Belo Horizonte: Ed. da UFMG, 2006.

AGAMBEN, G. *Problemas espirituais: entrevista. Piazzamezza nottetempo.* 23 out. 2009. Disponível em: <http://aindanaocomecamos.blogspot.com.br/2010/11/problemas-espirituais-giorgio-agamben.html>. Acesso em: 14 ago. 2013.

BAZZONI, C. Dom Quixote a agudeza do furor. *Revista USP*, São Paulo, n. 74, p. 188-196, jun./ago. 2007.

BERNAUER, J. Por uma política do espírito de Heidegger a Arendt e Foucault. *Síntese Nova Fase*, Belo Horizonte, v. 21, n. 65, p. 319-336, 1994.

BERT, J-F. *Pensar com Michel Foucault*. São Paulo: Parábola, 2013.

CANDIOTTO, C.; SOUZA, P. (Orgs.). *Foucault e o cristianismo*. Belo Horizonte: Autêntica, 2012.

CASTRILLÓN, H. Q. Foucault, Pedagogo? *Revista Educación y Pedagogía,* Medellín: Universidade de Antioquia, Facultad de Educación, v. XV, n. 37, p. 201-216, Sep./Dic., 2003.

COLOMBANI, M. C. *Foucault y lo político*. Buenos Aires: Prometeo, 2008.

DERRIDA, J. *Gênese, genealogias, gêneros e o gênio*. Porto Alegre: Sulina, 2005.

DETIENNE, M. *Mestres da verdade na Grécia arcaica*. São Paulo: WMF Martins Fontes, 2013.

DÍAZ, E. *A filosofia de Michel Foucault*. São Paulo: Ed. da Unesp, 2012.

FOUCAULT, M. *A hermenêutica do sujeito*. São Paulo: Martins Fontes, 2004.

FOUCAULT, M. A vida dos homens infames. In: _____. *Estratégia, poder-saber*. 2. ed. Rio de Janeiro: Forense Universitária, 2006. p. 203-222.

FOUCAULT, M. *Coraje de la verdad*. Buenos Aires: Fondo de Cultura Económica, 2011.

FOUCAULT, M. *História da loucura*. São Paulo: Perspectiva, 2009.

FOUCAULT, M. *História da sexualidade 3: o cuidado de si*. Rio de Janeiro: Graal, 1985.

FOUCAULT, M. *Lecciones sobre la voluntad de saber*. Buenos Aires: Fondo de Cultura Económica, 2012.

FOUCAULT, M. *O governo de si e dos outros*. São Paulo: Martins Fontes, 2010a.

FOUCAULT, M. *Repensar a política*. Rio de Janeiro: Forense Universitária, 2010b. (Ditos e Escritos). v. VI.

FREITAS, A. F. Los poetas hablan en otra lengua: tomar as ruas, tomar a palavra, sonhar o impensado (dom) poético da política. In: SEMINÁRIO INTERNACIONAL EM EDUCAÇÃO E FILOSOFIA, 2013. Juiz de Fora. *Anais...* Juiz de Fora: UFJF, 2013. p. 1-36.

GONZÁLEZ, H. *A Comuna de Paris: os assaltantes do céu*. São Paulo: Brasiliense, 1999.

GRABOIS, P. F. Resistência e revolução no pensamento de Michel Foucault: contracondutas, sublevações e lutas. *Cadernos de ética e filosofia política,* v. 2, n. 19, p. 7-27, 2011.

HANSEN, J. A. Retórica da agudeza. *Letras Clássicas,* São Paulo, n. 4, p. 317-342, 2000.

KANT, I. *Escritos pré-críticos*. São Paulo: Ed. da Unesp, 2005.

KOAN, W. *Sócrates & a Educação*. Belo Horizonte: Autêntica, 2011.

KRAEMER, C. *Ética e liberdade em Michel Foucault. Uma leitura de Kant*. São Paulo: EDUC/FAPESP, 2011.

LACOUE-LABARTHE, P. Poética e política. O que nos faz pensar. Rio de Janeiro, PUC-RIO, v. 2, n. 10, p. 139-163, out. 1996.

LAGASNERIE, G. *A última lição de Michel Foucault. Sobre o neoliberalismo, a teoria e a política.* São Paulo: Três Estrelas, 2013.

LAZZARATO, M. *O governo das desigualdades. Crítica da insegurança neoliberal.* São Carlos: EdUFSCar, 2011.

LIMA, C. *Genealogia dialética da utopia.* Rio de Janeiro: Contraponto, 2008.

LULIO, A. *Sobre el decoro de la poética.* Introdução, edição, tradução e notas de Antonio Sancho Royo. Madri: Clásicas, 1994.

McCALL, C. Ambivalent Modernities: Foucault's Iranian Writings Reconsidered. *Foucault Studies*, n. 15, p. 27-51, Feb. 2013.

MACHADO, C. E. J. *As formas e a vida. Estética e ética no jovem Lukács (1910-1918).* São Paulo: Ed. da UNESP, 2004.

MATTOS, C. R. B. *Dom Quixote à pro-cura da Cura: uma leitura heideggeriana.* Rio de Janeiro: UFRJ, 2007. Tese (Doutorado em Ciências da Linguagem) – Programa de Pós-Graduação em Ciências da Linguagem, Universidade Federal do Rio de Janeiro, Rio de Janeiro, 2007.

MELIM, N. J. F. *A linguagem em Foucault.* Lisboa: Centro de Filosofia da Universidade de Lisboa, 2009.

MILLER, P.; ROSE, N. *Governando o presente. Gerenciamento da vida econômica, social e pessoal.* São Paulo: Paulus, 2011.

MIOTTO, M. L. *O problema antropológico em Michel Foucault.* 2011. 235 f. Tese (Doutorado em Filosofia) – Programa de Pós-Graduação em Filosofia, Universidade Federal de São Carlos, São Carlos, 2011.

MONTEIRO, P. C. Black Bloc: "Fazemos o que os outros não têm coragem de fazer". *Revista Fórum*, ano 12, n. 125, p. 28-30, ago. 2013.

NALLI, M. Possibilidades e limites da cura nos textos protoarqueológicos de Michel Foucault. *Revista Trans/Form/Ação*, Marília, UNESP, v. 34, n. 2, p. 1-20, ago. 2011.

OTSUKA, E. T. Crise da crítica? Crise ou ajustamento? *Revista Cult*, São Paulo, ano 16, n. 182, p. 30-33, ago. 2013.

PASSETTI, E. O governo das condutas e das contracondutas do terror. In: BRANCO, G. C. (Org.). *Terrorismo de Estado.* Belo Horizonte: Autêntica, 2013.

PLATÃO. *Íon.* Belo Horizonte: Autêntica, 2011.

PRADO JÚNIOR, B. *Erro, ilusão, loucura. Ensaios.* São Paulo: 34, 2004.

SILVEIRA, F. de A. Corpos sonhados-vividos: a dimensão onírica do poder em Michel Foucault e sua relação com a psicologia. *Psicol.*, São Paulo, v. 20, n.1, p. 1-14, jan./mar. 2009.

SLOTERDIJK, P. *A mobilização infinita. Para uma crítica da cinética política.* Lisboa: Relógio D'Água, 2002.

Foucault e os coletivos políticos: novas formas de vida para além do sujeito identitário de direitos

André Duarte

A presente reflexão articula duas discussões teóricas complementares. Inicialmente, proponho um breve esclarecimento acerca das noções foucaultianas de estética da existência e de subjetivação política. Em um segundo momento, recorro a tais noções para iluminar o potencial ético-político de coletivos autônomos como a Marcha das Vadias, movimento político cujas primeiras manifestações ocorreram no Brasil a partir de 2011 e que, em nossa opinião, propõe novas formas de viver e agir politicamente. Argumentarei que as noções de estética da existência e de subjetivação, oriundas das pesquisas tardias de Michel Foucault sobre o cuidado de si entre os antigos, podem ser transpostas para o cenário político contemporâneo com importantes ganhos teóricos. No âmbito dessa transposição, que tem de ser cuidadosa e de modo algum pode significar a mera aplicação de noções oriundas de uma pesquisa sobre a ética dos antigos em um contexto contemporâneo, as noções de subjetivação e estética da existência são referidas ao conjunto de práticas e discursos reflexivos e de liberdade que orientam as lutas de resistência dos novos coletivos políticos, contra os efeitos normalizadores de individuação e de totalização próprios aos dispositivos contemporâneos de controle de corpos e condutas.

A segunda etapa da discussão também procurará estabelecer algumas diferenças entre os novos coletivos de inspiração *queer*, como a Marcha das Vadias, e os movimentos sociais tradicionais de minorias, de inspiração identitária. Contra os riscos implicados na assunção essencialista do sujeito identitário como fundamento da luta por direitos, que pode acabar reproduzindo efeitos de normalização, domesticação e exclusão entre as próprias populações gay, lésbica e trans*, os coletivos autônomos de minorias parecem promover novas formas de articulação entre vida e política, as quais transcendem a esfera do direito e da identidade na direção da experimentação de novas formas de viver em comum. Os agentes dos novos coletivos autônomos não se definem pelo recurso a identidades sexuais ou de gênero previamente estabelecidas, mas as embaralham e as confundem, problematizando os estreitos limites do binarismo sexual e de gênero. Pretendo argumentar que as e os participantes dos novos coletivos autônomos, como a Marcha das Vadias, raramente empregam a noção de identidade, e quando o fazem não a entendem como um marcador visando definir um sujeito determinado em busca de reconhecimento jurídico e mesmo interpessoal, mas sim de maneira estratégica e performativa, ou seja, no contexto preciso de seus discursos e atos de resistência públicos, os quais, por sua vez, visam não apenas à obtenção de certas conquistas jurídicas, mas à multiplicação de novas formas de amizade e de relação, novas formas de viver politicamente, não fundadas em identidades essencialistas. O texto se conclui com a ideia de que as noções de "forma de vida" e de "autotransformação" (*autopoiésis*) projetam o pensamento ético-político de Foucault para além do cenário das identidades sexuais e dos sujeitos de direito, ajudando-nos, assim, a compreender as estratégias de ação e as tarefas críticas assumidas pelos agentes políticos dos novos coletivos de minorias.

Sobre as noções de estética da existência e de subjetivação em Foucault

Ao investigar as diferentes práticas e discursos voltados para o "cuidado de si" (*epiméleia heautoû*; *cura sui*) entre gregos, romanos e cristãos da Antiguidade, Foucault discutiu inúmeras "técnicas de si" e exercícios ascéticos destinados a estilizar a própria vida e a fazer dela uma obra de arte, visando transformar a maneira de viver (êthos). Nestas práticas, sempre mediadas por uma relação de amizade ou de autoridade, tratava-se sempre de "um esforço para afirmar sua liberdade e para dar à própria vida certa forma, na qual alguém poderia reconhecer-se, ser reconhecido pelos outros, e na qual a própria posteridade poderia encontrar um exemplo" (FOUCAULT, 1994, p. 731). Tais exercícios visavam fazer da própria *bios* uma obra bela, mas sem que tais escolhas éticas fossem generalizadas ou universalizadas aos demais, isto é, sem que devessem constituir o princípio ou o modelo universal, religioso ou jurídico, de regramento da vida de todos. Nesse sentido, tratava-se de regramentos de comportamentos que imperavam justamente ali onde se era livre e não obrigado a impor qualquer regra ou limite ao próprio comportamento, de sorte que tais regras eram voluntariamente impostas. Assim, as relações de direção de consciência no mundo greco-romano eram livres, voluntárias e de modo algum anulavam a liberdade daquele que se submetia à vontade de outrem, pois ele o fazia tendo em vista a conquista da própria liberdade e autonomia, entendidas como autodomínio ou tranquilidade inabalável da alma (*apátheia*). Na aula de 12/03/1980 do curso *Le gouvernement des vivants*, por exemplo, ao discutir as diferenças entre a direção de consciência estoica em oposição à direção de consciência cristã, Foucault afirma que

> [...] se denominarmos de subjetivação a formação de uma relação definida de mim comigo mesmo, podemos dizer que a direção é uma técnica que consiste em vincular duas vontades de maneira que elas permaneçam sempre livres uma em relação à outra, vinculando-as de tal modo que uma queira o que a outra quer, e isto para fins de subjetivação, quer dizer, em vista do acesso a uma certa relação de mim comigo mesmo. O outro e sua vontade são por mim aceitos livremente para que eu possa estabelecer comigo mesmo uma certa relação (FOUCAULT, 2012, p. 227).

A subjetivação é entendida como uma relação de sujeição a outrem, mas no contexto do mundo helênico tal sujeição era voluntária, limitada e mesmo livre, encerrando-se com a conquista daquela forma de relação consigo mesmo na qual o sujeito é para si mesmo o objeto de seu autocontentamento e satisfação (*beatitude*). Foi neste contexto de análise que Foucault não apenas conferiu novo sentido à noção de "sujeição" (*assujettissement*) entre um diretor de consciência e aquele que por ele é dirigido e conduzido, explicitando que no mundo antigo e pré-cristão a noção de liberdade era central àquela forma de vinculação entre duas vontades, como também foi nesse mesmo contexto teórico que ele conferiu um novo significado à própria terminologia da "subjetivação" (*subjectivation*). De fato, até o final da aula de 22/02/1978 do curso *Segurança, território, população*, Foucault jamais empregara tal noção, e sua primeira aparição se deu no contexto da discussão do poder pastoral cristão. Ali, Foucault estabelecera uma interessante relação entre sujeição e subjetivação, entendendo esta última como um reforço e uma acentuação das relações de estrita e absoluta obediência incondicionais devidas pelo monge a seu superior hierárquico no interior da vida monástica dos primeiros séculos da era cristã. Tal tecnologia de poder aplicada reflexivamente sobre si mesmo dependia de uma contínua investigação do próprio pensamento e dos próprios desejos, os quais deveriam ser relatados ao diretor da maneira a mais transparente e extensa possível, reforçando-se assim o princípio de obediência ilimitada e incondicional que deveria pautar a vida do monge no monastério. A subjetividade cristã bem poderia ser considerada como uma subjetividade paradoxal, visto que ela seria o efeito resultante da articulação das tecnologias de sujeição obediente a outrem e do processo de subjetivação envolvido na produção de um discurso de verdade sobre si mesmo, tudo isso visando à autoanulação de si mesmo e da própria vontade em nome da salvação da alma. No curso *Segurança, território e população*, Foucault afirmava então que "identificação analítica, sujeição e subjetivação" complementavam-se mutuamente e constituíam os "principais procedimentos da individualização humana no Ocidente [...]. Digamos ainda que é a história do sujeito" (FOUCAULT, 2008, p. 243). Na conclusão de sua análise da constituição do sujeito cristão, Foucault afirmava que tal sujeito é aquele cujos "méritos são identificados de maneira analítica", tratando-se ainda de "um sujeito que é sujeitado em redes contínuas de obediência, de um sujeito que é subjetivado pela extração de verdade que lhe é imposta. Pois bem, é isso, a meu ver, essa constituição típica do sujeito ocidental moderno, que faz que o pastorado seja um dos momentos decisivos na história do poder nas sociedades ocidentais" (FOUCAULT, 2008, p. 243-244).

Se nos textos arqueogenealógicos dos anos 60 e 70 Foucault demonstrara a constituição histórica do sujeito como produto objetificado por uma trama de discursos de saber e de relações de poder, analisando os processos modernos de sujeição e de produção do sujeito sujeitado em análises que culminam justamente na sua discussão do poder pastoral cristão, em suas pesquisas dos anos 1980 sobre a ética dos antigos, por outro lado, Foucault se dedicaria a uma análise das práticas ou técnicas de si por meio das quais "um ser humano se transforma em sujeito" ao tomar-se a si mesmo como objeto de experimentação, de transformação, de discurso e de exercícios ascéticos (FOUCAULT, 1994, p. 223). Assim, na aula de 19/03/1980 do curso *Le gouvernement des vivants*, Foucault afirma que, contrariamente ao princípio da obediência e da sujeição ilimitadas entre diretor e dirigido no caso do cristianismo cenobítico, entre os estoicos a direção de consciência visava justamente ao oposto, ou seja, tratava-se de

> [...] obter que o indivíduo pudesse se liberar com relação a seus mestres, com relação aos outros, com relação aos acontecimentos. Tratava-se, nesta direção, de que o indivíduo se estabelecesse em uma posição de suficiência e de autonomia com relação a todo o resto, aos outros ou ao mundo. Esta autonomia é exatamente o inverso da *subditio*, da submissão que faz com que sejamos submissos a tudo o que nos acontece e que faz com que tudo se torne uma ordem da qual dependemos (FOUCAULT, 2012, p. 268).

Ao desdobrar, ampliar e redefinir seu projeto original de uma *História da Sexualidade*, considerando agora o sujeito do comportamento sexual segundo o crivo da problematização moral, ou ainda, segundo o crivo das relações entre sujeito-poder-verdade, Foucault foi finalmente levado a considerar seriamente a noção de "artes da existência", isto é, aquelas "práticas refletidas e voluntárias pelas quais os homens não apenas se fixam regras de conduta, mas buscam transformar-se a si próprios, a se modificar em seu ser singular e a fazer de sua vida uma obra que possui certos valores estéticos e que responde a certos critérios de estilo" (FOUCAULT, 1994, p. 545). Em suma, ao analisar o modo de sujeição do indivíduo ao código moral, Foucault passou a considerar a atividade do sujeito que livremente se assujeita a um código e assim se distingue dos demais, reconhecendo-se então como sujeito ético. Se há morais que privilegiam a codificação em sua "sistematicidade e riqueza", também há morais nas quais a tônica não se encontra no quadro das prescrições, mas no modo como cada indivíduo se submete às regras, visando transformar a própria existência em obra de arte. No primeiro caso, exemplificado pela moralidade cristã, a "subjetivação se efetua, no essencial, de uma forma quase jurídica, em que o sujeito moral se refere a uma lei ou a um conjunto de leis às quais ele deve se submeter sob pena de incorrer em faltas que o expõem a um castigo" (FOUCAULT, 1994, p. 559). No segundo, isto é, no caso das "'morais orientadas para a ética'", próprias da Antiguidade greco-romana, o elemento moral deve ser procurado "no lado das formas de subjetivação e das práticas de si. [...]; a ênfase é dada, então, às formas das relações consigo, aos procedimentos e às técnicas pelas quais elas são elaboradas, aos exercícios pelos quais o próprio sujeito se dá como objeto a conhecer, e às práticas que permitam transformar seu próprio modo de ser" (FOUCAULT, 1994, p. 559).

Mas teria Foucault reconhecido a relevância das noções de estética da existência e de subjetivação para os debates e para as lutas políticas contemporâneas? E, em segundo lugar, quais ganhos heurísticos elas poderiam nos oferecer para a compreensão dos modos de ser e agir dos novos coletivos autônomos? Primeiramente é preciso alertar que Foucault jamais procurou entre os antigos respostas que pudessem solucionar problemas morais contemporâneos: "Não! Eu não busco uma solução de substituição; não se encontra a solução de um problema na solução de outro problema, posto em uma época diferente e por pessoas diferentes" (FOUCAULT, 1994, p. 386). Ademais, em vez de uma história das soluções morais, Foucault estava interessado em formular uma história das diferentes formas de "problematização" moral. No entanto, Foucault se dizia "impactado" (*frappé*) com a "similaridade" entre a maneira como os antigos estabeleceram sua própria forma de sujeição moral e o modo como muitos de nós entendemos e experimentamos o problema da moral na atualidade. Afinal, "a maior parte de nós não crê que uma moral possa ser fundada na religião e nem tampouco queremos um sistema legal que intervenha em nossa vida moral, pessoal e íntima" (FOUCAULT, 1994, p. 386). A "similaridade" detectada por Foucault entre as formas antigas e as contemporâneas de problematização moral diz respeito ao fato de que muitos de nós já não pautamos nossa conduta pela obediência a um código moral universal, a um sistema jurídico, a instituições de tipo disciplinar, as quais se encontram em crise e já não são mais capazes de disseminar seus efeitos de sujeição e de constituição de subjetividades de maneira incontestavelmente hegemônica.

É justamente então que a moral se torna para Foucault um genuíno problema de investigação e de experiências que merece ser reinventado para além das respostas já dadas, e reinventado justamente no plano do engajamento prático-político: "Os movimentos de liberação recentes sofrem por não encontrar um princípio sobre o qual fundar a elaboração de uma nova moral. Eles têm necessidade de uma moral, mas não chegam a encontrar outra moral que não aquela fundada sobre um pretenso conhecimento científico do que seja o eu, o desejo, o inconsciente, etc" (FOUCAULT, 1994, p. 386). Nesse mesmo sentido, Foucault afirma em uma entrevista tardia que seu interesse pelas práticas ético-políticas da Antiguidade deveu-se ao fato de que o modelo da moral cristã, isto é, a "moral como obediência a um código de regras, está começando agora a desaparecer, já desapareceu. E a esta ausência de moral responde, deve responder, uma pesquisa que é a de uma estética da existência" (FOUCAULT, 1994, p. 732). Nota-se, portanto, que Foucault não deixou de reconhecer a importância que suas pesquisas tardias sobre a ética dos antigos poderiam ter em nossa atualidade. Assim, a hipótese que gostaríamos de propor neste texto, mesmo se não podemos desenvolvê-la suficientemente neste momento, é a de que ao longo de suas investigações sobre o cuidado de si entre gregos e romanos Foucault entreviu sutis correspondências trans-históricas entre suas práticas refletidas de liberdade e certos exercícios de crítica e de autotransformação presentes em práticas de resistência aos poderes contemporâneos. Ao discutir as "posteridades trans-históricas do cinismo" no curso *A coragem da verdade* (FOUCAULT, 2009), Foucault entreabriu a via que pode nos permitir estabelecer conexões e associações entre o cinismo antigo e sua possível atualidade em certas práticas de engajamento político e de função crítica por parte dos participantes dos novos coletivos autônomos contemporâneos, assunto que não podemos abordar extensivamente agora. Foucault parece ter entendido a atitude crítica da modernidade como correlata à antiga exigência parresiástica do dizer franco, corajoso e verdadeiro tal como praticado pelos cínicos, cujo modo de vida marginal e escandaloso criticava os padrões de conduta dos cidadãos na praça pública e em suas vidas privadas, operando assim uma verdadeira transfiguração daquilo que podemos entender por política e por espaço político, diluindo-se as fronteiras rígidas e convencionais entre público e privado (Chaves, 2013). Para avaliarmos o alcance contemporâneo da vida cínica, poder-se-ia pensar nos coletivos que politizam comportamentos e espaços sociais que antes não era considerados políticos, visando operar uma transformação de si, dos outros e do próprio mundo. Como veremos, o lema do cinismo antigo, isto é, uma "vida outra" num "mundo outro", bem poderia constituir a divisa de inspiração dos novos coletivos políticos do presente (Foucault, 2009, p. 287-288).

A descoberta dessas sutis correspondências trans-históricas entre as artes do existir da Antiguidade e as novas formas de ação política do presente também parece ter tornado mais complexa a sua própria compreensão a respeito das resistências aos poderes contemporâneos de produção de subjetividades sujeitadas. Afinal, com seu novo interesse pelas práticas refletidas de liberdade dos antigos, Foucault incorpora a exigência da autorreflexividade como dimensão crítica inerente às práticas de subjetivação resistente. Desde o começo dos anos 1980, Foucault pensa a resistência sobretudo como prática *ethopoiética*, isto é, como prática crítica de transformação do modo de existir destinada a nos liberar das identidades sociais e sexuais impostas pelos diversos dispositivos contemporâneos de normalização, controle e condução de condutas. Sob o impacto de suas pesquisas sobre o sujeito ético da Antiguidade, Foucault nos permite conceber os resistentes do presente como aqueles que fazem de suas vidas, de suas amizades e de suas relações sociais um campo de experiências de subjetivação crítica e resistente, um campo de experimentações contra as formas de captura normalizadora de suas singularidades.

Para além do direito: estética da existência e subjetivação na Marcha das Vadias

Vejamos agora de que maneira as noções de subjetivação e de estética da existência nos auxiliam a compreender o modo de ser e agir dos novos coletivos de inspiração *queer*, como a Marcha das Vadias (César; Athayde, 2013). Desde sempre o movimento feminista lutou contra as inúmeras e diversas violências de que as mulheres são vítimas sob uma ordem hegemonicamente masculina e falocrática. A Marcha das Vadias é herdeira dessas lutas históricas, mas também introduz importantes novidades no que diz respeito às suas formas de organização e manifestação. Se a lógica da violência masculina culpabiliza a mulher agredida, chamando-a de "vadia" para justificar a suposta pertinência da agressão, então será preciso fazer da denúncia da violência uma arma a favor da afirmação do poder das mulheres. Assim, foi em nome da inversão e da ressignificação de valores implicados na própria linguagem cotidiana que a Marcha das Vadias se apoderou daquela antiga denominação pejorativa e transformou o termo "vadia" num poderoso instrumento do poder feminista. Por isso elas gritam: "se ser vadia é ser livre, então eu sou vadia!". Invertendo a lógica machista que exige da mulher que ela seja bem-comportada e cubra seu corpo com esmero, preservando-se para o "seu" homem, a mulher vadia é aquela que ama seu corpo como ele é, com suas perfeições imperfeitas, e o exibe ali mesmo onde não esperaríamos vê-lo, isto é, no meio da rua. E é incrível que uma perna ou um seio à mostra ainda possam parecer mais escandalosos que a despudorada tolerância com que se cobre a violência que dilacera o corpo das mulheres.

A Marcha das Vadias não é um coletivo composto apenas por mulheres nem se define como um movimento *de* mulheres, tanto mais que gays, lésbicas, transexuais e travestis também são vítimas da violência e do preconceito machista, ocupando seu lugar no movimento ao lado de homens heterossexuais ou bissexuais comprometidos com as causas do feminismo *queer*. As e os participantes desse coletivo autônomo e de formação horizontal, desprovido de líderes ou de representantes autorizados, não pautam sua conduta pela observância de quaisquer parâmetros gerais de normalidade ou de normalização, bem como não se orientam de maneira exclusiva ou prioritária por discursos jurídicos, filosóficos ou políticos de caráter universalista e/ou essencialista, primeiro aspecto que os distingue em relação aos movimentos sociais que se definem por marcadores identitários, aspecto ao qual ainda retornarei. A Marcha das Vadias tampouco concebe sua atividade política e sua estrutura organizacional orientando-se por preceitos ou procedimentos jurídico-políticos próprios aos espaços institucionais de representação, preferindo, por outro lado, manifestar direta e publicamente, na rua mesmo, quem são e o que exigem: um mundo sem violências e discriminações contra mulheres e outras minorias étnicas, de orientação sexual e de gênero. Do ponto de vista de sua peculiar estrutura organizacional, em cada cidade em que o coletivo se estabelece, ele é composto por pessoas que se encarregam de organizar e promover ações políticas e discussões, mas as/os organizadoras/res não representam o movimento para além de sua instância local, e mesmo ali eles/as são apenas organizadores/as e difusores/as de atividades e discussões encaminhadas previamente em reuniões coletivas. A Marcha das Vadias é independente de quaisquer estruturas burocrático-partidárias, embora observem-se relações de proximidade e de tensão com partidos políticos de esquerda. É certo que cada coletivo interage e comunica-se livremente com os demais, formando redes virtuais nas mídias sociais nas quais se discutem os problemas e as questões que vão aparecendo ao longo das intervenções públicas promovidas por cada grupo, mas nunca há um ou uma representante autorizado/a de cada um dos coletivos, e muito menos um/a representante nacional do próprio coletivo enquanto tal. Assim, é interessante notar como, na ausência de líderes ou representantes legítimos, constituem-se relações de amizade e de autoridade entre participantes recentes e participantes já envolvidas/os com o coletivo, as/os quais acompanham, acolhem e orientam novas/os adeptos em reuniões, debates virtuais e presenciais e em *happenings* e intervenções localizados.

Justamente em virtude de sua organização flexível, descentralizada e horizontal, tais coletivos multiplicam e difundem com grande rapidez novas e ousadas estratégias de visibilização pública de suas demandas. Ao mesmo tempo, formam-se pelas mídias sociais espaços virtuais de discussão, de crítica e de reflexão, os quais favorecem a mais ampla divulgação do coletivo, de suas causas e suas lutas, atraindo a atenção de novas/os participantes. Assim, em pouco mais de três anos de existência no Brasil a Marcha das Vadias já é amplamente conhecida, sobretudo entre a população jovem, universitária e do ensino médio, e já há até mesmo um calendário de manifestações em diversas cidades, com datas distintas e escolhidas em conformidade com particularidades locais. Para se ter ideia da eficácia e efetividade dessa forma rizomática de organização e difusão do coletivo Marcha das Vadias nas cidades brasileiras, vale ressaltar que em Curitiba alguns alunos e alunas das escolas de ensino médio, vítimas de discriminação e violência por motivo de sua orientação sexual, já começam a entrar espontaneamente em contato com o coletivo para demandar sua presença no ambiente escolar, como forma de enfrentar a violência cotidiana de que são vítimas sob o olhar complacente de professores, diretores e colegas de turma (ATHAYDE, 2013).

Do ponto de vista de suas manifestações públicas, a Marcha das Vadias vale-se de estratégias estético-políticas impactantes, não apenas porque ocupam e politizam as ruas, fazendo dos corpos nus das e dos manifestantes um suporte privilegiado para a veiculação sarcástica, criativa e provocativa de mensagens políticas de denúncia contra todas as formas de violência de gênero e de discriminação, mas também porque politizam e ressignificam a própria linguagem corrente ao recorrer ao adjetivo "vadia" para autodenominar-se. Afirmar-se como "vadia", adjetivo aplicado indiscriminadamente para homens, mulheres, travestis e transexuais no contexto das manifestações do coletivo, é desafiar e questionar publicamente preconceitos que hierarquizam os sujeitos em função de suas práticas e orientações sexuais, mas também é uma maneira de identificar-se estrategicamente com o/a oprimido/a ao conferir significados positivos e poderosos a uma qualificação pejorativa. Assim, quando os/as manifestantes gritam publicamente "somos vadias!", o que se instaura não é um clamor por tolerância, aceitação e reconhecimento do direito à diferença, mas sim um gesto de autoafirmação que desnaturaliza e torna risível o preconceito entranhado nos processos de identificação, triagem e valoração cotidiana dos sujeitos respeitáveis e de seus negativos abjetos.

Distintamente dos movimentos identitários de minorias, os quais tendem a privilegiar os canais burocráticos de representação política como foros privilegiados de atuação, A Marcha das Vadias, por outro lado, faz do escândalo do corpo nu uma arma e um campo aberto de experiências em vista de uma outra relação entre vida e política. Poder-se-ia mesmo afirmar que se trata aí de uma política da vida escandalosa ou da vida como escândalo político. O clima anárquico e antinormativo de suas manifestações públicas se desdobra, pois, numa política corporal, isto é, numa política do corpo ou numa política como corpo a corpo em luta pela ocupação simbólica do espaço público, gerando-se assim imagens poderosas que rapidamente caem e circulam pelas redes sociais e pela mídia convencional. Se o corpo é o lugar privilegiado de inscrição de múltiplas formas de sujeição e violência na cidade, seja então o corpo também uma arma de combate político cotidiano por novas possibilidades de existência e de circulação em comum na cidade, não violentas e não discriminadoras. Contra a redução da vida ao estatuto de vida nua e desprotegida, esse coletivo propõe a manifestação poderosa e inusitada da nudez no centro da *pólis* como estratégia para a instauração de uma outra relação entre política e vida. Enseja-se assim uma forma de ação que é uma forma de vida que não se restringe ao cálculo a respeito da conquista de direitos ou a respeito da boa gestão administrativa dos corpos na cidade. Assim, para esse coletivo tornar os corpos visíveis é muito mais do que um meio para conquistar um fim, pois constitui já o próprio exercício de uma "outra" relação entre política, corpo e vida, uma relação que transcende a luta pela conquista de direitos, embora não recuse o direito enquanto tal. Temos aí o exemplo de uma política corporal praticada como desconstrução das formas correntes de viver e circular na cidade, para a qual se requer de cada manifestante a tarefa de uma contínua autotransformação reflexiva e voluntária quanto aos modos de exibir e movimentar o corpo e as ideias.

Por certo, a Marcha das Vadias não abre mão da luta pelo reconhecimento de direitos iguais para todxs. No entanto, a luta por direitos iguais não depende da definição ou da afirmação de identidades particulares ou essenciais, como no caso dos movimentos LGBT de caráter mais fortemente identitário. Talvez se possa até mesmo afirmar que a Marcha das Vadias não restringe nem funda suas lutas políticas em princípios jurídico-políticos, sem que, todavia, isso implique a sua recusa. Para esse coletivo, a denúncia da violência – não apenas contra as mulheres, foco central do movimento, mas também contra todos os gêneros (que, afinal, não são apenas dois) – não se esgota na proposta da criminalização jurídica das condutas discriminatórias, sem contudo descartá-la, mas visa promover novas formas de viver e conviver para além das fronteiras de gênero e das violências que estão associadas a tais limites. Em suma, tais denúncias se fazem em nome de novas formas de amizade, de relacionamento e de convivência entre os diferentes. Em uma palavra, o aspecto mais importante é o questionamento crítico da naturalização da violência, desmascarando, desse modo, os preconceitos que a disfarçam, protegem e estimulam. Assim, tão importante quanto punir juridicamente os agressores é impedir que novas agressões se repitam e, para isso, tal coletivo não recorre apenas ao direito, mas à ideia de que as diferenças podem e devem conviver no mesmo espaço urbano, pondo em prática, no meio da rua, tais formas de vida em comum.

À ampla liberdade com relação a quaisquer fronteiras de gênero acrescenta-se ainda a pluralidade das lutas e das reivindicações, as quais brotam do interior do coletivo e não se vinculam de maneira específica ou restritiva a questões de ordem jurídica. Por certo, a Marcha das Vadias defende a possibilidade de todas e todos casarem-se na justiça e terem reconhecidos os direitos que lhes cabem em função desse instituto jurídico, mas, contrariamente às organizações dedicadas às lutas identitárias de minorias, esse coletivo não faz do casamento homoafetivo uma pauta específica ou sequer prioritária. No âmbito da luta pelo reconhecimento de direitos, por outro lado, considera-se muito mais importante a descriminalização do aborto e a possibilidade de sua realização pelo sistema público de saúde e na estrita dependência da decisão da mulher. No entanto, uma vez mais, a ênfase da luta pela legalização do aborto não se restringe à aquisição e à conservação de direitos, mas visa enfatizar a liberdade de decisão da mulher como sujeito soberano de sua própria vida, desde a decisão a respeito de suas práticas sexuais até a decisão a respeito do desenvolvimento ou da interrupção da gravidez.

A despeito dos importantes ganhos jurídicos e políticos obtidos pelos movimentos minoritários de inspiração identitária, não se deve perder de vista que tais conquistas jurídicas e a intensa relação de parceria estabelecida com o Estado tendem a enfraquecer seu potencial crítico e questionador das velhas formas de vida em comum (CÉSAR; DUARTE; SIERRA, 2013). Ademais, no âmbito das dinâmicas organizacionais dos movimentos identitários, frequentemente tais ganhos jurídico-políticos se fazem acompanhar da reprodução da lógica disciplinar normalizadora, oriunda do "dispositivo da sexualidade" (FOUCAULT, 1999). Ao limitarem-se à lógica da luta pela inclusão de novos sujeitos identitários no universo jurídico dos direitos, os movimentos sociais fundados nas identidades de gênero e de orientação sexual tendem a reforçar o paradigma institucional disciplinar normalizador, o qual age de maneira a domesticar ou excluir o desconhecido, isto é, todos aqueles que, ao excederem a norma, são considerados como abjeções incompreensíveis (CÉSAR, 2009). Num contexto identitário e normalizador, indivíduos e experiências de corpo e de gênero inclassificáveis e ininteligíveis permanecem por definição sob vigilância, sendo incluídos nesse paradigma jurídico-disciplinar ao preço de sua pacificação normalizada; ou então, são excluídos do jogo político e social e relegados à violência e à morte. A reiteração de discursos e práticas políticos que assumem e pressupõem de maneira não crítica o sujeito, a identidade e o direito, entendendo a cidadania como articulação das noções de identidade e de sujeito de direitos, corre o risco de encerrar os corpos, as práticas, os prazeres e os modos de vida no interior de processos de sujeição normalizadora de caráter disciplinar e biopolítico, como bem o atesta a recente produção de gays e lésbicas bem comportados/as, além de travestis e transexuais incluídos/as nas descrições e nos protocolos das patologias psicossexuais. Tais identidades normalizadas continuam a ser produzidas no interior do "dispositivo da sexualidade", não sendo casual que frequentemente acabem por reivindicar um modo de vida orientado pela heterossexualidade como norma (POCAHY, 2010; BOURCIER, 2001; 2007). Afinal, como nos recorda Foucault, "foi somente a partir do momento em que o dispositivo da sexualidade tomou lugar de maneira efetiva, quer dizer, quando um conjunto de práticas, de instituições e de conhecimentos fez da sexualidade um domínio coerente e uma dimensão absolutamente fundamental do indivíduo [...] que a questão 'qual é o seu ser sexual?' se tornou inevitável" (FOUCAULT, 1994, p. 662).

Por outro lado, coletivos como a Marcha das Vadias põem em prática processos de subjetivação voltados para a autotransformação dos agentes em suas condutas e formas de pensar e se expressar, esta sendo a condição pela qual combatem a heterossexualidade normativa e o enclausuramento identitário. De maneira consciente ou não, tais coletivos agem em sintonia com o pensamento de Foucault, pois parecem concordar com sua afirmação de que "hoje o principal objetivo não é descobrir quem somos, mas recusar o que somos. Precisamos imaginar e construir o que poderíamos ser a fim de nos desembaraçarmos desta forma de 'dupla constrição' política que são a individualização e a totalização simultâneas das estruturas do poder moderno". Numa palavra, o importante é "promover novas formas de subjetividade ao recusar o tipo de individualidade que se nos impôs durante séculos" (FOUCAULT, 1994, p. 232). Obviamente, esse coletivo reconhece a importância *estratégica* da afirmação da condição feminina, transexual, travesti e homossexual no contexto das lutas políticas de minorias, tanto mais que o Estado somente atribui direitos a sujeitos que possam ser seus portadores. Contudo, o aspecto importante é a recusa de toda forma de identificação de si mesmo a partir das figuras da sexualidade ou do desejo, suspendendo-se, desse modo, as perguntas de caráter essencialista a respeito de quem sou, o que desejo, e porque sou como sou. A este respeito, Foucault costumava afirmar que, "embora do ponto de vista tático seja importante poder dizer, em dado momento, 'Eu sou homossexual', não se deve, em minha opinião, por um tempo mais longo e no quadro de uma estratégia mais ampla, formular questões sobre a identidade sexual. Não se trata neste caso de confirmar sua identidade sexual, mas de recusar a injunção de identificação à sexualidade, às diferentes formas de sexualidade" (FOUCAULT, 1994, p. 662). Foucault argumentava a favor de um emprego estratégico da noção de identidade ao considerá-la como um "jogo", isto é, como um possível marcador para identificar certas formas de relação entre pessoas e certas formas de fruição do prazer sexual, mantendo-se, contudo, alerta contra a exigência de produção de discursos verdadeiros sobre si mesmo a partir de concepções identitárias de caráter essencialista. Para Foucault, a identidade poderia ser útil no sentido de marcar diferenças e instituir novas possibilidades de relação entre as pessoas, mais criativas e menos submissas aos papéis sociais e sexuais prevalecentes. Acima de tudo, Foucault não queria permanecer sempre o mesmo, mas transformar a si próprio e aos outros:

> Se a identidade é somente um jogo, um procedimento para favorecer relações, relações sociais e relações de prazer sexual que criarão novas amizades, então ela é útil. Mas se a identidade se torna o problema maior da existência sexual, se as pessoas pensam que devem "revelar" sua "identidade própria" e que esta identidade deve se tornar a lei, o princípio, o código de sua existência; se a questão que elas colocam perpetuamente é: "Isto está conforme a minha identidade?", então penso que retornaremos a uma espécie de ética muito próxima da virilidade heterossexual tradicional. [...] É fastidioso ser sempre o mesmo (FOUCAULT, 1994, p. 739).

Se Foucault não deixou de reconhecer que os movimentos tradicionais de minorias contribuíram decisivamente para assegurar o "direito" do indivíduo de exercer livremente sua sexualidade, ele também afirmava que tais movimentos deveriam "dar um passo adiante" no sentido de estimular a "criação de novas formas de vida, de relações, de amizade, na sociedade, na arte, na cultura, novas formas que se instaurem através de nossas escolhas sexuais, éticas e políticas. Devemos não somente nos defender, mas também nos afirmar, e nos afirmar não somente enquanto identidade, mas enquanto força criativa" (FOUCAULT, 1994, p. 736). Foucault chamou a atenção para essa dimensão ético-política criativa, extrajurídica, ao pensar os movimentos sociais de minorias a partir da noção de "modo de vida," com a qual ele pretendeu introduzir no pensamento político contemporâneo outras formas de consideração das relações entre os indivíduos, para além das fronteiras identitárias e dos mecanismos convencionais de regulamentação jurídico-política de tais relações. Para o autor, um "modo de vida" deve ser entendido como uma "forma de relação" partilhada por indivíduos de idade, condição social, atividade social e orientação sexual diferentes entre si. Contra a naturalização das identidades sexuais, Foucault afirmou que "ser gay não é, creio, se identificar com os traços psicológicos e as máscaras visíveis do homossexual, mas buscar definir e desenvolver um modo de vida" (FOUCAULT, 1994, p. 165).

Penso que o coletivo Marcha das Vadias dedica-se justamente ao cultivo de um modo de vida não violento, aberto a experiências de gênero não previamente mapeadas e determinadas, não fechadas em torno a quaisquer identidades ou direitos, mas capazes de fomentar relações e interações livres entre indivíduos diferentes entre si. Tal coletivo encena publicamente novas formas de viver, estabelecendo uma unidade indissociável entre a manifestação pública de agentes singulares e a invenção de novas formas de relação, de amizades, de afetividades (DUARTE; CÉSAR, 2012). Ele não apenas questiona o isolamento atomizado do indivíduo contemporâneo, mas também as velhas formas hegemônicas do viver em comum, baseadas em comportamentos violentos, excludentes ou de inclusão domesticadora da diferença. Segundo tal perspectiva política, tão importante quanto obter conquistas jurídicas concretas é engajar-se, manifestar-se e experimentar novas formas de viver coletivamente na cidade, novas formas de vida que se singularizam no plural. Na perspectiva da Marcha das Vadias, portanto, a ação, o pensamento e a discussão políticos não se dissociam do desejo de conviver e de expor corajosamente o corpo e a própria vida a processos de autotransformação e revelação de singularidades. Nas manifestações da Marcha, consequentemente, tão importante quanto afirmar um outro modo de viver é compartilhar publicamente este novo modo de vida.

Referências

ATAHYDE, T. *Estratégias político-educacionais na atualidade: os corpos vadios marcham na escola.* Curitiba: UFPR, 2013. Projeto de Dissertação (Mestrado em Desenvolvimento) –Programa de Pós-Graduação em Educação, Universidade Federal do Paraná. (Orientadora Profª Drª Maria Rita de Assis César).

BOURCIER, M. H. *Queer zones. Politiques des identités sexuelles, des representations et des savoirs.* Paris: Balland, 2001.

BOURCIER, Marie-Hélène. L'homosexus normativus entre mariage unidimensionel et droits sexuels. *Movements*, v. 1, n. 49, p. 08-15, 2007.

CÉSAR, M. R. A. Um nome próprio: travestis e transexuais nas escolas brasileiras. In: XAVIER-FILHA, C. (Org.) *Educação para a sexualidade, para a equidade de gênero e para a diversidade sexual.* Campo Grande: Ed. da UFMS, 2009. p. 143 – 155.

CÉSAR, M. R. A.; DUARTE, A. M.; SIERRA, J. C. Governamentalização do Estado, movimentos LGBT e escola: capturas e resistências. *Revista Educação*: PUCRS Online, v. 36, p. 192-200, 2013.

CÉSAR, M. R. A.; ATHAYDE, T.: Por um feminismo "vadio" e outras considerações contemporâneas. *Labrys*, Estudos Feministas, jul./dez. 2013. Disponível em: <http://www.labrys.net.br/labrys24/libre/maria%20rita.htm>. Acesso em: 22 mar. 2014.

CHAVES, E. *Foucault e a verdade cínica.* Campinas: PHI, 2013.

DUARTE, A. M.; CÉSAR, M. R. A. Estética da existência como política da vida em comum: Foucault e o conceito de comunidades plurais. *O Que Nos Faz Pensar*, PUCRJ, v. 31, p. 175-196, 2012.

FOUCAULT, M. *Dits et Écrits.* Paris: Gallimard, 1994. v. IV.

FOUCAULT, M. *Le courage de la vérité.* Paris: Gallimard, 2009.

FOUCAULT, M. *Segurança, Território, População.* Tradução de Eduardo Brandão. São Paulo: Martins Fontes, 2008.

FOUCAULT, M. *Hermenêutica do sujeito.* Tradução de Salma T. Muchail e Márcio Alves da Fonseca. São Paulo: Martins Fontes, 2010.

FOUCAULT, M. *História da sexualidade. A vontade de saber.* Rio de Janeiro: Graal, 1999. v. I.

FOUCAULT, M. *Le gouvernement des vivants.* Paris: Gallimard/Seuil, 2012.

POCAHY, F. Um corpo entre o gênero e a sexualidade: notas sobre educação e abjeção. *Instrumento, Revista de Estudo e Pesquisa em Educação*, v. 12, n. 2, 2010, p. 125-135.

Desde Foucault, para além de Foucault

André Queiroz

Tomaremos alguns pontos em Foucault e, tão logo, o deixaremos. É que se trata de passar ao largo de suas palavras, uma vez que estamos entre nós, latino-americanos. Há que se esquecê-lo um pouco porque a ele algo do que somos, falta. Algo que talvez seja irredutível, que talvez seja a tal ponto *nosso* que seguir com Foucault seria colocarmo-nos em uma emboscada. E nos parece ótimo que assim o seja – que haja certo desnível entre as palavras e os apontamentos que nos chegam de outra platitude e, por outro lado, este que somos em sua irredutibilidade, na especificidade dos processos históricos que nos constituíram. Caso contrário, o que nos seria senão a zona fluida e cinzenta em que se embaralham herança e subordinação, mimetismo e ausência de coragem em seguir a frente – *esquecedor* e esquecido – rumo ao traçado que nos é próprio?!

Todavia, a princípio, indiquemos alguns pontos – aqueles que retiramos a partir das marcas de Foucault, para em seguida, lançarmo-nos ao fluxo de imagens de acontecimentos históricos que nos perpassam e transbordam:

- A incredulidade foucaultiana de que seja a partir da superação do estado de guerra que se conforme a política. Trata-se de *multiplicá-la*, de trespassar uma a outra. Incredulidade de que seja à formulação do Contrato o modo de suplantação da disparidade entre as forças, e mais, a de que o Contrato possa promover o equilíbrio, ou a *homeostase* entre tais relações, com a suposta superação – a que ele atenderia – da disparidade dos interesses.

- Nos trabalhos da genealogia, trata-se de tornar vivas, desnudas, visíveis – o mais que se possa – estas relações várias, estas lutas e seus combates que nunca cessam. Pois que este cenário nunca se faz "pronto e encerrado" para que se possa passar adiante. As lutas nunca se encerram. Talvez, no limite da análise, possamos dizer que sempre estamos em meio aos combates. *A suposta paz dos céus azuis da metafísica ocupa, tão somente, cantilenas para o quando da infância... – a placidez das águas límpidas.* Esqueçamos os ensaios da paz. Nunca é dela o de que se trata. Somente nos vale como espécie de capital simbólico para que as coisas sigam tal como estão.

- Se a descontinuidade dos jogos entre os saberes locais e os pontos de força se faz mais vivo, mais pleno, uma vez que se cruza com os saberes; se a multiplicidade destes cruzamentos que vão e vêm se reforça ou se faz débil; se a irregularidade entre os níveis de produção e circulação dos discursos e práticas, se a disjunção e as fendas entre os dois pode nos apontar para caminhos em que se disparam jogos de contrapoder, e, todavia, a despeito disso, as forças tendam à hegemonia, às plataformas do Estado, e uma vez aí, as resistências, tantas vezes, tendem ao fracasso. Este o desequilíbrio constitutivo das relações: algo escapa, e algo encaixa, algo cinde, algo estanca, algo transborda, e as revoltas ressurgem, e se as neutraliza, e no entanto, sempre e outra vez, o reinsurgir das forças que resistem. Porém, uma vez mais, a tendência é que as relações de poder – tornadas hegemônicas – busquem neutralizar as resistências, engolfando ou rechaçando-as. Ainda que isso, sabemos: as revoltas ressurgem e outra vez...

- Da necessidade de que se ajustem as supostas distinções entre os pontos de ações, os níveis *micro* e *macro*, às lutas. É que, tantas vezes, o que se percebe na recepção do trabalho analítico de Foucault é o se bastar aos trabalhos à escala "micro", e que tais níveis de ações, comumente, se retroalimentam do Estado e de suas hegemonias. Há de se perguntar: *como será que isto rompe? Que isto quebra?* Por exemplo, Foucault esteve em silêncio durante suas investigações imediatamente depois de *A vontade de saber*. É que lhe pareceu que havia que se propor a questão sobre como se rompiam com tipos de poderes que se fazem capilares, múltiplos e irregulares a uma perspectiva tática. É que pareceu a Foucault que se tratava de compreender os modos desta fratura sem que se estivesse apontando uma "zona descolada" na qual as resistências pudessem despregar-se dos jogos de poder sem que tornassem a ser neutralizadas. Mas "onde" e "como" este descolamento, esta reserva às ações sem contrafeita? Foucault guardou-se, então, ao silêncio. Todavia, em seus textos quando de sua viagem ao Irã, não estava Foucault como que à caça de experiências-limites, nas quais se faz certo giro maior para que as hegemonias se quebrem? Não estava a evocar os contrapoderes que rompessem com os arranjos da razão histórica? Não estava a evocar que desde os insurrectos se fizesse ruir o palácio do Rei? Um homem, um bando, um grupo, uma organização – Foucault os evoca num dos primeiros parágrafos de *É inútil revoltar-se?* Não se tratava da descrição da tomada do palácio do Xá como se fosse de uma cena de corte, de ruptura – no que era o estado de coisas o que se esboroava? Foucault descreverá os modos do intolerável. E a este, as abelhas não se põem em cadeia de retroalimentação para com os funcionários que as arruínam...

- Da questão da biopolítica. Está-se entre o que é feito viver e o que é deixado à morte. Ou talvez que a certas plagas, no limite ostensivo das ações destrutivas de poder, se esteja às condições paroxísticas em que a vida se torna algo similar às formas pelas quais a morte se faz lenta, vacilante, em perpétuo esgotamento. Está-se a evocar o massacre cotidiano nas periferias de nossas grandes cidades da América Latina. A questão que nos propomos é: na *América Latina, será que se está em outra condição que a do sacrificado – tantas vezes? Quantos serão, entre nós, os que estão à condição da "vida nua" – nas que as relações hegemonizadas de poder escolhem os que serão os eliminados de agora? E isto, sobretudo, quando se está nas favelas, à condição de lúmpen... Sobretudo porque é aí que se operam as cesuras de toda ordem. Entre os que se alimentam e os que se deixam à fome, entre os que se depositam aos créditos da inclusão e os que se fixam às margens de todo processo, entre os que se fazem lembrar e os que se deixam ao esquecimento, entre os que se põem ao lado da delação e os que se recolhem como carga extenuada.* Gestão biopolítica das gentes. O Estado de Exceção se fazendo a todo tempo, a cada hora, e outra, e outra, e outra vez. *Será que nos é estranho o que se descreve?* Evocação às palavras de Giorgio Agamben com relação à cesura biopolítica – a da passagem do corpo político ao corpo biológico sensório-motor. E das ações extremadas do poder inscrevendo-se nesse espaço grande e, a um só tempo, intersticial, entre o corpo de um e o de todos. Situação extrema como era a dos campos *nazi*. Porém os campos *nazi* – *tantas vezes* – se reeditou ao redor de nós. Seja no passado histórico recente das ditaduras civis militares com sua sanha concentracionária, com seus métodos de desaparecimento forçado de lutadores sociais. Seja no presente, tantas vezes a céu aberto, as políticas de extermínio operadas pelas forças de segurança do Estado às *comunas*, aos assentamentos humanitários, às favelas.

Regiões nas quais a decisão acerca da morte é cotidiana, regular, ampla e, porém, restrita aos que têm as armas ou os recursos ou as palavras que transformem o curso das coisas.

E então, o segundo movimento ao texto, o transtorno que é o das questões, sua turbulência, os seus disparos, que nada é o que prometem ou garantem às certezas que nos reservávamos. Talvez nos sirva à condição do pensar crítico – condição de rechaço ao presente histórico.

Qual nos será o limiar do intolerável? Quando será que se está sob os seus rigores de exceção – seu regime de Estado e sua razão plasmando os homens, fazendo de sua pastoral os aprumos biopolíticos? Por vezes, tantas vezes, à montagem da *vida nua*, na vida é destituída de todo e qualquer valor. Está-se aí: tantas vezes se está ante o homem levado à condição de *Musselmann* tal como nos descreve a literatura de testemunho de Primo Levi. Está-se aí, tantas vezes aí, ao intolerável. Está-se ao assalto de datas como se fora de flashes que (nos) tocam à cabeça como um baralho de cartas dispostas de forma aleatória: 11 de setembro de 1973, cidade de Santiago do Chile – a Unidade Popular sucumbe ao assalto do poder operado por caças-bombardeiros. A iminência do golpe era da ordem do dia, o Movimento de Esquerda Revolucionária (MIR) oferece a Allende a retaguarda para a resistência: talvez resista o homem a perambular altivo nas grandes Alamedas do futuro... A milícia mirista armada nos Cordões Industriais estaria em condições de enfrentar os golpistas e sufocá-los.[1] *Estava-se ao intolerável, os resistentes tramavam a insurgência...* 22 de agosto de 1972 – a Frente Ampla de Organizações de Esquerda FAR-ERP-Montoneros toma de assalto a penitenciária de segurança máxima de Rawson, e se encaminha ao aeroporto de Trelew, na Patagônia argentina, para, a partir de lá, seguir até o Chile de Salvador Allende. Somente seis deles logram tomar de sequestro um avião comercial. Os outros 16 foram barbaramente assassinados dentro de um recinto fechado após a negociação de rendição mediada junto à alta magistratura federal. Era o Estado a matar. Era o Estado operando as suas funções. Ele escrevendo os seus prontuários. Mas logo retornará Perón de longuíssimo exílio, e com ele retornará o regime constitucional quando do avanço da luta de classe. Porém quanto tempo durará este episódio de equilíbrio e suspensão dos barbarismos operados pelo Estado? Em poucos meses, em medida tomada aos bastidores do Ministério do Bem-Estar Social, será formada a banda

---

[1] Segundo o depoimento de Guillermo Rodriguez, chefe da guarda pessoal de Allende e comandante militar da milícia mirista, em entrevista ao autor em setembro de 2014.

criminal paramilitar chamada Triple A (alianza anticomunista argentina) responsável pelo assassinato de cerca de duas mil pessoas no período de 1974-1975. Estava-se ao intolerável das ações violentas de Estado, todavia, como se costuma nomear a este período, era ainda e tão somente *a antessala do* terror, o que é dizer do intolerável que ele não havia alçado a graus mais elevados como os que se inaugurarão em 24 de março de 1976, quando se construirá as páginas mais difíceis do Estado de Exceção na Argentina. Todavia *quando será que ele começa? Quando se lhe desconstrói?* Será que a data, a efeméride, recobre a totalidade de sua tessitura? Mas insistimos, e tornamos a pôr as mãos à busca de outra data, outro instantâneo ao tempo.

Todavia retorna o diagnóstico – está-se entre a fluidez de um golpe branco constitucional, ou a truculência de um golpe amparado nas Forças Armadas. 14 de novembro de 1989, 20 horas, o telejornal da Rede Globo está pronto para noticiar sobre o debate entre os presidenciáveis Fernando Collor de Melo e Luís Inácio Lula da Silva - parece que houve ali uns dedos de demiurgo em ilhas de edição – *será que se esteve à fluidez branca do golpe?* 31 de março de 1964, o General Olímpio Mourão Filho acaba de deslocar 3 mil soldados do Destacamento Tiradentes rumo ao Rio de Janeiro. João Goulart, tão logo, estará em exílio no Uruguai. *Será que se esteve ao rigor dos fogos de uma artilharia em golpe?* 17 de abril de 2016, em nome de Deus, da família, da propriedade privada e dos interesses dos grandes cartéis monopólicos internacionais, a Câmara dos Deputados aceita o processo de impedimento da Presidente da República Dilma Rousseff. Estava-se a orquestrar as notas definitivas do golpe constitucional. Entre data e outra, será a textura ou será o desarranjo do bordado o que tece os pontos da exceção? O mesmo quadro, o mesmo mantra, o retorno do devir reativo da história, a mesma planilha de tipos forjados à decadência pelos ditames do Capital – o silêncio das massas como depositário do que se lhes impõe – *input-output* de bens materiais e imateriais pelos quais a vida é mortificada –; consumo da performance política em que se equilibram os jogos de poder ao que se nos acostumou chamar de *democracia* – jogata ilusória em que se delineiam os modos do patrimonialismo em *terras brasilis* – estamos a escutar desde aos longes os ecos de Florestan Fernandes: as instâncias da República montadas sob a forma de jogo de armar entre golpes brancos e golpes mais duros, e como que costurada aos acordes de classe e uns seus assaltos ao *comum* sempre e sempre recalcado.

Está-se ao pós-moderno da globalização do Capital, necessária será a expansão deste padrão-valor em escalas planetárias. Está-se aí e desde aí ao consumo da morte lenta e sob a forma cotidiana das gentes que seguem às margens da miséria. *Que irão comer no dia de hoje?* – questão de não poucos os milhões de brasileiros, ou mais, de não poucos latino-americanos, ou mais, de não poucos os terceiro-mundistas, ou mais, *dos muitos terceiro-mundismos* que estão presentes às plagas do chamado mundo desenvolvido. O que resta às tensões de classe seria regozijar-se com as políticas de inclusão social? Esta a veste contemporânea do intolerável: ser incluído na condição de excluído. Até onde vai o tecido de absorção? Será que se irá até a superação dos antagonismos, ou do irredutível das partes, este projeto de inclusão? Será isto o sintoma inevitável à condição pós-fordista da produção capitalista – algo que haja isolado para sempre a ganância desmedida do capital de todo e qualquer processo de exploração do homem por outro homem? Será que se está às condições ótimas nas que a vida se desconecta do tempo morto do processo de produção capitalística e o reinventa *ao tanto* de potência singular e criativa?

Estamos a revisitar papéis e escritura. Lembrança de Félix Guattari a falar da revolução informática pela qual (suposto) se conquistaria a liberação de milhões de pessoas de sua condição de sequestro-funcional – suas horas de vida engatadas em meio à produção industrial. Suas intermináveis jornadas. Todavia, Guattari apontou um paradoxo: que levas de *gente livre* compunha o potencial quadro de homens entregues à depressão, à melancolia e ao abandono.[2] Estavam livres do sequestro das horas, porém, não estavam livres do sequestro das suas almas. Assim como da experimentação concreta do desemprego estrutural. Eis um lado do cenário. O outro é o que indica os projetos de lei que pululam em diversas latitudes pautando o aumento da jornada de trabalho à carga de 12 horas diárias... Estamos a revisitar papéis e escritura. Lembrança de Antonio Negri indicando esta passagem em que o Capital buscará abarcar cada vez mais a mínima fração de tempo – mesmo que esteja fora do processo de produção –, porque o capital procurará encerrar todas as relações sociais em suas grades de exploração. Sintoma de uma sociedade comunicacional na qual parece não caber qualquer zona de

---

[2] GUATTARI, 1997. Nas palavras de Guattari: "Em função do contínuo desenvolvimento do trabalho maquínico redobrado pela revolução informática, as forças produtivas vão tornar disponível uma quantidade cada vez maior do tempo de atividade humana potencial. Mas com que finalidade? A do desemprego, da marginalidade opressiva, da solidão, da ociosidade, da angústia, da neurose, ou a da cultura, da criação, da pesquisa, da re-invenção do meio ambiente, do enriquecimento dos modos de vida e de sensibilidade? No Terceiro Mundo, como no mundo desenvolvido, são blocos inteiros da subjetividade coletiva que se afundam ou se encarquilham em arcaísmos, como é o caso, por exemplo, da assustadora exacerbação dos fenômenos de integrismo religioso" (p. 8-9).

refugo, espaço de escape. *Será este o limite à política* – o mover das peças ao incólume de um tabuleiro com regras viciadas? Para quem as regras? A quem tudo isso? Desde onde o seu regramento – essa soma de saber em reserva, essa descrição das competências, o trazer em segredo as senhas das portas que abrem sempre para o interior, e ao centro – *o cenário arcaico de cetro e bravatas...*

Em meio a isto, os flashes da resistência desbordam os limites da narrativa. Neles buscamos os ecos que rebatem a este texto. E dos ecos, colhemos imagens dos fascismos do presente a redobrar-se sobre os bárbaros do agora, ou aqueles que resistem. Afinal trata-se de neutralizá-los, de criminalizá-los, no limite, de exterminá-los! Afinal se nos diz a todo instante que *os bárbaros são gente que mora na direção para onde leva a ferrovia: são eles, os periféricos, os do subúrbio das grandes metrópoles.* Revirando velhos jornais nos assaltam reportagens bombásticas nas que *os bárbaros, eles estiveram às proximidades da Candelária, 23 de junho de 1993, eram pequenos eram crianças eram 'futuros' infratores. Os bárbaros estiveram em assalto na madrugada de 29 de agosto de 1993, favela de Vigário Geral – estavam vinculados com o crime organizado, talvez viessem a matar quem lhes chegasse muito perto. Os bárbaros foram golpeados em Eldorado dos Carajás, 17 de abril de 1996 – parece que eles traziam a foice, o martelo, o ancinho, todo tipo de arma branca às mãos, disseram que investiram contra os grileiros e a polícia. Talvez que os bárbaros buscassem o motim, o mundo revolto, o tonel de pólvoras quando, em 2 de outubro de 1992, o massacre da penitenciária de segurança máxima Carandiru com seus guardas sacando as metralhadoras de dez disparos por segundo, 111 presos mortos fuzilados, os bárbaros mortos como se fosse a redenção, mas eis que se nos rebate outra convulsão, outro assalto, uns bárbaros são recolhidos em 11 de junho de 2013, Complexo da Maré, umas das maiores favelas do Rio de Janeiro, eram gente próxima ao tráfico de entorpecentes, ou talvez fossem somente supranumerários, massa zerada, sem inscrição, é o palácio a conter os riscos de avanço das massas.* Como quando em 22 e 23 de maio de 2014 diversos militantes sociais foram presos de forma arbitrária sob o pretexto de averiguação por agentes de segurança nas principais cidades do Brasil. Em 2015, a famigerada lei antiterrorismo será a expressão legislativo-judiciária desse avanço do palácio sobre as hordas de súditos revoltos. Onde será que se encerram os limites do palácio? Nos trânsitos e nas ruas?

Será que se tem de padecer até a asfixia e, todavia, não se percebe que se está ao intolerável? O que falta ainda? Onde se constrói o salto ou o rechaço com relação a este estado de coisas? Será que não há a sonolência dispersa da guarda? Será que há uma hora na qual se desperta a insurgência que estava tonta e embalada pelo éter? O torpor, até quando? A pulverização dos possíveis, até quando? O sequestro do comum, até quando? Haverá o ponto certo, o marco zero, a hora exata em que se rompem as paredes das celas, e se forja o espaço de onde surja uma nascente, um brotar de águas limpas, o ar menos pesado, os ventos que venham do Norte? São palavras de Foucault: *"As insurreições pertencem à história. Mas, de certa forma, lhe escapam. O movimento com que um só homem, um grupo, uma minoria ou todo um povo diz 'não obedeço mais', e joga na cara de um poder que ele considera injusto o risco de sua vida – esse movimento me parece irredutível"*.[3] Foucault está falando do ano 1979, a Revolução Islâmica. Foucault esteve falando do que não se fez conter. Foucault está buscando os giros, as fraturas, a cesura, o quebrar das condutas, os signos da insubordinação, as revoltas dos escravos. Porque parece que algo estoura quando se o leva a exaustão do suplício e da barbárie. Como quando da explosão do forno crematório de Auschwitz, outubro de 1944, em uma ação do destacamento de operações Sonderkommando. Foucault está evocando este giro, esta explosão, a parada geral, a batalha, o golpe mais forte, a intifada. Talvez sejam os palestinos. Talvez sejamos nós. Os que resolvem dizer: Não mais! Ainda que se tenha que confrontar com os donos do poder – ou será que não os há? –, ainda que se lhe ponha a distância como quando em retirada, uma perda de posições, seu mundo roto, todo um mundo roto, ainda que se rompa com as vidraças, Foucault esteve na busca de uma cena como essa - como quando as vidraças quebradas era o anúncio de que os bárbaros já estavam vindo, que eles estavam chegando em jornadas como as que vivemos no junho de 2013 e nos meses posteriores até o evento da Copa do Mundo em 2014, no Brasil, talvez que os bárbaros desta vez venham em cavalos, talvez estejam de joelhos sobre os seus dorsos, os cavalos como loucos, os cavalos descendo em galopes desde os céus, desde as colinas, desde as cordilheiras, desde os cumes da desesperação. Na certa que se trata da evocação de um povo de insurrectos, um povo de bacantes.

Bibliografia:

FOUCAULT, M. É inútil revoltar-se? In: *Ditos e Escritos V: Ética, Sexualidade, Política*. Rio de Janeiro: Forense Universitária, 2004. p. 77-81.

GUATTARI, F. *As três ecologias*. Campinas: Papirus, 1997.

NEGRI, A; HARDT, M. *La Multitud y la guerra*. Ciudad de México: Ediciones Era, 2007.

---

[3] FOUCAULT, 1979. p. 77.

A ontologia e a ética em Michel Foucault

Celso Kraemer

Aproximação com Foucault

O nome de Michel Foucault, nos espaços de formação acadêmica e fora deles, é um dos mais conhecidos entre os que se poderiam chamar de intelectuais contemporâneos. Passados 30 anos da data de sua morte, o número de pessoas interessadas em seu pensamento cresce diariamente. Seus livros são publicados em praticamente todos os países do mundo. Nos principais centros de pesquisa, na área das ciências humanas, sempre há alguém pesquisando ou escrevendo algo que envolve o nome de Michel Foucault.

No Brasil, o interesse por Foucault parece crescer acima da média mundial. Grande parte dos leitores, pesquisadores, estudantes e intelectuais brasileiros parecem encontrar familiaridade em seus textos, tanto na forma da escrita quanto na forma de seu pensamento. Cresce rapidamente o número de publicações dos textos originais, incluindo os livros, os Cursos de Foucault no Collège de France, os *Ditos e Escritos* editados em Língua Portuguesa numa coleção que já está no oitavo volume. Mas crescem ainda mais rapidamente as publicações que envolvem seu nome e seu pensamento. Também nos programas de Pós-Graduação *stricto senso* é elevado o número de pesquisas que, direta ou indiretamente, se relacionam com Foucault.

No entanto, não é só o número de pesquisas e publicações que chama a atenção. Também a amplitude de disciplinas, de domínios empíricos, de recortes históricos envolvidos nessas pesquisas e publicações é extremamente elevada. As pesquisas se distribuem num leque que vai da área do direito, da educação, da pedagogia, das ciências sociais, da psicologia, da história, do serviço social, das artes, da medicina, fisioterapia, enfermagem, etc., até a epistemologia e a ontologia.

Os domínios empíricos, igualmente, percorrem praticamente todas as faixas etárias, da infância à velhice, todas as práticas sociais, da violência ao amor, dos modelos de parto aos tipos de morte, da escola à prisão, fábrica, hospitais, da inclusão de pessoas portadoras de necessidades especiais à corrupção da moral da juventude. Igualmente os recortes históricos variam de Platão (Antiguidade clássica) às sociedades dos *fluxos* que ainda nem se constituíram completamente em nossa contemporaneidade, passando por temas tão díspares como a *Phrónesis* em Aristóteles, a inquisição na Idade Média, a amizade no século XVII ou o sadomasoquismo na Califórnia do século XX.

Seguramente, o Brasil passa, neste momento, por uma elevação significativa das pesquisas e das publicações. Nunca se pesquisou e se publicou tanto, em tantos meios, como nesta última década. Tal elevação, em parte, é advinda da ampliação e estruturação dos programas de pós-graduação *stricto senso*, em parte dos financiamentos, públicos e privados, à pesquisa, também nas áreas que se situam fora ou estão para além da geração de tecnologias ou conhecimentos positivos, envolvendo o que se poderia chamar de produção de um conhecimento crítico da cultura e da sociedade. Mas contribuem também nessa ampliação da pesquisa e da publicação a elevação dos níveis de escolaridade e das facilidades em se publicar, desde um simples blog até um livro de autoria própria, passando pelos mais variados tipos de revistas, jornais, folhetins.

Essa história dinâmica e plural que nós fazemos, e que também nos faz, coloca sempre novos problemas para a pesquisa. É nesse movimento do pensamento de precisar compreender criticamente o que e quem nós somos que os trabalhos de Foucault encontram seu terreno fértil.

Vivemos um momento histórico destituído de utopias ou paraísos prometidos. Fazemos uma história na qual a verdade absoluta cede lugar às perspectivas (uma filosofia metafísica é substituída pelo perspectivismo). As atitudes dogmáticas são substituídas por ceticismos críticos ou esclarecidos. As grandes narrativas ou teorias sobre o ser do mundo e das coisas são substituídas por uma analítica bem mais pontual, assumida em sua problematicidade e finitude histórica. Inútil conjecturar até que ponto Foucault seria apenas um fruto desse tempo histórico e até que ponto Foucault seria seu causador. De todo modo, é esse o *solo epistemológico* da obra de Foucault. É por ser tão profundamente sintonizado, de modo rizomático, com o tempo no qual vivemos que o interesse por Foucault cresce no ritmo que percebemos.

Frente ao volume de pesquisas e de publicações que anualmente surgem associadas ao nome de Foucault, do número de congressos, seminários e simpósios realizados ao abrigo de sua figura, pergunta-se se ainda vale a pena escrever *sobre* Foucault, ou seja, quais as motivações de escrita, tanto internas, do próprio escritor, quanto externas, do ponto de vista de um público leitor, para falar *sobre* Foucault? Com tanta publicidade de seus trabalhos, ainda vale escrever *sobre* ele? Talvez seria melhor usar seu pensamento para fazer avançar novas problemáticas, abordar outros temas ou objetos, deixando seus textos repousarem no século passado.

Questão de método: o perspectivismo

Não é incomum ouvir-se uma expressão como *perspectiva foucaultiana* ou falar-se de uma perspectiva de Foucault. Sabidamente esta expressão remete aos trabalhos de Michel Foucault. Quando se usa uma expressão como *perspectiva platônica*, não resta dúvida de que se trata da perspectiva idealista metafísica. Se for *perspectiva marxista*, trata-se da perspectiva histórico-dialética. Mas quando se fala de perspectiva foucaultiana, de que perspectiva se trata? Haveria algo que se poderia chamar de perspectiva foucaultiana? A questão é: há unidade conceitual, teórica e metodológica nos trabalhos de Foucault que nos possibilitaria falar propriamente de uma perspectiva?

Proveniente do latim, *perspectiva* significa "Arte de representar os objetos sobre um plano tais como se apresentam à vista; Aspecto dos objetos vistos de uma certa distância; panorama; Aparência, aspecto; Aspecto sob o qual uma coisa se apresenta; ponto de vista" (FERREIRA, 1999). Neste uso, o conceito de perspectiva não deixa de aludir a certo jogo entre o modo como as coisas parecem ser a um observador, do lugar e nas condições em que ambos se encontram (perspectiva) e o modo como elas realmente são, ou seja, uma visão em totalidade, não mais em perspectiva.

Quando transposto para a linguagem filosófica, o conceito guarda sua origem popular, não se desgarrando, necessariamente, de sua "força sensível" (NIETZSCHE, 1999a, p. 57). Igualmente, ele traz consigo a tensão entre a perspectiva da verdade e a verdade como tal, em sua objetividade. Entende-se, assim, que na filosofia a questão da perspectiva se aloja no interior das discussões acerca do conhecimento, da verdade e do próprio ser do homem.

A questão do perspectivismo, em nossa modernidade, mais explicitamente colocado na filosofia de Nietzsche, radica, possivelmente, na *Revolução Copernicana* de Kant (1999). Nessa *revolução*, Kant, simultaneamente, inverte o princípio do empirismo, segundo o qual a origem de todo conhecimento reside na experiência. Contra o empirismo, Kant indica que os dados sensíveis são obrigados a se conformarem às condições do entendimento. Com isso Kant limita o primado da razão em suas pretensões de universalidade e neutralidade, no que se refere aos conceitos, sejam científicos, sejam metafísicos.

Segundo sua *revolução copernicana*, Kant mostrou que a *mente* (razão) não se molda ao modo como as coisas são objetivamente. A mente não faz das coisas uma representação exata e perfeita, preservando sua objetividade. Ao contrário, a razão é muito menos flexível e são as coisas que necessitam adequar-se a seus estreitos limites: "tente-se ver uma vez se não progredimos melhor nas tarefas da Metafísica admitindo que os objetos têm que se regular pelo nosso conhecimento" (KANT, 1999, p. 39), ou seja, "a razão só discerne o que ela mesma produz segundo seu projeto, que ela tem de ir à frente [...] e obrigar a natureza a responder suas perguntas [...]" (KANT, 1999, p. 37); isso significa que em nosso conhecimento *universal* temos apenas objetos a nós apresentados através de nossos órgãos de sensibilidade (objetos fenomênicos), nos limites da experiência, sem delas termos um conhecimento "como coisas em si mesmas" (KANT, 1999, p. 41).

Ante a essas dificuldades, "o velho chinês de Königsberg"[1] (FOUCAULT, 2011, p. 96) colocou a questão da *Crítica* na questão que se interroga *"como condições subjetivas do pensamento* devam possuir *validade objetiva*, isto é, fornecer condições de possibilidade de todo o conhecimento de objetos" (KANT, 1999, p. 117). O que se depreende da Primeira Crítica de Kant é que nosso conhecimento, mesmo o científico, corresponde à perspectiva do entendimento humano sobre mundo.

Dessa forma, a *Crítica* kantiana sinaliza a impossibilidade de um conhecimento puramente objetivo das coisas, independente de nossas condições subjetivas. Entre as diferentes alternativas constituídas nas teorias filosóficas pós-kantianas, para contornar os limites impostos pela *Crítica*, acerca de nossa relação com a verdade, está o que poderíamos chamar de perspectivismo nietzschiano.

Os praticamente 100 anos que transcorrem entre a obra *Crítica* de Kant e os escritos filosóficos de Nietzsche foram importantes no âmbito da cultura, na qual se delineou um complexo modo de ver, viver e produzir o mundo a que Foucault (2002, p. 13) chamou de *nossa modernidade*. Nela se foi, progressivamente, abandonando a fé na unidade metafísica da Razão ou da Verdade. A noção de unidade torna-se cada vez mais *mundana*. Darwin ou Marx pensam a unidade a partir de princípios bem mais físicos e biológicos do que jamais se pensara ao longo de toda a história dos sistemas de pensamento.[2] O século XIX promove essa queda

---

[1] A expressão "velho chinês de Königsberg" é citada por Foucault (2011), no seu texto para a Tese Complementar ao Doutorado, no qual analisa, em Kant, a relação entre a Antropologia e o pensamento crítico, numa menção ao modo como Nietzsche se refere a Kant em *Para além do bem e do mal* (FOUCAULT, 2011, p. 96).

[2] "Titres et travaux" é o texto de apresentação de sua candidatura ao Collège de France, em 1969, chamando seu projeto de pesquisa e de ensino de "História dos sistemas de pensamento" (*DE I*, p. 874, texto nº 71). Ver do mesmo autor: *Dictionnaire des Philosophes*, em que declara poder-se "nomear seu empreendimento *História crítica do pensamento*", buscando, com isso, dar

na finitude que, a um só tempo, faz aparecer o homem e reduz todo pensamento a uma antropologia: "a filosofia da vida denuncia a metafísica como véu da ilusão, a do trabalho a denuncia como pensamento alienado, a da linguagem, como episódio cultural" (FOUCAULT, 1999, p. 437).

Um novo cenário, portanto, descortinou-se ao pensamento no século XIX, em que Nietzsche erige seu pensamento. É um momento histórico no qual se oscila entre um relativismo quase cético e tendências racistas e totalitárias. O homem oscilou entre ser deus e ser nada. A sensibilidade de Nietzsche absorveu as tensões dessa história peculiar da Europa. Tais tensões estão, todas, presentes nos textos nietzschianos. No âmago dessa experiência histórica do homem, amarrando-se à sua finitude histórica, num Eterno Retorno do Mesmo (NIETZSCHE, 1999b, p. 193), em que, segundo Marton (1993, p. 31) "todos os dados são conhecidos: finitos são os elementos que constituem o universo, finito é o número de combinações entre eles; só o tempo é eterno". Assim, somos filhos da história. Só nela buscamos explicações. Mais do que livres do dogmatismo metafísico, ficamos presos no que Foucault (1999) chamou de metafísica da finitude. Mas Nietzsche não se acomoda nela. Ele irrompe dela. Sacode-a em um movimento que a questiona e quer superá-la. Conforme Foucault (2011):

> Seria preciso [...] compreender o que nos retorna no Eterno Retorno, para ver nisso a repetição autêntica, em um mundo que é o nosso, daquilo que, para uma cultura já distante, era a reflexão sobre o *a priori*, o originário e a finitude. É ali, neste pensamento que pensava o fim da filosofia, que residem a possibilidade de filosofar ainda e a injunção de uma austeridade nova (FOUCAULT, 2011, p. 96).

No interior dos combates do pensamento com seu tempo é que Nietzsche projeta seu pensar como perspectiva. Para a filósofa brasileira Scarlett Marton, há um emaranhado de conflitos internos nos textos de Nietzsche. Para ela, "fruto do estilo aforismático, as contradições devem-se muito mais ao que torna seu estilo tão adequado a seu modo de pensar, ou seja, o perspectivismo, que é a marca mesma da filosofia de Nietzsche" (MARTON, 1993, p. 47). O perspectivismo de Nietzsche, mais do que seu estilo, é condição de seu filosofar. A verdade não é objeto a ser encontrada. Ao contrário, ela resulta da perspectiva de abordagem e nela produz seus efeitos. Assim, sempre que se fala de educar o homem, trata-se de assumir certa perspectiva sobre o homem e engajar-se nessa perspectiva, fazendo-a ser verdadeira. Nisso se

---

uma identidade mais abrangente a seu trabalho, colocando-se "na esteira de Kant" (*DE II*, p. 1450-1455, texto nº 345).

antecipa que não se trata, em sua filosofia, de *descobrir* a verdade acerca da existência do homem (ontologia), mas de *assumir* uma perspectiva.

Nesse sentido, ao que se percebe na arqueologia e na genealogia de Foucault, mais do que uma verdade objetiva sobre o ser do homem, trata-se de uma perspectiva. Assim, ao se falar de uma perspectiva foucaultiana, alude-se, em realidade, a um perspectivismo da verdade, pois, no âmbito da filosofia, ela é uma maneira específica de abordar o homem, seus modos de ser ou constituir-se em sua subjetividade. Assim, a questão central, na perspectiva foucaultiana, seja na arqueologia, na genealogia ou na ética, é uma questão relativa à constituição da subjetividade e que já fora anunciada quase 100 anos antes por Nietzsche: como tornar-se aquilo que se é, ou seja, como nos tornamos o que somos hoje.

Conforme se vê, do ponto de vista metodológico, há um perspectivismo em Foucault. Assim, a ontologia é assumida *em perspectiva*, o que quer dizer que se pode explorar a perspectiva ontológica de Foucault, sem a pretensão de se encontrar a verdade ontológica sobre o homem em geral nos trabalhos de Foucault. Próprio das heranças do século XIX presentes em nosso modo de pensar, o *perspectivismo* de Foucault assume a historicidade do homem. Mas tal historicidade não pode ser desgarrada do caráter genealógico, ou seja, das complexas tramas de saber poder constituintes do que se pode chamar de história do homem e suas verdades.

Introdução do tema

Conforme se escreveu acima, já se encontram muitos escritos sobre Foucault no Brasil. Alguns contra, a maioria a favor, mas parece que somos impulsionados a continuar a escrever, falar, debater, pensar. Nesse sentido, a motivação para este trabalho advém de um debate iniciado no livro Ética e *liberdade em Michel Foucault – uma leitura de Kant* (KRAEMER, 2011). Nesse trabalho, foram analisadas as implicações que a obra crítica de Kant teve no pensamento de Foucault, na arqueologia, na genealogia e na genealogia da ética, mostrando o modo crítico de Foucault pensar o tema da liberdade e da ética. Ambos, ética e liberdade, têm caráter eminentemente histórico, pensados não como substâncias ou materialidades em si mesmas, mas a partir de suas condições de possibilidade, que são históricas. Tais condições de possibilidade se reduzem ao caráter histórico? Qual seria a condição ontológica da própria história, ou seja, quais componentes fazem com que haja história em vez de *nada*? Caso Foucault se contentasse com a história para responder à pergunta *o que é o homem?*, ele se tornaria vítima da analítica da finitude, por ele criticada em *As palavras e as coisas* (1999) como sendo algo próprio às ciências humanas, que tomam o homem empírico como se fosse transcendental.

Esses questionamentos motivam a continuação da pesquisa. Dirigir-se à questão ontológica em Foucault passa pelas questões *o que é o homem* e *o que é sujeito* para o autor. Com essas duas questões pode-se preparar a discussão para o tema da ontologia, embora sem uma resposta conclusiva, apenas apontando-se a problemática da ontologia em Foucault.

A ontologia, na hermenêutica radical de Heidegger, lido por Foucault ainda na década de 1950, mostra a importância do questionamento ontológico, "[...] o que é digno de ser questionado nos proporciona, por si mesmo, a oportunidade clara e o apoio livre para podermos vir ao encontro e evocar o apelo de [...] um retorno ao lar" (HEIDEGGER, 2001, p. 58). *Retorno ao lar* significa endereçar-se criticamente ao ponto de partida, buscar a proveniência e construir um caminho (com o pensamento) ao que se é.

Em termos foucaultianos, o que é digno de ser questionado, a questão que realmente importa é a de reconduzirmos nossa preocupação sobre a questão antropológica da modernidade e ver que nela o jogo de forças entre disciplina, biopolítica e resistência alimenta uma estratégia que nos prende à própria modernidade. Colocar em questão essa imbricação nos deve abrir para a ontologia e deve nos propiciar uma oportunidade de ir além do puro embate de forças na temporalidade do ente (finitude), abrindo possibilidade de pensar formas diversas (em relação à modernidade) para constituir a si no presente. Significa perguntar não só o que tornou possível o homem da modernidade, objetivado pela epistemologia, pela disciplina e pela biopolítica e colocado à disposição para um saber científico, mas perguntar o que essa objetivação obscureceu, sonegou ou excluiu para, só então, constituir-nos como objetos de ciência.

A questão da ética em Michel Foucault já tem sido estudada por vários pesquisadores[3] há algum tempo. A ontologia de Foucault[4] também já é objeto de alguns estudos. Este texto é um primeiro esboço, pois, mais do que definições, busca levantar possibilidades de análise para a questão da ontologia em Foucault. Um estudo sobre a questão ontológica em Foucault requer que se percorra a totalidade de seus escritos e estudos. A tese complementar que Foucault escreveu para seu doutorado (a tese principal foi sobre Loucura, resultando no livro *História da Loucura*), publicada no Brasil com o título *Gênese e Estrutura da Antropologia de Kant*

---

[3] Veja-se o livro de Souza (2000), em que publica sua tese de doutoramento, defendida em 1995. Igualmente, nossa tese de doutorado defendida em 2008 e publicada como livro (KRAEMER, 2011), além de diversos trabalhos em congressos e artigos publicados nos últimos tempos.

[4] Veja-se, por exemplo, HAN (1998). Igualmente, CASTRO (2009).

(FOUCAULT, 2011), é um texto relevante nesse sentido, pois assinala um caminho para se pensar o tema da ontologia. A partir dela, todo período arqueológico e genealógico necessita ser analisado com cuidado nessa discussão. Os últimos livros (*O uso dos prazeres* e *O cuidado de si*), junto com os cursos da década de 1980, são igualmente fundamentais. Assim, um exame completo do tema da ontologia é um trabalho de fôlego maior do que esse (pequeno) início.

O sujeito em Foucault

É sabido que o sujeito de que fala Foucault não se confunde com o indivíduo. O sujeito é antes uma figura histórica, podendo constituir-se por múltiplos indivíduos. O próprio sujeito Foucault, do qual resultou a *Obra Foucault*, não se reduz ao indivíduo, com o nome próprio Paul-Michel Foucault, nascido em 15 de outubro de 1926 e falecido em 25 de junho de 1984. Esse é só um indivíduo, mais um, entre tantos nascidos naquele ano na França e entre tantos outros que também morreram em 1984. O sujeito Foucault é uma complexidade maior, que não começa no nascimento de Paul-Michel e não acaba no dia de sua morte. O sujeito Foucault é uma posição no interior do discurso (FOUCAULT, 1997) e se inscreve em uma longa tradição, à qual é impossível fixar uma data exata de início, embora Paul-Michel (FOUCAULT, 2004a) tenha indicado um momento histórico: a obra *Crítica* de Immanuel Kant. O sujeito Foucault também não acabou com a morte de Paul-Michel. Estende-se nos múltiplos trabalhos que resgatam faces da arqueologia da obra Foucault, entre os quais se inclui mais este, mas também nas múltiplas pesquisas sobre empiricidades históricas específicas e nos diversos movimentos de pensamento ou de "intervenção" que inspirou. O sujeito é expressão de um tempo, é *uma possibilidade* efetivada, entre múltiplas, na historicidade e coletividade do homem. A "estética da existência" não é uma receita de autoajuda, recomendada para indivíduos. Ela é a retomada de *uma possibilidade* para o sujeito histórico, em nosso tempo, ou seja, na categoria que Foucault, no texto "*What Is Enlightenment?*", tanto valorizou em Kant: a ocupação com o presente, com o que se é *agora*, com "o que estamos fazendo de nós mesmos [...] para a constituição de nós mesmos como sujeitos autônomos" (FOUCAULT, 1988, p. 345).

A liberdade, fundamento da ética, também está referida ao sujeito, não ao indivíduo. É angustiante pensar essa dificuldade de como situar o tema do indivíduo e do sujeito, não só na ética, mas na própria ontologia de Foucault. Que relações se podem estabelecer entre o sujeito histórico e o indivíduo? Como se poderia abordar o tema da liberdade dos indivíduos? Como articular o "conhece-te a ti mesmo", que o sujeito

Foucault praticou em toda a arqueologia e a genealogia de sua obra, num trabalho que ele próprio chamou de "ontologia histórica de nós mesmos" (FOUCAULT, 1988, p. 347), com a possibilidade de o indivíduo conhecer-se? Ou será que o indivíduo deve contentar-se em re-conhecer a si no sujeito que a ontologia histórica do nós faz aparecer? Talvez a "estética da existência", muito diferente de um capricho individual, seja uma empreitada coletiva e histórica de criar novas possibilidades ao sujeito histórico. Em tal empreitada, o lugar do indivíduo poderia estar resguardado na coletividade, analogamente ao que ocorre nas *Tischgesellschaft*, o "*Banquet kantien*" (FOUCAULT, 2011). É sabido que Foucault não sustenta um discurso de que o indivíduo é livre ou que *deve* ser livre. O discurso de Foucault sustenta o princípio de que o sujeito tem o direito de exercer liberdades, seja na forma de resistência (*Vigiar e punir*), de contraconduta (*Segurança, território e população*) ou de um agir sobre si (*Hermenêutica do sujeito*). É nesse universo de relações que o tema do indivíduo aparece frente ao sujeito. São questões que, obrigatoriamente, se abrem e convocam o pensamento a aprofundar a interrogação e a buscar respostas numa possível ontologia em Foucault.

Ética e ontologia

A leitura inicial de textos de Foucault, nos domínios arqueológicos e genealógicos, já revela seu caráter de crítica e de denúncia[5]. Mas eles, facilmente, também, deixam a impressão de que o indivíduo é simplesmente um efeito da episteme e dos dispositivos, uma subjetividade passiva frente às práticas de saber-poder, uma pura determinação provinda do exterior. Neste caso, o sujeito não teria qualquer abertura ao ainda não presente; não estaria disposto no horizonte da possibilidade. Pensando o sujeito apenas como passividade, constituído pelas formas de saber e de poder atuantes no meio, não faz o menor sentido discutir-se o tema da liberdade, da autonomia ou da ética na ontologia. A ontologia, nesse caso, se reduziria à mera determinação histórica, uma espécie de absoluto produzindo indivíduos autômatos.

Desse ponto de vista, a arqueologia e genealogia de Foucault deixam a impressão de não haver teoria ou ideologia política capaz de contornar os efeitos da episteme e do dispositivo. Nada poderia, então, nos salvar

---

[5] Parte das críticas sobre as noções de episteme e de dispositivo é motivada por uma *forma* de ler Foucault. Enquanto ele apenas discute mecanismos específicos de saber-poder, ressaltando sua não-universalidade e não-neutralidade, muitos o leem como um trabalho prescritivo, uma opção teórica e ética, na qual o sujeito desapareceria. Deve-se ter em conta, entretanto, o caráter de *jogo* que há, para Foucault, entre os mecanismos de sujeição e as formas de enfrentamento.

de nós mesmos, da repetição das verdades que nos constituem, nos submetem, nos governam. Não há Razão, não há Eu, não há Sujeito que supere o eterno Retorno das Mesmas Verdades, dos mesmos enganos, das mesmas ilusões, das mesmas submissões, das formas cada vez mais refinadas de sermos "conduzidos" pelas verdades.

Mas é fundamental ter-se em conta que, para Foucault, a arqueologia e a genealogia não se limitam ao estudo das formas históricas de submissão à verdade ou ao governo. Elas, obviamente, realizam com profundidade tais estudos. Por outro lado, elas não limitam o universo do *possível* às formas historicamente determinadas, como se tais formas significassem o ponto de chegada de um percurso histórico no qual o homem teria atingido sua forma plena e acabada.

A estrutura da obra de Foucault se desenvolve em três domínios de abordagem, diferentes e interligados: o domínio da crítica, o domínio das empiricidades históricas e o domínio da abertura. A crítica, conforme demonstrado por Kraemer (2011), é utilizada por Foucault em sentido kantiano, ou seja, ela é uma propedêutica à pesquisa e uma atitude metodológica na pesquisa, quer dizer, em vez de buscar a objetividade e neutralidade de seus objetos, busca entender as condições de possibilidade em que os objetos e os conhecimentos sobre tais objetos são possíveis ou têm seu aparecimento na história.

Nesse sentido, pode-se compreender que arqueologia e genealogia são formas *críticas* de pesquisa, na medida em que elas constituem estudos sobre as condições de possibilidade histórica de constituição das empiricidades relativas ao homem da modernidade. Suas pesquisas buscam as condições de possibilidade das formas historicamente determinadas de conhecimento. Seus estudos explicitam os dispositivos que atuaram em cada período histórico e os modos de sujeição daí resultantes.

A abertura é um conceito que Foucault utilizou pela primeira vez em sua tese complementar Gênese e estrutura da antropologia de Kant (FOUCAULT, 2011) e, depois, em outros textos, como no Prefácio à Transgressão, cuja publicação no Brasil está em no terceiro volume da Coleção Ditos e escritos, intitulado Estética, literatura e pintura, música e cinema (FOUCAULT, 2001b), sinalizando que para ele os limites do atualmente dado na história não significa um cercado intransponível, mas uma fronteira que se divisa com novas formas de ser e de saber. Este sentido de pensar o presente, não como determinado, mas como possibilidade de abertura para o ainda não presente, é nitidamente retomado em seus últimos trabalhos, da década de 1980, marcadamente em conceitos como estética da existência, cuidado de si, etc., o que pode ser considerado um contraponto, no domínio da ontologia, às formas de sujeição estudadas na arqueologia e na genealogia. A abertura parece constituir uma espécie de meta, já anunciada desde fins dos anos 1950, mas não claramente tematizada nas abordagens arqueológicas e genealógicas. Por isso sua ocupação com as questões da ética e da ontologia, normalmente, passam despercebidas quando se estudam textos como *Vigiar e punir*.

As discussões que ele faz na *Tese complementar* se aproximam bastante das discussões que faz em seus dois últimos livros (*O uso dos prazeres* e *O cuidado de si*), percebe-se a presença do tema da ética e da ontologia. Seus últimos cursos no Collège de France, marcadamente *A hermenêutica do sujeito* e *O governo de si e dos outros* também sinalizam a importância que o autor concede para temas como liberdade, ética, ontologia. Nos trabalhos finais, ao abordar os domínios do saber e do poder, Foucault prioriza o estudo do modo de inserção do sujeito nas práticas do saber-poder. Ele se ocupa, prioritariamente, da atuação do sujeito, ou seja, do modo como cada um pode agir sobre si, sobre as verdades e as formas de poder que o atravessam.

Saliente-se, entretanto, que, ao trazer as questões da ética e da ontologia para o debate, Foucault não superou ou abandonou a arqueologia e a genealogia.[6] Ao contrário, é a partir do que foi trazido à luz sobre as práticas do saber-poder que pôde aprofundar-se o estudo e o debate sobre a constituição de si. A dimensão crítica da arqueologia e da genealogia assegura que a discussão sobre a constituição de si nada tem de ingênuo, utópico, idealista ou teleológico. Não promete um mundo futuro, livre e feliz. Nem idealiza um mundo no qual, atingidas determinadas condições (econômicas, políticas, ou de consciência), reinará o verdadeiro homem. Ao contrário, é na imanência histórica, no universo das relações efetivas, das práticas historicamente constituídas, que ética e a ontologia são pensadas e estudadas.

Suas pesquisas da Antiguidade, grega e romana, desenvolvem-se com as *ferramentas* da arqueologia e da genealogia. Foucault analisa, na "empreitada de uma história da verdade, [...] as *problematizações* através das quais o ser se dá como podendo e devendo ser pensado, e as *práticas* a partir das quais essas problematizações se formam".[7] Analisa o modo como se dá a "*determinação da substância ética*, isto é, a maneira pela qual o indivíduo deve constituir

---

[6] Em 1984, no final de sua vida, ele salienta três deslocamentos teóricos de seu trabalho: 1º "interrogar-me sobre as formas de práticas discursivas que articulavam o saber [...] os jogos de verdade considerados entre si"; 2º "interrogar-me, sobretudo sobre as relações múltiplas, as estratégias abertas e as técnicas racionais que articulam o exercício dos poderes [...] os jogos de verdade em referência às relações de poder"; 3º "pesquisar quais são as formas e as modalidades da relação consigo, através das quais o indivíduo se constitui como 'sujeito'; [...] estudar os jogos de verdade na relação de si para si e a constituição de si mesmo como sujeito" (*História da sexualidade 2 – O uso dos prazeres*, 1984, p. 11).

[7] *L'Usage des plaisirs*, p. 17; *O uso dos prazeres*, p. 15.

tal parte dele mesmo como matéria principal de sua conduta moral,"[8] o modo de sujeição[9] e as formas de subjetivação.[10] Mas investigam também o

> [...] desenvolvimento de uma arte da existência dominada pelo cuidado de si, que gravita em torno da questão do si mesmo, de sua própria dependência e independência, de sua forma universal [...], dos procedimentos pelos quais se exerce seu controle sobre si próprio e da maneira pela qual se pode estabelecer a plena soberania sobre si.[11]

Isso tudo explicita que a ontologia está em foco. Porém, parte dos elementos que auxilia na compreensão do modo específico de Foucault entender a ontologia, posto em evidência nesse *terceiro deslocamento*, não está explicitado nos próprios livros, sendo importante recorrer a alguns "textos menores" do período entre 1978 e 1984.

Por longo tempo, mesmo depois de sua morte, os estudos não indicavam maiores relações entre ele e Kant. A partir do momento em que se tornam conhecidos seus textos sobre a *Aufklärung* (KANT, 2008), acreditou-se que Foucault, no final de sua vida, teria feito uma *virada* em direção a Kant. Isso estaria motivado por questões internas a sua obra, como as que implicam a noção de liberdade e autonomia do sujeito frente às noções de episteme e de *dispositivo*, e questões que dizem respeito à relação com o presente,[12] modo de se atuar sobre as questões do presente.[13] Mas a leitura da tese complementar e um olhar mais atento a *As palavras e as coisas* faz ver que Kant já é presença desde o início de sua obra. A partir de 1978, a presença da *Aufklärung* e as referências a Kant nos "textos menores" de Foucault se intensifica.[14]

---

[8] *L'Usage des plaisirs*, p. 33; *O uso dos prazeres*, p. 27.

[9] *L'Usage des plaisirs*, p. 34; *O uso dos prazeres*, p. 27.

[10] *L'Usage des plaisirs*, p. 36; *O uso dos prazeres*, p. 29.

[11] *Le Souci de soi*, p. 272-273; *O cuidado de si*, p. 234.

[12] "Parto de um problema nos termos em que ele se coloca atualmente e tento fazer disso a genealogia. Genealogia quer dizer que levo a análise a partir de uma questão presente" ("O cuidado com a verdade", 1984, p. 81; "Le souci de la vérité", *DE II*, p. 1493).

[13] "Se me dizem: 'a filosofia fala em geral', respondo que quando um filósofo afirma que ele não fala de nada em particular, mas da experiência em geral, ele fala em realidade de algo muito particular, quer dizer da experiência historicamente definida que é a sua, mas que ele transformou e que ele fez valer como uma experiência geral" ("Prisons et asiles dans le mécanisme du pouvoir", 1974, *DE I*, p. 1390, texto nº 136).

[14] A *Aufklärung* é citada na "Introdução" a *O Normal e o Patológico*, em 1978; na longa entrevista, em 1978, com D. Trombadori (*DE II*, texto nº 281, passagem em que se interroga sobre a promessa de liberdade da *Aufklärung*, que, através do exercício da razão, não se poderia tornar uma forma de dominação, p. 892); em 1979: "Pour une morale de l'inconfort" (*DE II*, p.

A questão do presente é relevante para pensar o tema da ontologia em Foucault. Ao discutir o texto de Kant, "Resposta à questão: o que é o esclarecimento?" ele fala de uma "ontologia histórica de nós mesmos" e de uma "ontologia crítica de nós mesmos, como uma prova histórico-prática dos limites que podemos transpor, portanto, como o nosso trabalho sobre nós mesmos como seres livres" (FOUCAULT, 2000, p. 348). Tal trabalho sobre si implica, obviamente, um conhecimento crítico sobre as formas históricas que configuram o presente, além de estratégias específicas para enfrentá-lo nos domínios do saber-poder.

Por esta via, entende-se por que o domínio de ética e da ontologia só foi evidenciado *após* os trabalhos arqueológicos e genealógicos. As pesquisas realizadas nas décadas de 1960 e 1970 correspondem ao trabalho da crítica, no qual Foucault buscou as condições em que o sujeito é constituído, os mecanismos de sujeição de que nunca se está livre – episteme, dispositivo, disciplina, objetivação-subjetivação, produção e efeitos-poder da verdade. Abordar primeiro o domínio da ética e da ontologia significaria discuti-las ingenuamente, sem perceber as relações que determinam, ao longo da história, conceitos, valores, comportamentos, hierarquias, não evitando a repetição do Mesmo.[15] O modo como Foucault assume a ética e a ontologia dá-se sem prescrever nenhum comportamento, valor ou Verdade aos outros, por perceber, na esteira da *Crítica* kantiana e da genealogia nietzschiana, a impossibilidade de fundamentar qualquer conteúdo objetivo sem cair no dogmatismo.[16]

783, texto nº 266); em 1978 no "Qu'est-ce que la Critique?" (1990); em 1980 no "Postface" a *L'Impossible Prison*, de M. Perrot (*DE II*, p. 855-856, texto nº 279); em 1983, na entrevista com G. Rauler, "Structuralisme et poststructuralisme", relaciona o texto de Kant *Was ist Aufklärung* com a questão do presente (*DE II.*, p. 1267, texto nº 330); no Curso no Collège de France, em janeiro de 1983, "Qu'est-ce que les Lumières?", que tem na *Aufklärung* seu eixo principal (*DE II*, p. 1498-1507, texto nº 351); também em 1983, na conferência em Berkeley, *What is Enlightenment?*, a *Aufklärung* é o ponto central do estudo (*DE II*, p. 1381-1397, texto nº 339). As referências a Kant são bastante frequentes; aparecem em 20 "textos menores" desse período.

[15] "O que me preocupa (*frappe*) em vosso raciocínio é que ele se mantém na forma do até então presente. Ora, um empreendimento revolucionário é precisamente dirigido não somente contra o presente, mas contra a lei do até então presente" ("Par-delá le bien et le mal". Entrevista com licenciados, em 1971. *DE I*, p. 1104, texto nº 98).

[16] "Minha posição, diz Foucault em 1977, é que não temos que propor. Desde o momento em que se 'propõe', se propõe um vocabulário, uma ideologia, que não pode ter senão efeitos de dominação. O que há a apresentar são os instrumentos e as ferramentas que se julga poderem ser úteis. Constituindo grupos para tentar precisamente fazer essas análises, conduzir essas lutas, utilizando esses instrumentos ou outros, é assim, finalmente, que as possibilidades se abrem" ("Enfermement, psychiatrie, prison". Entrevista com D. Cooper, J. P. Faye, M-O. Faye, M. Zecca, 1977. *DE II*, p. 348, texto nº 209).

Para pensar a ontologia, tendo-se em conta as noções de episteme e dispositivo, a constituição do sujeito se dá, num primeiro momento, de modo independente da vontade ou escolha. O sujeito, muito antes de ser fonte originária ou suporte sobre o qual fundar a verdade sobre si, é efeito de complexas relações de saber-poder-verdade. Para uma considerável parte dos discursos das ciências humanas, vale o que Foucault, em *As palavras e as coisas* chamou de *ilusão antropológica* da modernidade. Ela consiste em fundar, a partir do homem empírico, um conhecimento universal sobre o homem. Para tal, é obrigada a fazer valer como sujeito transcendental aquilo que é apenas sujeito empírico. Uma vez denunciada a *ilusão* antropológica, Foucault não se dirige ao que seria o verdadeiro sujeito que residiria *por traz* de tal *ilusão* antropológica. Ele faz, muito antes, um desmonte dos discursos sobre o sujeito, explicitando os mecanismos de saber-poder que, historicamente, o constituem, mostrando como tais discursos tentam amarrar o indivíduo a essas verdades.

Contrapondo-se a uma dogmatização do presente, a ontologia em Foucault guarda um caráter de liberdade, o que mantém o homem numa essencial abertura. Esse dado é de vital importância para que o *pensar* do homem, no domínio da ontologia e da ética, não tome os fenômenos do presente como se fossem coisas *em-si*, fundando o presente metafisicamente. Também é importante para que não tome ideias atuais das ciências sobre o homem como se fossem conteúdos objetivamente fundados (dogmatismo) numa verdade inquestionável. O caráter de liberdade da ontologia de Foucault também é relevante para que não se tome o homem atual, empírico, historicamente constituído, como se fosse a verdadeira natureza humana (redução do possível ao atual).

A manutenção do possível por sobre o atual, em Foucault, tem por consequência necessária o pertencimento recíproco entre a verdade e a liberdade, no tocante à ética e à ontologia. Para pensar essa temática, a verdade deve manter-se vinculada e subordinada à liberdade. Do contrário, o homem perde a condição fundamental de sua moralidade e acaba sendo vítima ou refém de suas próprias "ilusões ou fantasias". Despertar do *sono antropológico* pela destruição do *quadrilátero antropológico* tem caráter de "denúncia", em *As palavras e as coisas*. A partir de tal denúncia, Foucault mostra a necessária superação da antropologia de nossa modernidade. O cuidado de si e a estética da existência são formas de o filósofo responder para superar a ontologia e a ética circunscritas pela *metafísica da finitude* de nossa modernidade.

O enfrentamento da modernidade, no nível ontológico, se dá por uma atitude crítica, que aponta para um desnível entre o que seria o homem por natureza (ou um discurso sobre a natureza do homem) e o modo como ele se constitui enquanto ser da cultura. Com isso Foucault insere a ontologia na temporalidade na experiência histórica do homem. Isso põe a ontologia na dinâmica da indeterminação e da possibilidade humanas, enfim, na dinâmica de *sua* liberdade, universal como princípio e imanente como exercício.

Considerações

Há uma originalidade de Foucault, sobretudo no conceito que utiliza para a questão ontológica, apresentado em Berkeley em 1983:

> Eu gostaria de enfatizar que o fio que pode nos ligar dessa maneira à *Aufklärung* não é a fidelidade aos elementos de doutrina, mas, de preferência a reativação permanente de uma atitude; quer dizer, de um êthos filosófico que se pode caracterizar como Crítica permanente de nosso ser histórico.[17]

Com o conceito de crítica de nosso ser histórico pode-se entender que os trabalhos arqueológicos e genealógicos efetivam, sob a égide da própria crítica, uma ontologia histórica de nós mesmos, apesar de mirar tal *ontologia* em sentido negativo, ou seja, desmantelando a *epistemè* e os dispositivos que nos amarram às verdades modernas sobre o homem. O conceito de ontologia histórica, embora seja um avanço significativo no entendimento de sua obra, somente foi cunhado em 1982[18] e 1983,[19] mas com valor retrospectivo sobre toda sua obra. Isso é assinalada pelo próprio Foucault:

> Há três domínios possíveis na genealogia. Primeiro uma ontologia histórica de nós mesmos com relação à verdade através da qual nós nos constituímos como sujeitos de conhecimento; segundo, uma ontologia histórica de nós mesmos relacionada a um campo de poder através do qual nos constituímos como sujeitos agindo sobre outros; terceiro, uma ontologia histórica de nossas relações à moral, que nos permite constituir-nos em agentes éticos.[20]

---

[17] "What Is Enlightenment?" [Qu'est-ce que les Lumières?], DE II, p. 1390, texto n° 339.

[18] Em 1982, "Kant, porém, pergunta [...]: o que somos nós, nesse momento preciso da história? A questão de Kant aparece como uma análise de quem somos nós e do nosso presente" ("*Le sujet et le pouvoir*". DE II, p. 1050-1051, texto n° 306; "O sujeito e o poder" (DREYFUS; RABINOW, 1995, p. 239).

[19] Aula do dia 3 de janeiro de 1983 (DE II, p. 1506, texto n° 351). "O Que é o Iluminismo?" (*O Dossier*, p. 112).

[20] "À propos de la généalogie de l'éthique: un aperçu du travail en cours" (DE II, p. 1437, texto n° 344). "Sobre a Genealogia da ética: uma visão do trabalho em andamento" (*O Dossier*, p. 51). "[...] uma ontologia histórica relacionada à ética".

Caracterizar seu próprio trabalho como ontologia histórica é uma resposta positiva de Foucault ao tema ontológico e ético de sua obra. O conceito admite, simultaneamente, uma negação e uma afirmação. Enquanto negação, ela permite "fugir" dos modelos essencialistas de pensamento; não requer um fundamento positivo, universalmente válido, do qual se poderiam derivar as demais verdades sobre o homem e sobre a história; permite "fugir" igualmente dos humanismos, com seus prognósticos sobre modelos de homem e de mundo. Nisto, a ontologia histórica se mantém estritamente na esteira da *Crítica*. Enquanto afirmação permite "fazer análises de nós mesmos como seres historicamente situados [...] orientadas para a constituição de nós mesmos como sujeitos autônomos".[21]

Compreende-se, mesmo com esse rápido recorte, que o tema da ontologia, em Foucault, por um lado, é uma possibilidade que merece ser aprofundada e explorada. Por outro lado, percebe-se que ele está intimamente relacionado ao tema do homem e do modo de sermos sujeitos. Com certa ousadia, pode-se afirmar que o tema da ontologia em Foucault está entrelaçado com o tema da ética, não se podendo analisá-los separadamente.

Neste primeiro esboço, assinalamos apenas relações da ontologia em Foucault com a filosofia de Kant. Mas, sabidamente, é necessário buscar as relações com Nietzsche, Heidegger, Deleuze, os estoicos, entre outros. Mas, como assinalado no início, é tarefa para próximos estudos, ao longo dos próximos anos, contando com a ajuda de outros pesquisadores. De momento, atingimos nossa meta: buscar indicativos para se discutir o tema da ontologia em Michel Foucault.

Referências

CASTRO, E. *Vocabulário de Foucault*. Belo Horizonte: Autêntica, 2009.

DREYFUS, H.; RABINOW, P. *Michel Foucault – uma trajetória filosófica para além do estruturalismo e da hermenêutica*. Rio de Janeiro: Forense Universitária, 1995.

FERREIRA, A. B. de H. *Dicionário Eletrônico Aurélio Século XXI* (CDROM). Rio de Janeiro: Nova Fronteira e Lexikon Informática, 1999.

FOUCAULT, M. *Les mots et les choses*. Paris: Gallimard, 1966. Reimpresso em 2002.

FOUCAULT, M. *A Arqueologia do Saber*. 5. ed. Rio de Janeiro: Forense Universitária, 1997.

FOUCAULT, M. *L'Usage des plaisirs*. Paris: Gallimard, 1984.

---

[21] "*What Is Enlightenment?*" *[Qu'est-ce que les Lumières?]* (*DE II*, p. 1391; tradução, *DE II*, p. 345).

FOUCAULT, M. *A hermenêutica do sujeito*. Curso no Collège de France (1981-1982). Tradução de Márcio Alves da Fonseca e Salma Tannus Muchail. São Paulo: Martins Fontes, 2004.

FOUCAULT, M. *Arqueologia das Ciências e História dos sistemas de pensamento*. Rio de Janeiro: Forense Universitária, 2000. (Coleção Ditos e Escritos II).

FOUCAULT, M. *As palavras e as coisas: uma arqueologia das ciências humanas*. 8. ed. Tradução de Salma Tannus Muchail. São Paulo: Martins Fontes, 1999.

FOUCAULT, M. *Dits et Écrits I (DE I), 1954-1975*. Paris: Quarto Gallimard, 2001.

FOUCAULT, M. *Dits et Écrits II (DE II), 1976-1988*. Paris: Quarto Gallimard, 2001a.

FOUCAULT, M. *Estética, literatura e pintura, música e cinema*. Rio de Janeiro: Forense Universitária, 2001b. (Coleção Ditos e Escritos III).

FOUCAULT, M. Ética, *sexualidade, política*. Rio de Janeiro: Forense Universitária, 2004a. (Coleção Ditos e Escritos V).

FOUCAULT, M. *Gênese e estrutura da antropologia de Kant*. Tradução de Márcio Alves da Fonseca e Salma Tannus Muchail. São Paulo: Loyola, 2011.

FOUCAULT, M. *História da sexualidade. Vol. 2: O uso dos prazeres*. Tradução de Maria Thereza da C. Albuquerque. Revisão de J. A. Guilhon Albuquerque. 8. ed. Rio de Janeiro: Graal, [1984] 1998.

FOUCAULT, M. *História da sexualidade. Vol. 3: O cuidado de si*. Tradução de Maria Thereza da C. Albuquerque. Revisão de J. A. Guilhon Albuquerque. 6. ed. Rio de Janeiro: Graal, [1984] 1999.

FOUCAULT, M. *Introduction à l'Anthropologie de Kant*. Thèse complementaire pour le doctorat. Diretor de estudos M. J. Hyppolite. Paris. Notação: D 60 (1), 1961, 128 p. (Arquivos IMEC. Documento disponível em texto datilografado. Inédito).

FOUCAULT, M. *O Dossier – últimas entrevistas*. Introdução e organização de Carlos Henrique Escobar. Tradução de Ana Maria A. Lima. Rio de Janeiro: Taurus, 1984.

FOUCAULT, M. *Qu'est Que La Critique? [Critique et Aufklärung]*. Bulletin de la Société Francaise de Philosophie, t. LXXXIV, anée 84, n. 2, p. 35 a 63, 1990. (Palestra).

FOUCAULT, M. *Vigiar e punir – história da violência nas prisões*. Tradução de Lígia M. Ponde Vassalo. Petrópolis: Vozes, 1987.

HAN, B. *L'ontologie manquée de Michel Foucault – Entre l'historique et le transcendental*. Grenoble, Fr.: Jérôme Millon, 1998. (Collection Krisis).

HEIDEGGER, M. *Ensaios e conferências*. Petrópolis, RJ: Vozes, 2001.

KANT, I. *Beantwortung der Frage: Was ist Aufklärung? 1784*. In: *Textos Seletos*. Petrópolis, RJ: Vozes, 2008.

KANT, I. *Crítica da Razão Pura*. Tradução de Valério Rohden e Udo Baldur Moosburger. São Paulo: Nova Cultura, 1999. (Coleção Os Pensadores.)

KRAEMER, C. *Ética e Liberdade em Michel Foucault: uma leitura de Kant*. São Paulo: EDUC/FAPESP, 2011.

MARTON, S. *Nietzsche: a transvaloração dos valores*. São Paulo: Moderna, 1993.

NIETZSCHE, W. F. A Gaia Ciência. In: *Obras Incompletas*. São Paulo: Nova Cultura, 1999b. (Coleção Os Pensadores.)

NIETZSCHE, W. F. Sobre verdade e mentira no sentido extramoral. In: *Obras Incompletas*. São Paulo: Nova Cultura, 1999a. (Coleção Os Pensadores.)

SOUZA, S. C. de. *A Ética de Michel Foucault: a verdade, o sujeito, a experiência*. Belém: Cejup, 2000.

Práticas de subjetivação e experiência da sexualidade em M. Foucault: Sobre *O uso dos prazeres* e *O cuidado de si*

Cesar Candiotto

Introdução

Neste estudo pretendemos analisar a história dos processos de subjetivação proposta por Michel Foucault, principalmente nos dois últimos livros da *História da sexualidade* e em textos seletos do IV volume da primeira edição francesa dos *Ditos e Escritos*. A concepção de ética desenvolvida a partir desses livros lhe permitiu indicar descontinuidades entre a constituição grega do sujeito e sua constituição greco-romana. O domínio da sexualidade, tomado como a última experiência histórica na trajetória das obras publicadas pelo pensador, tem ultimamente sido objeto de uma revisitação crítica expressiva.[1] Dele também nos ocuparemos porque apresenta uma síntese amadurecida e bem sistematizada de muitas análises que no curso de 1981, *Subjetividade e verdade*,[2] trazem ainda a marca da *pesquisa em curso* e da oralidade.

Com efeito, nos dois últimos volumes da *História da sexualidade*, Foucault traça um percurso peculiar e inédito em relação aos trabalhos anteriores: ele começa pela análise do pensamento grego clássico do final do século V e do século IV a.C., suas continuidades e descontinuidades em relação ao helenismo e ao mundo greco-romano dos dois primeiros séculos d.C., bem como algumas indicações do pensamento moral

---

[1] Na França, ocorreu recentemente a reedição de uma série de artigos sobre os dois livros dos anos 1980 na coletânea: *L'usage des plaisirs et Le souci de soi de Michel Foucault: Regards critiques 1984-1987*, organizado por Luca Paltrinieri (2014). Uma coletânea importante, *Rethinking Sexuality: Foucault and Classical Antiquity*, foi organizada por David H. J. Larmour, Paul Allen Miller, Charles Platter (1988). Também convém citar o artigo de Kirk Ormand, "Foucault's History of Sexuality and the Discipline of Classics" (2014, p. 54-68).

[2] FOUCAULT, 2014. Pretendemos, em outro trabalho, nos ocuparmos de uma análise específica desse curso.

cristão até, pelo menos, o século V d.C., com Santo Agostinho.³ Seu propósito não é fazer uma historiografia da conduta sexual no mundo antigo; não se trata tampouco de propor uma volta ao passado para nele identificar possíveis soluções às problemáticas de nossa Modernidade. Ao analisar o que no passado os indivíduos fizeram de si mesmos em relação às regras culturais que lhes eram propostas, Foucault pretende compreender a *diferença* em relação ao que hoje podemos fazer de nós mesmos a fim de apontar novas possibilidades de subjetivação no interior de nossa própria cultura.⁴ Fazer a genealogia do sujeito ético significa tomar distância daquelas análises que se reportam a um sujeito constituinte, a uma consciência transcendental ou a uma identidade vazia ao longo da história.⁵

Na primeira aula de seu curso *O governo de si e dos outros*, Foucault identifica no conjunto de seus trabalhos até início de 1983 a articulação de três eixos que compõem um "núcleo de experiência": as formas de saber possível, as matrizes normativas de comportamento e os modos de existência virtuais para os sujeitos possíveis. Quando ele trata do último desses três eixos, que é o do sujeito, o exemplo que ele oferece aos seus auditores é o de sua história da moral sexual:

> [...] tratava-se de analisar o eixo de constituição do modo de ser do sujeito. E aí o deslocamento consistiu em que, antes de se referir a uma teoria do sujeito, pareceu-me que seria preciso tentar analisar as diferentes formas pelas quais o indivíduo é conduzido a se constituir a si mesmo como sujeito. E, ao tomar o exemplo do comportamento sexual e da história da moral sexual, tentei ver como e através de quais formas concretas de relação consigo o indivíduo tinha sido chamado a se constituir como sujeito moral de sua conduta sexual. Dito de outro modo, tratava-se ainda aí de operar um deslocamento que vai da questão

---

[3] Sobre o percurso da escrita dos últimos livros de Foucault, ver: Foucault (1994, v. IV, p. 610). Sobre as razões das modificações no projeto geral da *Histoire de la séxualité*, ver: Foucault (1998, p. 9-16).

[4] Se na genealogia da ética o indivíduo se constitui em sujeito por meio das práticas de si, contudo não é o indivíduo que inventa tais práticas. Ele se constitui por meio de esquemas que encontra no seu meio e que lhe são propostos, seguidos e prescritos por sua cultura, por sua sociedade e por seu grupo (FOUCAULT, 1994, v. IV, p. 719). Isso pode ser visto pela própria definição das técnicas de si: "os procedimentos, que, sem dúvida, existem em toda civilização, pressupostos ou prescritos aos indivíduos para fixar sua identidade, mantê-la ou transformá-la em função de determinados fins, e isso graças a relações de domínio de si sobre si ou de conhecimento de si por si" (FOUCAULT, 1994, p. 299).

[5] FOUCAULT, 2000, p. 7.

do sujeito à análise das formas de subjetivação, e de analisar essas formas de subjetivação através das técnicas/tecnologias da relação a si mesmo ou, se vocês quiserem, através daquilo que podemos chamar a pragmática de si.[6]

Foucault sempre oferecia olhares retrospectivos sobre suas pesquisas. Dois deles são emblemáticos, no meu entender: este, da aula do dia 5 de janeiro de 1983, no Collège de France, e outro, do volume IV da primeira edição francesa dos *Ditos e Escritos*, intitulado "Foucault". Publicado como verbete no *Dicionário dos filósofos*, organizado por Denis Huisman, em 1984, esse texto fazia parte da primeira versão do volume II da *História da sexualidade*.

Ao tomar como exemplos esses olhares importantes sobre sua investigação, gostaria de apontar pelo menos dois aspectos que eles têm em comum, sendo o primeiro o seguinte: ambos foram elaborados depois do curso *A hermenêutica do sujeito*. Isso quer dizer que, a despeito da contribuição inegável desse curso para a história da subjetividade, Foucault sempre se refere às suas pesquisas em curso nos anos 1980 a partir da centralidade do governo da sexualidade. Como está escrito no verbete de 1984: "Vemos como o tema de uma 'história da sexualidade' pode se inscrever no interior do projeto geral de Michel Foucault: trata-se de analisar a 'sexualidade' como um modo de experiência historicamente singular no qual o sujeito é objetivado por si mesmo e pelos outros mediante alguns procedimentos precisos de 'governo'".[7]

O segundo aspecto tem a ver com a própria delimitação que Foucault faz da história da "subjetividade", ao entender essa palavra como "a maneira pela qual o sujeito faz a experiência de si mesmo num jogo de verdade por meio de uma relação a si".[8] Nessa definição, podem-se destacar noções importantes, a começar pela "experiência de si". No caso de Foucault não se trata de uma experiência fundamental ou de uma teoria filosófica sobre a alma ou sobre o corpo; antes, essa experiência pode ser entendida como a experimentação pela qual o indivíduo se faz ou se constitui a partir de práticas historicamente situadas. A experiência envolve a ação de se colocar diante da prova da realidade a partir de uma ascese permanente. Outra noção que faz parte da definição de subjetividade é a de "jogos de verdade". Eles não indicam a descoberta de uma verdade *no* sujeito, não fazem da alma o

---

[6] FOUCAULT, 2008, p. 6-7. Sobre as possibilidades de um pragmatismo em Foucault, suas semelhanças e diferenças com o pragmatismo de James, Dewey, Rorty, etc., ver: RAJCHMAN, 2000, p. 68-87.

[7] FOUCAULT, 1994, v. IV, p. 636.

[8] FOUCAULT, 1994, p. 633.

lugar da verdade por um direito de origem ou como objeto de um discurso verdadeiro. Às vezes, esses jogos se referem ao sujeito quando ele é assinalado com uma identidade por discursos qualificados como verdadeiros, como se depreende das delimitações da arqueologia do saber e da genealogia do poder; outras vezes, eles concernem ao sujeito, assim constituído, quando ele se mune de uma verdade que ele não conhece e não reside nele, mas que ele aprende, memoriza e aplica a si mesmo. O terceiro elemento fundamental da definição de subjetividade é a ênfase atribuída às relações do indivíduo consigo mesmo (*rapport à soi*) ao modo de uma ética agonística a partir da qual a subjetivação é o efeito da luta entre as forças do querer e as práticas de liberdade.

Experiência, jogos de verdade e relações consigo não somente definem a história da subjetividade como também inserem o domínio da sexualidade no centro dessa história. Ao dizer no curso de 1983 que sua pesquisa é, afinal de contas, uma história das "experiências",[9] ele faz referência à experiência da loucura, da doença, da criminalidade e da *sexualidade*. Além disso, na Introdução a *O uso dos prazeres*, situa a sexualidade a partir dos jogos de verdade: "Através de quais jogos de verdade o homem se dá seu ser próprio a pensar quando se percebe como louco, quando se olha como doente, quando reflete sobre si como ser vivo, ser falante e ser trabalhador, quando ele se julga e se pune enquanto criminoso? Através de quais jogos de verdade o ser humano se reconheceu como *homem de desejo*?".[10] Finalmente, quando estuda a conduta sexual em seus últimos livros, ele o faz a partir da perspectiva das relações de si para consigo mesmo.

O sujeito da liberdade e do uso dos prazeres na ética clássica grega

Por que a experiência dos gregos, entre o final do século V e durante o século IV a.C., é importante para a história dos processos de subjetivação, principalmente para a experiência da sexualidade? Para entender isso é necessário lembrar que esse período da história política grega – e do Ocidente – é marcante pelo nascimento e desenvolvimento de um modelo de democracia singular. Ele é viril, reservado somente a homens adultos; é um modelo restritivo de liberdade política, do qual escravos e estrangeiros não faziam parte; ele se diferencia do espaço doméstico, no qual impera o senhorio e o poder de mando masculino. A partir

---

[9] FOUCAULT, 2008, p. 7.
[10] FOUCAULT, 2014, p. 13-14.

desse canteiro histórico é que pode ser situado o maior recuo proporcionado pelos livros de Michel Foucault à Antiguidade, em sua *História da sexualidade*.

Foucault quer problematizar a conduta sexual desse homem adulto, que é politicamente igual em relação aos demais homens livres, mas que também é um desigual em relação a todos os demais que o circundam e que fazem parte da esfera doméstica. Trata-se de enfatizar a constituição da liberdade em um sujeito que já é, por direito, livre. Esse tipo de escolha feita por Foucault não é aleatória. Desde que situou a análise das condutas e contracondutas a partir da governamentalidade, em 1978, ele tem reafirmado que as ações de governo, tanto as relacionadas ao governo dos outros quanto às relacionadas ao governo de si mesmo, só podem ser empreendidas a partir de sujeitos livres, quer dizer, de sujeitos que não estão suscetíveis a um poder de mando que deles exige obediência absoluta. Se, de um lado, a governamentalidade não estuda as ações dos sujeitos na sua condição de politicamente livres, por outro lado, ela os pressupõem enquanto tais. O que a análise da governamentalidade não pressupõe é uma liberdade pensada como propriedade natural do homem ou a partir de uma essência que lhe seja própria. Pelo contrário, a liberdade sempre foi considerada por Foucault como uma *prática* no sentido de exercício e jogo, de uso e de atividade, desde a época de sua *Introdução à Antropologia*, de Kant.[11] Trata-se de uma liberdade pensada no sentido de uma pragmática histórica de si, como vimos na citação da aula de 5 de janeiro de 1983. Nessa condição é que ela se reporta à ética: "a liberdade é a condição ontológica da ética. Mas a ética é a forma refletida assumida pela liberdade".[12] A liberdade do homem adulto grego, portanto, poderá ser um modelo historicamente singular de *prática* baseada no *uso* e na *ascese* em vista de uma estética da existência orientada para o governo do *oikos* e da *pólis*.

Por certo, Foucault descobre no pensamento antigo grego e depois, no cristianismo, que o indivíduo não pode se constituir como sujeito de sua ação moral sem uma paciente ascese, jamais pensada como uma tarefa imposta do exterior, mas como um exercício livre de transformação de si mesmo, e que no curso de 1982 é associada ao conceito antigo de

---

[11] Ver a tradução brasileira: *Gênese e estrutura da Antropologia de Kant* (2008). Sobre essa tentativa de aproximação entre Foucault e Kant, ver: Fimiani (1998); Han (1998); Norris (1996); Terra (1997, p. 76-87); Gros; Davila (1998).

[12] FOUCAULT, 1994, p. 712. Como escreve Bernauer (1988, p. 317), "a ética de Foucault é uma crítica permanente visando assegurar o exercício contínuo da liberdade. Porque, efetivamente, é a liberdade o objetivo dessa ética".

espiritualidade.¹³ Portanto, alguém se torna sujeito de sua ação moral não em razão de uma natureza humana inclinada à moralidade ou em virtude do cumprimento de uma lei moral deduzida de um processo racional formal, mas, antes, pela experiência histórica singular e ascética de si mesmo que, pelo exercício da livre atividade, tenta colocar em prática uma questão importante: "que fazer de si mesmo?".¹⁴

Essa é a questão que habita tacitamente os livros *O uso dos prazeres* e *O cuidado de si*. A partir dela é que Foucault desenvolve um conceito singular de ética cujos elementos constitutivos são fundamentais para demarcar as continuidades e descontinuidades entre a subjetivação grega e a subjetivação romana. Por exemplo, o que um homem grego do século IV a.C., estatutariamente livre, *pode* e *deve* fazer de si mesmo no exercício de sua conduta sexual para que ele se constitua como sujeito de sua ação moral? Um dos caminhos mais singulares para tratar de semelhante questão, consoante a delimitação de Foucault, consiste em voltar-se para as relações que o indivíduo é chamado a estabelecer consigo mesmo.

Foucault chama a essas relações de si para consigo de ética, mas é sempre conveniente lembrar que não se trata de quaisquer relações. Trata-se somente daquelas inseridas em uma formação histórica de longa duração nas quais é possível identificar uma substância ética, um modo de sujeição, um trabalho de elaboração ética e uma teleologia moral. A substância ética consiste na identificação de qual parte de si mesmo o indivíduo deve trabalhar diante de uma regra moral específica; o modo de sujeição indica a forma a partir da qual o indivíduo se submete a uma regra de conduta; a elaboração ética consiste na prática ascética que o indivíduo deverá exercer para transformar-se em sujeito de sua conduta; a teleologia moral é o objetivo que se pretende atingir mediante a ascese empreendida. Portanto, a ética que encontramos nos dois últimos livros de Foucault é um conjunto complexo que envolve uma ontologia, uma estilística, uma ascética e uma teleologia. Entretanto, o significado de cada elemento desse conjunto nem sempre é o mesmo porque ele é fundamentalmente histórico, e é nesse sentido que nesses livros se trata de fazer uma genealogia da ética (sexual). Pode-se identificar a evolução e a continuidade entre as regras de conduta e as proibições morais a partir de uma história das ideias; entretanto, a genealogia trabalha com as descontinuidades, com a emergência dos objetos conceituais na

---

¹³ "Creio que poderíamos chamar 'espiritualidade' a busca, a prática, a experiência pelas quais o sujeito opera sobre si mesmo as transformações necessárias para ter acesso à verdade" (FOUCAULT, 2001, p. 16).

¹⁴ FOUCAULT, 2014, p. 299.

história. E, nesse caso, o *modo* como os indivíduos se constituíram como sujeitos em relação a essas regras é que muda de uma camada história a outra. Significa que o sujeito *nem sempre é o mesmo*, em se tratando, por exemplo, de sua constituição grega e de sua constituição greco-romana.[15]

No que concerne à cultura grega do século IV a.C., Foucault sustenta que em pequenos manuais de conselhos, na literatura médica e também entre os filósofos, era muito frequente associar a atividade sexual ao conjunto mais amplo daquilo que os gregos chamavam de *aphrodisia*, considerada a substância ética da cultura grega clássica. Entre suas designações em *O uso dos prazeres*, salientamos a que segue: "certos atos determinados pela natureza e associados a um prazer intenso que ela conduz por meio de uma força (*energeia*) sempre suscetível de excesso e de revolta."[16] Nessa definição temos, portanto, um núcleo constituído por atos, prazeres e desejos que, entretanto, mantêm entre si uma relação singular.

Essa singularidade é encontrada no modo de sujeição ou no princípio que deve regrar esse conjunto de atividades que envolvem atos, desejos e prazeres. Esse princípio não é deduzido de uma legislação que estabelece um catálogo dos atos sexuais permitidos e proibidos; ou do conhecimento de sua morfologia, a fim de saber a maneira pela qual se obtém o prazer; ou ainda, da definição do "objeto" de desejo. Pelo contrário, além da atenção ao papel ativo ou passivo na relação, os antigos também se preocupavam com o "uso" regrado dos prazeres em função de um *savoir-faire* que obedecia às variáveis da necessidade, do momento oportuno e do *status* social. Com respeito à primeira, a prática dos *aphrodisia* entre os gregos está centrada nos atos,[17] mas seu uso obedece à satisfação de uma necessidade física, desde que ela não seja causa de qualquer dano, como a anulação do prazer ou a multiplicação do desejo. Ao ser enfatizada a necessidade do ato, o prazer não é anulado, posto que é sustentado pela necessidade que o desejo suscita. E nem por isso devem ser multiplicados

---

[15] Isso nos leva a pensar que se trata sempre de um sujeito precário, marcado pela sua historicidade, já que se constitui negando um estatuto transcendental puro, de um lado, e um mero estatuto de objeto, de outro. Por conseguinte, ele pode surgir como uma construção diante de uma moral estabelecida, pode receber a forma reconhecível do indivíduo em uma moral liberal, porém sempre a partir de uma relação de "diferenciação e oposição" e jamais como princípio (PIZZORNO, 1988, p. 240).

[16] FOUCAULT, 2014, p. 84.

[17] Embora os *aphrodisia* suponham o conjunto dos atos, prazeres e desejos, na verdade são os "atos" que desempenham um papel preponderante; no entanto, os prazeres e os desejos atuam como seus subsidiários, não como obstáculos que devam ser excluídos. Sobre essa relação, ver: Foucault (1994, p. 400).

os desejos pelo recurso a prazeres que não estejam na sua natureza.[18] No que concerne à segunda variável, é preciso que o uso dos prazeres obedeça às circunstâncias da prática dos *aphrodisia*: ou seja, o momento oportuno, o *kayros*. A moral é a arte do momento certo. Com respeito à última variável, o uso dos prazeres obedece ao *status* do indivíduo. Quanto maior for a sua autoridade sobre os outros – que pode chegar até ao governo da cidade –, mais ele deve ser exigente consigo mesmo ao seguir certos princípios de conduta sexual que lhe permitam uma reputação duradoura e uma existência bela e boa. Por conseguinte, no uso que se faz dos prazeres, tudo é questão de ajuste, de circunstância e de posição pessoal. Nesse caso, as leis não universalizam a aplicação das condutas; antes, elas permitem que um pensamento prático defina o que fazer a partir de uma determinada *techne*, a qual, por sua vez, leva em consideração somente princípios gerais. O indivíduo se constitui como sujeito ético não a partir da universalização de uma regra de sua ação, mas individualizando-a e modulando-a mediante uma atitude que lhe confira uma beleza singular.

Já o trabalho de elaboração ética, no entender de Foucault, assume a forma de um exercício de domínio de si para si mesmo (*enkrateia*), cuja *forma* se assemelha à do poder doméstico ou político. A peculiaridade da ascese ou das técnicas que norteiam as práticas de si está relacionada à especificidade da moral grega clássica e suas diferenças em relação às morais posteriores. No caso dos *aphrodisia*, a ascese consiste na virtude e na arte de comandar os desejos e os prazeres. Entretanto, embora seja possível controlá-los, é preciso estar em constante luta para vencê-los. Por isso a ascese se converte em condição da temperança (*sophrosyne*), a qual demanda trabalho e controle sobre si próprio para que o indivíduo se torne sujeito de sua ação. A ascese envolve uma luta agonística. A possibilidade de *se conduzir* moralmente supõe o cultivo de uma *atitude* de combate permanente em relação às forças do querer. A razão desse combate se deve ao próprio modo de ser dos *aphrodisia*. Se por um lado eles se tornam desejáveis por um jogo de forças naturais, por outro, eles possuem certas forças virtuais que podem conduzir o indivíduo ao excesso. Com isso não se afirma que os atos, desejos e prazeres que envolvem a prática dos *aphrodisia* sejam maus por natureza ou desqualificados por princípio. O problema é quando eles ameaçam dominar o indivíduo impelindo-o à prática de atos desmedidos que resultam na diminuição do prazer.

---

[18] FOUCAULT, 2014, p. 53-54.

A elaboração ética está ainda associada a uma batalha entre querer, poder e livre atividade. "À conduta moral, em matéria de prazeres, está subjacente uma batalha pelo poder."[19] Os adversários que o indivíduo pode e deve combater não estão *nele* ou *perto* dele, mas fazem parte *dele* mesmo. Eles não formam uma potência ontologicamente estranha. Trata-se de uma luta na qual o indivíduo se mede primeiro consigo e, somente depois, a partir dos outros. Esses adversários ou forças (*energeia*) são vencidos quando o indivíduo se esforça por ser "mais forte" que a si mesmo, ou seja, quando a prática da liberdade é capaz de dobrar as forças do desejo e dos prazeres. Pelo contrário, ele se mostra "mais fraco" que a si mesmo quando a sua liberdade é conduzida por aquelas forças. Vencer os desejos ou os prazeres não significa suprimi-los, mas dominá-los. Embora o sujeito temperante exerça sobre eles um domínio, a vivacidade dos desejos e dos prazeres não desaparece. O temperante não é aquele que anulou os desejos, mas quem deseja "com moderação, não mais do que convém, nem quando não convém."[20] A temperança grega não está associada à integridade, mas à autocracia[21] na prática moral dos prazeres. Para enfrentar a luta contra as forças que estão nele mesmo, o indivíduo precisa exercitar o corpo e a alma a fim de fazer o que convém e se abster do que é preciso evitar. A ascética clássica que o permite constituir-se como sujeito moral "faz parte integralmente, até em sua própria forma, do exercício de uma vida virtuosa que é também a vida do homem 'livre' no sentido pleno, positivo e político do termo."[22]

Já na teleologia moral do pensamento clássico, o objetivo da elaboração ética ou das técnicas de si consiste no exercício de uma "liberdade ativa" indissociável de uma relação com a verdade. Verdade não associada à pureza, como mais tarde no cristianismo. Para os gregos "a verdade não é *pura*: ela é *livre*."[23] Foucault fala de liberdade ativa a fim de evitar pensá-la como um *status* herdado e associá-la a um contínuo trabalho ascético (*enkrateia*) em vista do uso moderado dos prazeres (*chresis aphrodisia*). A razão da ascese é o propósito do indivíduo de fazer de sua vida o exercício livre do autodomínio e lutar para permanecer nessa condição.

---

[19] FOUCAULT, 2014, p. 63.

[20] Cf. Aristóteles (*apud* FOUCAULT, 2014, p. 66).

[21] FOUCAULT, 2014, p. 66.

[22] FOUCAULT, 2014, p. 72.

[23] GROS, 1998, p. 102. No entanto, no curso *Le courage de la vérité*, quando Foucault apresenta as reconfigurações da *aletheia* no cinismo em relação às correntes filosóficas antigas, sublinha que uma das grandes marcas da *aletheia* no mundo antigo é a pureza, a vida sem mistura. Soa estranho, portanto, a afirmação categórica de que para os gregos a verdade não é pura, e sim livre.

Geralmente a liberdade é situada em oposição à escravidão ou designa a independência do indivíduo diante da coação interior ou exterior. Foucault a entende como um "poder que se exerce sobre si, no poder que se exerce sobre os outros."[24] Para escapar de uma autoridade tirânica e de uma alma tiranizada, o exercício do poder político exige como princípio de regulação interior o poder sobre si mesmo. Para além da sabedoria e da coragem, a temperança se torna a virtude qualificadora decisiva para aquele que deverá exercer qualquer forma de domínio sobre os outros. O homem temperante é aquele que relaciona sua liberdade-poder ao domínio da verdade. "Não se pode constituir-se como sujeito moral no uso dos prazeres sem constituir-se ao mesmo tempo como sujeito de conhecimento."[25] Foucault enfatiza que a relação entre a prática dos prazeres e o *logos* assume três formas no século IV. Uma forma estrutural, pois a temperança exige que o *logos* seja colocado em uma posição de soberania no indivíduo a fim de que ele possa regular o desejo e esteja apto a moderar o comportamento. Uma forma instrumental, posto que o uso adequado do exercício do *logos* na temperança exige uma razão prática, ou seja, uma razão que estabeleça o *que* se deve, *como* se deve e *quando* se deve ter acesso à prática dos prazeres. Uma forma ontológica, porque o exercício do *logos* na temperança se dá mediante o reconhecimento ontológico de si por si mesmo. Essa relação com a verdade não adquire ainda a condição de uma decifração de si. A verdade não é uma condição epistemológica para que o indivíduo reconheça sua singularidade de sujeito desejante e para que ele possa se purificar do desejo elucidado, como se dará mais tarde. A relação entre o sujeito temperante e o âmbito do verdadeiro se abre para "uma maneira de viver cujo valor moral não está em sua conformidade a um código de comportamento nem num trabalho de purificação, mas depende de certas formas gerais de uso dos prazeres. Essa experiência temperante é, ao mesmo tempo, respeito de uma estrutura ontológica e perfil de uma beleza visível".[26]

A partir dos principais elementos da ética grega clássica, tal como Foucault os desenvolve em *O uso dos prazeres,* podemos vislumbrar um sujeito que se constitui historicamente a partir de uma agonística de si para consigo mesmo. Esse sujeito ético é aquele cuja ascese permanente faz com que ele seja reconhecido a partir de uma existência boa e bela. Isso só é possível quando a prática da liberdade se impõe à recalcitrância

---

[24] FOUCAULT, 2014, p. 75.
[25] FOUCAULT, 2014, p. 80.
[26] FOUCAULT, 2014, p. 82-83.

dos desejos, e para isso o indivíduo precisa fazer uso de uma razão prática, de um *logos* inseparável de uma práxis. Mas essa constituição de uma estética da existência a partir da relação entre liberdade e verdade somente era razoavelmente possível ao homem adulto e livre o qual, para bem governar a cidade, precisava demonstrar que era temperante e comedido naquilo que gozava de direito amplo: sua conduta sexual. Quer dizer que se tratava de uma estética da existência orientada para um objetivo político e que supunha uma atividade sexual assimétrica.

O sujeito do cuidado de si e da reciprocidade na ética greco-romana

As principais transformações ocorridas na ética dos *aphrodisia* na formação histórica que se estende do helenismo (338 a.C-30 a.C.) à cultura romana dos séculos I e II d.C. são encontradas no livro *O cuidado de si*. Foucault não desconhece a tese mais admitida na história da filosofia de que, a partir da passagem do regime democrático para o regime monárquico e o fim da liberdade política em Atenas, a vida política dos cidadãos deixara de existir. Em vez de envidar esforços na formação de homens políticos suscetíveis de construir uma cidade justa, como fizeram Platão e Aristóteles, os filósofos teriam buscado abrigo na cidadela interior, deixando de lado o espaço público. Além disso, o contato da filosofia ocidental com os sábios do Oriente, principalmente os hindus, teria sido responsável pela *décadence* da civilização grega. O problema é que autores do início do século XX, como G. Murray em seu livro *Four Stages of Greek Religion*, como também historiadores da filosofia da estatura de Festugière e Bréhier, alimentaram essa desvalorização da cultura helenística. No entender de Pierre Hadot,[27] porém, a tese da *décadence* é um equívoco, posto que seu pressuposto é a idealização da civilização clássica grega. Seria essa civilização tão áurea, se foi justamente na Atenas democrática que Sócrates e Anaxágoras foram condenados? Em seguida, Hadot lembra que Platão e Aristóteles, de um lado, se preocupavam principalmente com a política, mas, de outro, postulavam que a vida filosófica é o caminho privilegiado para libertar-se da corrupção política. Além disso, ele argumenta que os filósofos da época helenística jamais mostraram desinteresse total em relação à política. Muitos deles foram conselheiros de príncipes, outros foram nomeados embaixadores de cidades, e assim por diante. Pode-se imaginar até que ponto, como se

---

[27] HADOT, 1999, p. 141.

lê na Introdução a *O uso dos prazeres,* Foucault é tributário das pesquisas de Hadot, bem como no uso que dele faz em seu livro *O cuidado de si.* Sobre o helenismo, ele assim escreve:

> Em vez de uma redução ou de uma anulação das atividades políticas, pelos efeitos de um imperialismo centralizado, convém pensar na organização de um espaço complexo: muito mais vasto, muito mais descontínuo, muito menos fechado do que poderia sê-lo o espaço das pequenas cidades-Estado, ele também é mais flexível, mais diferenciado, menos estritamente hierarquizado do que, mais tarde, será o Império autoritário e burocrático que, após a grande crise do século III, tentar-se-á organizar.[28]

É justamente nesse espaço mais flexível do mundo helenístico e, depois, da cultura romana, que Foucault aponta a intensificação da preocupação do indivíduo para consigo mesmo. Estas relações foram tão estimuladas e se espraiaram de tal maneira que ele vê na cultura greco-romana dos séculos I e II d.C. o ápice da cultura de si, o momento quando a ascese da existência (*techne tou biou*) passa a ser guiada pelo cuidado de si (*epimeleia heautoû*). A partir de afirmações muito semelhantes contidas no curso *A hermenêutica do sujeito,* Foucault detalha que o cuidado de si no helenismo e no período greco-romano deixa de ser um privilégio dos filósofos para se converter em um preceito válido para todos, durante todo o tempo e no decorrer da existência. Entretanto, cuidar de si não significa contentar-se com a satisfação de um interesse egoísta e individualista. A palavra grega *epimeleia* é enfática: "ela indica uma atividade, ela implica a atenção, o conhecimento, a técnica."[29] Aquele que cuida de si escolhe somente as técnicas e os conhecimentos que se relacionam consigo e com sua vida, e que, no entanto, remetem-no ao conhecimento geral do mundo. No movimento epicurista, estudado por Foucault, quando o indivíduo compreende a necessidade do mundo, ele pode dominar as paixões de um modo mais satisfatório. Há uma adequação entre um saber possível e o cuidado de si. Por isso, se é postulada a familiaridade com a cosmologia e com a lógica na doutrina epicurista, é porque sua finalidade consiste no bem-viver, o qual, por sua vez, é indissociável do cuidado de si mesmo.

Desse modo, se na constituição grega a ênfase é a modulação de uma liberdade estilizada a fim de melhor governar, na constituição greco-romana o acento recai no cuidado que o indivíduo deverá ter consigo

---

[28] FOUCAULT, 1985, p. 89.
[29] FOUCAULT, 1994, p. 400.

mesmo a fim de que em toda sua existência ele esteja preparado para se proteger das vicissitudes da vida. Mas como esse deslocamento se traduz no domínio da conduta sexual? Trata-se de um processo de subjetivação a partir do qual o modo de ser e de viver do sujeito deixa de estar centrado no uso dos prazeres, na moderação dos desejos e na rarefação dos atos. Doravante, ele consiste na paulatina desvalorização dos prazeres, na qualificação dos desejos e na restrição dos atos.

Essa mudança na constituição do sujeito se deve principalmente ao deslocamento do centro de problematização entre uma e outra camada histórica do mundo antigo. Entre os gregos, a conduta sexual era problemática na esfera da Erótica a partir da prática da pederastia; entre os romanos, a esfera da Erótica estará centrada na conduta sexual vivida no interior do matrimônio. Há uma progressiva "desproblematização"[30] e perda de importância da pederastia na cultura romana. Uma das razões é que, se na Grécia o amor masculino era praticado entre um homem maduro e um jovem que se preparava para o exercício da cidadania (portanto, entre dois homens livres), já entre os romanos o amor masculino será praticado principalmente com os jovens escravos, cujo estatuto não merecerá atenção. A exigência da abstinência da relação sexual masculina, antes considerada uma maneira de atribuir ao amor masculino os valores espirituais do que é verdadeiro e recíproco, torna-se uma das consequências da imperfeição desse tipo de conduta sexual. Daí a constituição de uma nova erótica, a heterossexual, tanto no contexto profano quanto no âmbito religioso. A abstenção dos prazeres sexuais se organiza em torno da virgindade feminina e está orientada para a preparação ao matrimônio. Mas ela também pode ser uma opção de vida almejando um modo de ser puro, cuja recompensa assume a forma e o valor do casamento espiritual. Foucault reforça a tese de que a busca da pureza como *teleologia* moral não tem início no cristianismo, mas nas próprias narrativas de virgindade que a heroína greco-romana adota no cuidado que tem para consigo.

Além disso, é a própria concepção de matrimônio que muda: ele deixa de ser somente a *forma* matrimonial para se tornar *vínculo* conjugal. Na forma matrimonial, observável entre os gregos, a relação com a esposa não era tão problemática porque nela o marido exercia em relação à sua esposa somente uma obrigação de governo, assim como se governava a casa, os escravos e a cidade. O marido exercia uma função ativa, a esposa, um papel passivo. Não estava em jogo a relação entre duas liberdades, como entre os gregos. Entre os romanos, pelo

---

[30] FOUCAULT, 1985, p. 189.

contrário, a arte de se conduzir no casamento se define menos em razão de uma técnica de governo do que pela valorização do próprio vínculo conjugal. Em segundo lugar, o princípio da moderação da conduta de um homem casado está situado mais nos deveres da reciprocidade do que no domínio sobre os outros. A soberania de si sobre si se manifesta na prática dos deveres com relação à esposa. Enfim, a arte do casamento, na forma do vínculo e da simetria, vai conferir um lugar relativamente mais importante ao problema da sexualidade como uma *relação* entre os cônjuges. Significa que os valores da procriação são combinados com outros valores que se referem à afeição e à simpatia mútua. Eles se tornam objeto de uma arte refletida de se conduzir na forma de uma "estética dos prazeres compartilhados".[31] A adequada conduta do marido e a moderação que ele deve exigir dele mesmo não se justificam mais somente pelo seu *status*, mas principalmente "pela natureza do vínculo, sua forma universal e as obrigações recíprocas que dele decorrem."[32]

Esses deslocamentos históricos das formas de problematização, antes centradas no amor masculino e doravante direcionadas para o vínculo conjugal, é que permitem a Foucault identificar "deslocamento, desvio e diferença de acentuação"[33] entre a constituição grega e a greco-romana. Portanto, as descontinuidades históricas propostas a partir da genealogia do sujeito ocorrem em função desses deslocamentos entre os elementos que compõem a ética, como a entende Foucault.

Nas práticas de si relacionadas à conduta sexual, a substância ética continua a ser os *aphrodisia*, no sentido de uma força contra a qual é preciso lutar e sobre a qual o sujeito deverá assegurar seu domínio para permanecer como sujeito. Entretanto, diante desse jogo do excesso, da revolta e do combate que envolve a relação do homem com os *aphrodisia*, o acento é deslocado cada vez mais para a fraqueza natural do indivíduo, para sua fragilidade e para a necessidade que ele tem de se proteger e de se manter abrigado. De onde a prática do cuidado, da necessidade de uma armadura para sua autodefesa diante dos apelos dos desejos. Quanto ao modo de sujeição, prescreve-se ao indivíduo sua submissão a uma arte de viver que seja capaz de definir os critérios éticos e estéticos de existência. Entretanto, essa arte de viver remete cada vez mais aos princípios universais da natureza ou da razão aos

---

[31] FOUCAULT, 1985, p. 151.
[32] FOUCAULT, 1985, p. 234.
[33] FOUCAULT, 1985, p. 72.

quais todos têm a obrigação de acatar, independente de seu *status*. São os estoicos que, de fato, passam a reconhecer-se diante da regra moral, como seres universais. Por sua vez, a elaboração do trabalho ético ou ascética sofre uma modificação. O lugar do conhecimento de si se torna mais importante nos exercícios de abstinência e de domínio de si. A obrigação de se pôr à prova, de se examinar e de se controlar coloca a questão da "verdade do que se é, do que se faz e do que se é capaz de fazer"[34] no centro da constituição do sujeito moral. Epicteto e Sêneca, por exemplo, mostram a necessidade de praticar exercícios, como jejuar durante um período determinado para saber até que ponto o homem pode se dominar a fim de se preparar para uma situação extrema. Essa ênfase no jejum, na abstenção de algo com o qual alguém está acostumado, certamente difere da cultura grega, alicerçada no uso adequado e moderado dos prazeres. Por isso, a ascese estoica romana está muito mais próxima do cristianismo que lhe é contemporâneo e que a segue do que da cultura clássica grega.

A teleologia moral, a saber, o escopo ao qual se pretende chegar por meio da *askesis*, continua a ser o domínio do indivíduo sobre si mesmo a partir do jogo entre sua liberdade e as forças que dele fazem parte. Entretanto, a soberania do indivíduo sobre si mesmo se amplia para uma experiência que vai além do alcance do autodomínio e se abre à relação com os outros, em razão de sua igualdade como ser racional. Na constituição do homem grego, dominar a si mesmo não significava levar em consideração o outro, mas somente a si próprio; esse domínio já envolvia a capacidade de governar os demais, como a esposa, os escravos, a cidade. Já na cultura de si greco-romana há mudanças significativas sobre esse tema: o homem livre já não governa sua cidade. Em consequência, o domínio de si já não está atado ao modo privilegiado do poder que se exerce sobre os outros. Doravante, deve-se dominar a si próprio porque se é um ser racional, um ser humano, assim como os demais. A mudança fundamental consiste no valor atribuído à reciprocidade nas relações interpessoais. Além disso, consoante os filósofos dessa época, o domínio de si envolve a modificação da relação com os *aphrodisia*, sendo valorizado o "gozo sem desejo e sem perturbação".[35] Passa-se a desconfiar dos atos sexuais, associando-os a uma patologia. Valoriza-se o prazer como tranquilidade da alma e a indiferença diante das perturbações do mundo. Finalmente, há um juízo negativo do desejo

---

[34] FOUCAULT, 1985, p. 72.
[35] FOUCAULT, 1985, p. 72.

porque ele passa a ser considerado a causa das perturbações que agitam a alma, o que, de certa forma, já aproxima essa cultura de si, em mais esse aspecto, do cristianismo.

Considerações

Além da originalidade de ter proposto uma ética não normativa que envolve uma ontologia, uma estilística, uma ascética e uma teleologia, vale uma breve consideração para o domínio de práticas e discursos analisado por Foucault em seus dois últimos livros. Afinal, pode-se deduzir uma ética a partir de uma história da sexualidade? A primeira observação a respeito consiste em levar em consideração o conjunto das pesquisas dos anos 1980 e, desde logo, perceber que o domínio da atividade sexual não foi o único escolhido por Foucault para determinar a constituição ética do sujeito antigo. Sabemos que as técnicas da existência, amplamente presentes em *A hermenêutica do sujeito,* apontam para domínios extremamente amplos. Entretanto, Foucault privilegiou em vida a publicação de seus tomos sobre a *História da sexualidade* e não um livro sobre as técnicas de si. Não obstante, seu interesse nunca foi a moral sexual da Grécia antiga em si mesma, que ele considerava enfadonha e assimétrica, mas sim sua *forma,* a possibilidade que ela oferece de se pensar na constituição de um *estilo* de viver que, no caso do homem grego, livre e casado, envolvia a instauração de uma *diferença* em relação à moral sexual dominante.

A segunda observação que proponho em relação à escolha desse domínio provavelmente não passe de uma conjectura, a ser ainda aprofundada: Foucault decidiu postular uma ética como estética da existência justamente em um terreno que, desde sempre, tem sido destituído de toda nobreza por parte da história da filosofia. Lembremos das funções da alma de Platão e as excelências (*aretai*) correspondentes a cada uma, dispostas em uma harmonia hierárquica. Temos a função intelectiva da alma como a mais nobre e a que deve governar todas as outras funções; sua virtude correspondente à sabedoria. Em seguida, a função irascível correspondente à virtude da coragem; por último, a função apetitiva da alma e sua excelência, que é a temperança. Cada uma dessas funções da alma corresponde, na delimitação platônica, a camadas sociais específicas identificadas no mundo grego: à alma intelectiva, os governantes e legisladores; à alma irascível, os protetores; à alma apetitiva, os produtores (agricultores, peritos em uma técnica específica e, até mesmo, os escravos). Quando se lê O *uso dos prazeres,* logo se observa que Foucault problematiza justamente essa função menos nobre da constituição da alma – os apetites – que, quando moderados, conduzem o indivíduo à excelência da temperança. Essa virtude envolvia o senhorio do sujeito em sua relação ao uso dos alimentos e às suas atividades sexuais. Na ética dos prazeres, a sabedoria e a coragem são importantes, mas não tão relevantes quanto a temperança, virtude que Platão situava também como aquela própria do "baixo ventre" na arquitetura de *A República*. Foucault, por seu turno, mostra o quanto o bom governo dos outros, demandado ao homem adulto grego, dependia da constituição de uma liberdade estilizada no âmbito do exercício da temperança. A impressão é que ele praticamente inverte a hierarquia platônica das virtudes ou das funções da alma, de modo que a sabedoria, que permite bem governar, e a coragem, que é a condição para a justa proteção de si mesmo e da cidade, dependessem necessariamente da temperança no uso dos prazeres. Essa é uma das razões pelas quais há uma dificuldade até hoje para entender como uma ética poderia ser problematizada a partir de um domínio de tão "pouca glória" quanto o da conduta sexual. Entretanto, é justamente essa experiência que, somada à da doença, da loucura e da criminalidade continuam a questionar nossas identificações culturais e nossas maneiras de pensar e agir. Sem excluir outras contribuições importantes de sua trajetória intelectual, foi com esse núcleo de experiência que Foucault mais identificou seu trabalho e, em certa medida, sua própria vida.

Referências

PALTRINIERI, L. (Org.) *L'usage des plaisirs et Le souci de soi de Michel Foucault: Regards critiques 1984-1987*. Caen: Presses Universitaires/IMEC, 2014.

BERNAUER, J. Par-delà vie et mort. In: CANGUILHEM, G. (Org.). *Michel Foucault philosophe*. Rencontre Internationale, Paris: Seuil, 1988. p. 317.

FIMIANI, M. *Foucault et Kant: critique clinique éthique*. Paris: L'Harmattan, 1998.

FOUCAULT, M. Foucault. In: _____. *Dits et Écrits*. Paris: Gallimard, 1994. v. IV, p. 633, 636.

FOUCAULT, M. À propos de la généalogie de l'éthique: un aperçu du travail en cours. In: _____. *Dits et Écrits*. Paris: Gallimard, 1994. v. IV, p. 400, 610.

FOUCAULT, M. L'éthique du souci de soi comme pratique de la liberté. In: _____. *Dits et Écrits*. Paris: Gallimard, 1994. v. IV, p. 712, 719.

FOUCAULT, M. *L'herméneutique du sujet. Cours au Collège de France (1981-1982)*. Édition établie sous la diréction de François Ewald et Alessandro Fontana, par Frédéric Gros. Paris: Seuil/Gallimard, 2001.

FOUCAULT, M. *Le gouvernement de soi et des autres. Cours au Collège de France (1982-1983)*. Édition établie sous la diréction de François Ewald et Alessandro Fontana, par Frédéric Gros. Paris: ESHE/Gallimard/Seuil, 2008.

FOUCAULT, M. *O cuidado de si: História da sexualidade, 3*. Tradução de Maria Thereza da Costa Albuquerque. 4. ed. Rio de Janeiro: Graal, 1985.

FOUCAULT, M. *O uso dos prazeres: História da sexualidade, 2*. Tradução de Maria Thereza da Costa Albuquerque. 6. ed. Rio de Janeiro: Graal, 1998.

FOUCAULT, M. *Subjectivité et vérité. Cours au Collège de France (1980-1981)*. Édition établie sous la direction de François Ewald et Alessandro Fontana, par Frédéric Gros. Paris: Gallimard/Seuil, 2014.

FOUCAULT, M. Verdade e poder. In: _____. *Microfísica do poder*. Rio de Janeiro: Graal, 2000. p. 7.

GROS, F. *Michel Foucault*. 2. ed. Paris: PUF, 1998.

GROS, F.; DAVILA, J. *Foucault, lector de Kant*. Mérida, Venezuela: Presses de l'Université des Andes, 1998.

HADOT, P. *O que é a filosofia antiga?* Paulus: São Paulo, 1999.

HAN, B. *L'ontologie manquée de Michel Foucault: entre l'historique et le transcendantal*. Grenoble: Millon, 1998.

KANT, I. *Gênese e estrutura da Antropologia de Kant*. Tradução e introdução de Salma Tannus Muchail e Márcio Alves Fonseca. São Paulo: Loyola, 2008.

LARMOUR, D. H. J.; MILLER, P. A.; PATTER C. (Orgs.) *Rethinking Sexuality: Foucault and Classical Antiquity*. Princeton: Princeton University Press, 1998.

NORRIS, C. What is enlightenment?: Kant and Foucault. In: GUTTING, G. (Ed.). *The Cambridge Companion to Foucault*. Cambridge: Cambridge University Press, 1996.

ORMAND, K. Foucault's History of Sexuality and the Discipline of Classics. In: HUBBARD, K. (Org.) *Companion to Greek and Roman Sexualities*. Malden: Wiley Blackwell, 2014. p. 54-68.

PIZZORNO, A. Foucault et la conception libérale de l'individu. In: CANGUILHEM, G. (Org.). *Michel Foucault philosophe*. Paris: Seuil, 1988.

RAJCHMAN, J. Foucault pragmático. In: PORTOCARRERO, V.; CASTELO BRANCO, G. (Orgs.). *Retratos de Foucault*. Rio de Janeiro: Nau, 2000. p. 68-87.

TERRA, R. Foucault leitor de Kant. *Analytica*, v. 2, n. 1, p. 76-87, 1997.

Interconexões entre política, pensamento e arte

Dulce Quental

Introdução

Nos últimos tempos todos os caminhos têm me levado a Roma. Em outras palavras, eu diria que para mim não há como exercer a atividade do pensamento e da arte sem passar necessariamente pela obra de Michael Foucault. Talvez por ser ele o pensador das minorias e dos excluídos, eu tenha encontrado, enfim, um lugar de onde eu possa falar; um *topos* entre tantos discursos atravessados pelo poder. Pois nesse entrecruzamento onde cabem múltiplas identidades é que venho traçando a minha linha de fuga, tentando escapulir de categorias fixas possíveis de serem nomeadas e aprisionadas.

Tem sido assim há muitos anos. Mas começou mesmo em 1979 na Faculdade de Filosofia quando, então, entrei em contato pela primeira vez com a força desse pensador da diferença. Nunca mais fui a mesma. Posso dizer, sem dúvida, que o início da minha carreira na música jamais teria se dado se eu não tivesse lido Foucault. O mesmo eu diria em relação ao pensamento de Nietzsche e Oswald de Andrade. Eu era apenas uma garotinha com as minhas meias três quartos, gostava de jazz e filosofia, mas entrei para o rock porque foi a forma que encontrei de fazer a passagem ao ato. Sair da casa dos pais. Romper com a educação burguesa de classe média alta. Viver o *desbunde* do que restava da contracultura. Mesmo naquela época, e apesar de muito jovem, eu sabia: o cultivo de si exige a prática de uma ascese racional e ética, que implica escolher o que incorporar e o que deixar de fora (ALBUQUERQUE JUNIOR, 2011, p. 73). Os primeiros anos da adolescência já haviam me aplicado os grandes clássicos da literatura e do pensamento. Mas faltava viver. O que se revelou o mais difícil, pois exigia mais do que racionalidade, estilizar a existência, aplicar sobre mim mesma dada racionalidade ética e estética, coisa que só fui aprendendo a fazer no decorrer da vida e conforme as ilusões foram sendo descascadas. A partir daí, então, começou a não ser mais tão importante confeccionar objetos-canções e discos ou perseguir projetos artísticos, mas *savoir vivre,* fazendo da vida uma obra de ficção singular.

Munida desse espírito foi que elaborei as ideias apresentadas neste texto, ancorada na paixão que a obra de Michel Foucault me inspira, seguindo o desejo de ter o meu nome de autora associado ao seu. Ou porque, de certa forma, já somos velhos conhecidos.

Às voltas com o pensamento de Hannah Arendt e a sua distinção entre o conhecer e o pensar, acabei citando muito mais vezes os textos da alemã do que as coisas que tanto me instigam em Foucault, mas que guardam profundas ligações com a forma como o filósofo francês desenvolve o seu pensamento acerca da política, do pensamento e do sujeito. Quem conhece profundamente o trabalho de Foucault e a relação que ele tem com a filosofia de Heidegger sabe os pontos em comum dos discursos dos dois filósofos e da ligação intrínseca entre eles e Arendt. Ambos nos fornecem elementos indispensáveis para pensar o contemporâneo dentro do que a melhor tradição crítica nos legou. Então espero que os foucaultianos me perdoem se cometi algum sacrilégio ao invadir esse espaço. Com a coragem do pensamento e a curiosidade eterna de um jovem aprendiz aceitei o desafio na esperança quase ingênua de um Don Quixote de saias de vencer os seus moinhos de vento ao enfrentar a indiferença do mundo fraturado com a paixão do pensamento e da arte.

Política, pensamento e arte

Quando escolhemos nos debruçar sobre algum assunto, nós o fazemos sempre a partir de algum recorte selecionando os aspectos pelos quais nos interessamos ou estamos habilitados a falar. Eu me lancei numa trajetória errante e autodidata seguindo o desejo e na direção do conhecimento, sem um roteiro estruturado por disciplinas e regras acadêmicas. Nesse sentido, não deixa de ser uma vitória o fato de ter chegado até aqui a ponto de poder compartilhar a minha trajetória de artista e pensadora independente.

O pensamento é relacional. A arte é relacional. E mesmo quando estamos sozinhos com as nossas impressões e os nossos sentimentos, estamos na verdade interagindo com as vivências que estabelecemos com os Outros, com os objetos internalizados e a linguagem adquirida.

Desde que nascemos nos tornamos dependentes desse olhar que vem de fora e que nos delimita, legitimando a nossa existência. É a partir dessa relação que o mundo aparece para nós como algo belo, bom, feliz, possível, terrível ou cruel, e é nessa relação que estabelecemos com o Outro se os objetos se apresentam como desejáveis ou não. Na verdade, os objetos se apresentam para nós, primeiramente, como Outros, substitutos do objeto principal perdido para sempre, desde que nos separamos do aconchego do corpo materno. Por isso, a maneira como se dá essa primeira relação, a sua separação ou perda, é determinante para entendermos como se dará no mundo lá fora as nossas novas relações.

É sabida a importância desse Outro no nosso primeiro contato com a vida, que se dá até os 3 anos de idade, quando, então, nosso cérebro e nosso corpo começam a ganhar autonomia. Por isso se diz que os comprometimentos cognitivos, emocionais e de aprendizagem mais significativos na vida de uma pessoa se estruturam até essa idade. Porque a partir daí outras pessoas e objetos virão diminuindo a nossa dependência em relação a esse objeto primeiro. Não seria leviano afirmar que a relação com o conhecimento será marcada pela confiança, ou não, estabelecida na primeira infância, com as figuras do pai e da mãe. No entanto, apesar da importância dessa experiência, vemos que ela se relativiza na medida em que começamos a receber outros estímulos e outras imagens sobre nós mesmos.

Sabemos, através da nossa experiência e a dos nossos familiares e amigos, o quanto podem ser falhas e deficientes essas primeiras relações; no entanto, muitos de nós as superam no decorrer da vida com ajuda de Outros, substitutos dessas funções. Entre eles, um dos mais importantes, especialmente se considerarmos a configuração da sociedade moderna, talvez seja o professor, aquele que vai fazer o mundo se tornar legível para nós. Pois a sensibilidade e a capacidade de experimentar não são suficientes para tornar-nos seres humanos autônomos. Precisamos aprender a pensar e a imaginar, e isso é algo que precisa ser adquirido, exercitado, construído. É uma construção dos sujeitos, da sociedade e da linguagem.

O mundo em que vivemos, com a quantidade de informação e dados de todas as espécies, com todas as ferramentas disponíveis, pode facilitar o desenvolvimento de certas habilidades, mas não substitui, de forma alguma, a atividade fundamental, e da qual derivam todas as outras, que é a capacidade de o sujeito se relacionar com as coisas e os objetos de forma crítica, fazendo retornar sobre si mesmo um mundo que, antes de tudo, precisa ser decodificado interiormente antes de ser aceito e validado. Isso nunca foi tão importante quanto nos dias de hoje. De nada servirão todos os avanços tecnológicos e a quantidade exorbitante de dados informatizados que recebemos todos os dias, se formos apenas repetidores automatizados de sistemas fechados que nos escravizam porque não são fruto da nossa criação, nem do nosso desejo, mas apenas da alienação e da ausência da nossa imaginação.

Assim, arrisco afirmar que não existe hoje profissão mais necessária e nobre do que a do professor. Heroica em se tratando da época em que vivemos, porque compete de forma desigual pela atenção dos *enfants*, atraídos pela facilidade que dispositivos eletrônicos proporcionam, com a sua capacidade de produzir estímulos imediatos e respostas prontas, o que dificulta o desenvolvimento de certas habilidades que demandam silêncio, contemplação, tempo, capacidade de interiorização, e por isso, muito mais difíceis de serem adquiridas. É suicida se lembrarmos de toda a precariedade com que muitos alunos chegam à sala de aula – no interior das grandes metrópoles, ou mesmo, no centro das grandes cidades – vitimados por lares desfeitos e pela violência doméstica, vivendo toda sorte de carência, alimentar e afetiva, em famílias numerosas, muitas delas habitando em regiões desertas e áridas, onde é preciso percorrer longas distâncias a pé até a escola.

Assim mesmo, e a despeito de tudo, encontramos crianças dispostas a aprender alguma coisa. Garotos e meninas com os pés descalços, subindo em árvores, brincando no quintal de casa, e com alguma coisa de tempo interior ainda preservado; uma lentidão dos sentidos, um silêncio salvaguardado da aceleração do tempo, que a cidade grande há muito perdeu. Fantasia minha, talvez, já que hoje podemos encontrar em qualquer birosca uma *Lan House*, conectando ao mundo virtual esse garoto, antes isolado física e temporalmente. De uma maneira ou de outra, é nessa variedade de possibilidades geradas pelo acaso, descaso e abandono, que nos encontramos e é com ela que precisamos trabalhar.

O Desejo de conhecimento

A filósofa política Hannah Arendt (1973), em seu último livro chamado *A vida do espírito*, nos explica como se constrói essa relação e a importância de se adquirirem certas habilidades específicas. Segundo ela, o pensamento e a arte são atividades gêmeas. Elas se desenvolvem em sujeitos que são capazes de internalizar objetos separando-os da experiência sensorial.

> O pensamento é "fora de ordem" não só porque interrompe todas as demais atividades necessárias para os assuntos vitais e para a manutenção da vida, mas também porque inverte todas as relações habituais. O que está perto e aparece diretamente aos nossos sentidos agora está distante; e o que se encontra distante

está realmente presente. Quando estou pensando não me encontro onde realmente estou; estou cercada não por objetos sensíveis, mas por imagens invisíveis para os outros (ARENDT, 2012, p. 104).

E ainda, com relação à imagem e à imaginação, complementa:

> Repetindo, todo pensar é um re-pensar. Ao repetirmos na imaginação, nós dessensorializamos qualquer coisa que tenha sido dada aos nossos sentidos. Somente nessa forma imaterial é que nossa faculdade de pensar pode começar a ocupar-se com esses dados (ARENDT, 2012, p. 105).

A importância da figura do facilitador substituto do objeto – mãe, pai, professor, educador, terapeuta, etc. – é inegável. Legitimando essa escolha, ele fornece a segurança de que os sujeitos precisam para se "ausentarem do mundo" por algum tempo, até que o pensamento e a imaginação reorganizem de outra forma essas imagens dessensorializadas. Não é isso o que acontece na brincadeira de esconde-esconde, na alternância da ausência e da presença dos objetos a fim de gerar uma experiência de continuidade e segurança? "Eu vou embora, você não vai me ver durante um tempo, mas eu não desapareci. Estarei de volta." A repetição de idas e vindas confirma essa realidade. O objeto não desapareceu. Existe, assim como o sujeito, que também não desapareceu com ele. "Eu também existo apesar dele. Se ele pode brincar eu também posso. Também posso desaparecer com ele quando eu quiser me ausentando do imediato." Nesse *fort-da*, nesse jogo, se instaura o significante onde a criança constrói as suas primeiras simbolizações. É algo prazeroso uma vez que na simbolização existe uma brincadeira inerente à linguagem; a palavra brinca com a ausência das coisas.

> Enquanto o jogo do *Fort-da* se desenvolve, a criança cria um objeto que permite simbolizar a ausência da mãe e presentificar a primeira experiência de brincar. Este objeto passa a ser construído no campo do Outro, visto que ele representa a emergência do desejo e este sempre ocorre no campo do Outro. Para Freud, a criança brinca porque deseja. Em Lacan, o brincar é um ato, surgido como efeito da estruturação significante do Sujeito. O Sujeito, enquanto tal, só é constituído a partir da fundação da experiência do Inconsciente, que por sua vez é estruturado como uma linguagem (SOARES MIRANDA, 2013, p. 4).

Mas para que de fato a brincadeira funcione, é importante o facilitador estabelecer uma relação de confiança com a criança, conhecer os seus limites e dificuldades, a fim de não ultrapassar o tempo que ela é capaz de suportar a ausência do objeto sem que isso provoque uma enorme angústia. É comum observarmos em artistas, principalmente os iniciantes, esse tipo de conflito. Muitos se agarram às obras e esgotam os seus recursos por não se sentirem capazes de suportar a espera e o afastamento, fundamentais ao processo de criação em que os períodos de atividade se alternam aos da escuta, observação e silêncio, sem os quais as obras tornam-se repetitivas e insossas. Esse medo da separação do objeto contém nele aquele medo subterrâneo a todos os medos, que é o medo de ser abandonado. Lidamos todos de certa forma com esse medo, mas o artista é aquele que o desafia a todo instante. Vivendo nesse eterno jogo do ir e vir do objeto, e reconstruindo a ponte que separa esses dois tempos, ele viabiliza outro mundo só visível através da imaginação. As imagens e o pensamento são os recursos lúdicos que ele encontra para lidar com a ausência enquanto ela persiste. São as representações de um mundo que ele renova através da criação de novos objetos que em princípio reinstaurarão uma nova possibilidade de olhar e escutar as coisas. Esse rearranjo e resposta, que os artistas e pensadores fazem, recriam o mundo e renovam a vida. Daí a importância da arte e da filosofia. Sem elas estaríamos doentes, velhos e cansados, antes mesmo de começarmos a andar.

Chegamos até aqui apenas para dizer o tamanho da nossa responsabilidade como educadores e a importância da arte como instrumento de autoconhecimento e construção da consciência. A própria palavra *consciência* aponta nessa direção, uma vez que significa "saber consigo e por si mesmo", um tipo de conhecimento que é atualizado em todo processo de pensamento (ARENDT, 2012, p. 20).

A linguagem ao infinito – O Paradoxo da obra de arte

Mas como é que colocamos em movimento esse "saber por si mesmo"? Como podemos acessar outras consciências diferentes das nossas? Como aprender a pensar e a criar?

Nessa relação com o conhecimento, buscamos autores com quem nos identificamos, reconhecemos neles a nossa consciência, pensamos igual, fazemos associações, nos referenciamos. Essa expressão do Outro nos liberta da solidão da nossa consciência. Conversamos com as ideias contidas nas obras. Vamos acumulando essas experiências e elas passam a fazer parte de nós como se fossem nossas. Porque vão percutindo em nós como uma herança familiar de signos. Parece haver mesmo um espírito vivo por trás de cada obra ou autor pela intimidade com que sentimos a presença da sua voz reflexiva, entrando nas nossas mentes, quando, então, cessam os burburinhos que nos povoam e entramos em sintonia. A voz de outros autores cala a nossa voz, ecoa no nosso silêncio e nos liberta da solidão. Com eles aprendemos a silenciar, a escutar, a meditar. Até começarmos a conversar com as suas ideias e produzirmos as nossas próprias. Quando então nos tornamos parceiros, colaboradores, irmãos. T. S. Eliot dizia que, mais do que uma manifestação da personalidade, a obra é uma evasão da personalidade. Uma fuga. Porque, através dela, o autor pode viver a experiência de ser Outros, além de si mesmo (ELIOT, 1972, p. 46-47).

Mas apesar de experimentarmos a consciência de criadores e pensadores através do contato com as obras produzidas por eles – livros, músicas, pinturas, filmes, peças de teatro e fotografias –, não é o acúmulo dessas experiências que se formam dentro de nós que nos conecta à obra de arte. Camadas de conhecimentos, vivências adquiridas com a linguagem, rede de combinação de formas, palavras, cores, sons, imagens, ideias, frases, fragmentos dessensorializados, como disse Arendt (2012), nos mostram formas diferentes de sentir o mundo e ver as coisas, mas não são suficientes para fazer da obra de arte uma experiência transformadora. Aprendemos com Foucault que a presença desse capital armazenado dentro de nós é uma herança sem fim, e não dá conta da questão principal que a modernidade nos legou. Apenas o paradoxo que toda obra contém, o fato de ela não poder conter em si todas as obras tem esse poder (FOUCAULT, 1963). A reflexão do artista acerca dessa impossibilidade, isto é, como ele responde a esse limite é que vai determinar a sua importância, o valor da obra, e a diferença que ela instaura entre os seus semelhantes. Não é apenas porque a obra se faz, se atualizando no leitor, espectador, que reside a sua potência, mas porque ela reflete o vazio onde cabem todas as opções – técnicas, linguagens, ressonâncias, enfim, um estado de abertura para a diferença – é que ela merece um lugar de destaque.

> Eis o paradoxo: Se fazemos um livro que narra todos os outros livros, é ele mesmo um livro ou não? Ele deve falar de si próprio como se fosse um livro entre outros? E se ele não se narra, que pode ser, ele que tinha o projeto de ser um livro, e por que se omitir na sua narrativa, agora que ele tem de dizer todos os livros (FOUCAULT, 2006, p. 59).

Essa possibilidade de não dizer tudo, de não conter tudo, de deixar espaços vazios para ser diferente de si mesmo cria um lugar aonde o Outro pode existir. Não é só o artista que ainda não sabe sobre si que precisa da obra para ser diferente de si mesmo, diferente do que conhece. O espectador também precisa encontrar um lugar onde ele possa se reconhecer

Outro. Se revelar e se descobrir. Essa experiência de ser diferente de si mesmo é o que chamam de alteridade. E o seu efeito é a obra de arte, a experiência da subjetividade e da verdade fazendo emergir um sujeito que, antes de tudo, é fiel ao que não está aí, à interrupção, à ruptura, ao invisível, ultrapassando o plano empírico e social da troca entre as pessoas, o senso comum contido na experiência cotidiana da comunicação humana (Bosco, 2013, p. 420).

A atualização que o espectador faz da obra revela as possibilidades que ela contém, mas não esgota os seus sentidos. Esses estão sempre se renovando. Dependem da capacidade cognitiva do receptor, do repertório que ele possui para decodificar a obra, mas, mais do que tudo, dependem da força que a obra possui. Do seu poder de diferenciação. Sem o reservatório de imagens e experiências dessensorializadas a obra não seria possível. Mas esse repertório jamais dará conta de tudo que foi produzido pela cultura até os dias de hoje. Os vestígios da cultura, para lembrar um termo do filósofo Walter Benjamin – é o espólio de guerra do vencedor (Benjamin, 1996, p. 225). Existe apenas como uma parte do que foi produzido. Muitas obras jamais chegarão até nós. O que nos habituamos a chamar de cultura é o que foi reconhecido pela classe dominante, àquela que soube articular o seu discurso ao poder da época, e por isso, sobreviveu.

A banalidade do mal

Mas o que acontece quando não desenvolvemos essas habilidades? Eu diria, antes de tudo, que, não sendo capazes de produzir as nossas próprias visões do mundo, aceitaremos como verdades irrefutáveis as imagens que nos chegarão porque seremos incapazes de desmontar os seus artifícios. Desconhecemos como elas são produzidas e de onde vêm, a serviço de que interesses se sustentam. Dessa maneira, como separar o bem do mal? Podemos causar um mal a nós mesmos e aos outros sem saber.

Essa foi a pergunta que a filósofa Hannah Arendt se fez e que a levou a desenvolver o conceito da banalidade do mal logo após ter assistido ao julgamento de Eichmann em Jerusalém.

> O que me deixou aturdida foi que a conspícua superficialidade do agente tornava impossível rastrear o mal incontestável dos seus atos, em suas raízes ou em seus motivos, em níveis mais profundos. Os atos eram monstruosos, mas o agente – ao menos aquele que estava em julgamento – era bastante comum, banal, e não demoníaco ou monstruoso. Nele não se encontrava sinal de convicções ideológicas ou de motivações especificamente más,

e a única característica notória que se podia perceber em seu comportamento não era estupidez, mas irreflexão. No âmbito dos procedimentos da prisão e da corte israelense, ele funcionava como havia funcionado sob o regime nazista; mas, quando confrontado com situações para as quais não havia procedimentos de rotina, parecia indefeso e seus clichês produziam na tribuna como já haviam produzido na sua vida funcional, uma espécie de comédia macabra (ARENDT, 2012, p. 18).

Essa experiência de Arendt contribuiu definitivamente para o seu entendimento da diferença entre o conhecer e o pensar. O conhecer, segundo ela, procuraria a verdade factual das coisas. São proposições que os seres humanos não estão livres para refutar e por isso são coercitivas. São verdades produzidas pela ciência e chegamos a elas através dos nossos sentidos ou do nosso cérebro, com a experiência e a observação. Já o pensar não diria respeito nem à ciência nem à tecnologia. Talvez pudéssemos dizer que ele está mais perto da arte. É como uma resposta às nossas experiências no mundo. Lembramo-nos do acontecido e procuramos compreendê-lo de modo que o ocorrido ganhe um sentido para nós. Por isso dizemos que a necessidade da razão não é inspirada pela busca da verdade, mas pela busca do significado. E verdade e significado não são a mesma coisa (ALMEIDA, 2010). É preciso desconstruir a lógica da verdade, mas sobretudo, formular a pergunta certa. E foi isso exatamente que Arendt fez.

> Mesmo que os nazistas tenham feito uso de um saber e de um saber fazer, não pensaram, já que não pararam para perguntar sobre o sentido de seus atos e não se indagaram o que tudo aquilo significava para eles, nem para as vítimas, nem para o mundo, um lugar da convivência no plural (ARENDT, 2004).

Há condições que não inventamos, mas que já estão postas. Nascemos numa realidade que já existe antes de nós e com a qual temos que conviver e aceitar, mas não podemos deixar que a vida se resuma a ela, que ela dite as regras da nossa ação e do nosso pensamento. Aceitar isso seria, antes de tudo, ceder terreno a toda sorte de barbaridades e injustiças. Quando a única validade possível passa a ser a do conhecimento verificável, o mundo se torna um sistema fechado sem possibilidades de se reinventar. Isso, para não falar do perigo de construirmos as nossas vidas baseados em afirmações pseudocientíficas. Verdades construídas a partir de mentiras organizadas, desconectadas da verdade factual e da experiência comum. É o caso dos regimes totalitários que usam a força coercitiva para impor afirmações sem fundamentos a fim de dominar o pensamento e a ação, impedindo qualquer opinião ou decisão livre. E conseguem isso, porque lidam com o medo das pessoas de entrarem em contradição e perderem o sentido das suas vidas. A força coercitiva da lógica, apoiada em verdades construídas sobre bases falsas, destrói o bom senso e as referências das tradições e experiências comuns transmitidas pelas gerações passadas, corrompendo o pensamento e deixando as pessoas à mercê do poder do tirano. Isolado das experiências, sem liberdade para a busca do sentido, o pensamento se encontra sob o ditame da lógica. A suposta verdade à qual a ideologia remonta destrói o pensamento porque faz supor que sentido e coerência lógica são a mesma coisa (ALMEIDA, 2010).

> Podemos conhecer dados e leis da natureza e fatos do mundo, mas o significado que atribuímos a eles, à nossa existência no mundo e às nossas experiências, é de nossa autoria, e nisso reside à liberdade de pensamento (ALMEIDA, 2010, p. 863).

A atividade do pensamento e a passividade da ação chamaram a atenção de Arendt e por isso ela dedicou os últimos anos da sua vida a estudar essas questões que permanecem até hoje importantes diante da enorme quantidade de coisas que exigem a atenção do nosso olhar – tudo o que consumimos todos os dias, como informação, imagens, sons –, que nos levam a acreditar que somos pessoas ativas por estarmos conectadas e com a nossa atenção ocupada. No entanto, isso não significa atividade, no sentido em que estávamos falando antes, como manifestação do nosso desejo e da nossa consciência. Muito pelo contrário, estamos agindo e reagindo passivamente ao aceitar tudo que vem para nós, sem questionar se isso é de fato relevante, se queremos que seja assim.

Pode haver mais atividade na contemplação, no vazio, no habitar o silêncio, do que numa ação repetitiva, automatizada, desconectada. Porque pode ser a partir desse silêncio e desse vazio que sejamos capazes de criar alguma coisa importante e que sinalize algo para nós. Quando suportarmos a angústia da espera, a dor do não saber; ou não temos respostas prontas e superamos a perda do contato com o conhecido e confortável, somos capazes de andar para frente, de construir um sentido singular para as nossas vidas. Mas se recuamos e aceitamos as soluções mágicas e instantâneas de prazer, nos tornamos dependentes de coisas que nos roubarão o aprendizado da experiência e a possibilidade de crescer. Por isso é tão fácil se tornar adicto de ansiolíticos, antidepressivos, álcool, sexo, drogas, *games*, trabalho demais, enfim, todas essas compulsões que nos aliviam e anestesiam suprimindo a espera, a dor, a consciência e a responsabilidade de agir.

Importante lembrar um fator igualmente nocivo à formação das identidades que é o que a psicanalista Maria Rita Kehl chama de excesso de presença. Nem tudo é culpa da falta. Às vezes o que falta é a falta da falta. Falta de vazio e excesso de presença (KEHL, 2009, p. 237). É quando o vazio não corresponde à ausência, mas sim à pobreza do trabalho de representação e de expressão exigidos por essa mãe ansiosa, que pouco se permite demorar em atender às menores expressões de desconforto por parte das crianças.

> Que a mãe esteja presente, mas não ocupe todo o espaço; que se interesse pelas pequenas evidências da vida psíquica de seu bebê, mas não faça delas um assunto todo seu. Acima de tudo, que a mãe, mesmo presente, possibilite à criança a experiência da duração temporal que, nessa fase da vida, traduz-se sempre como tempo de espera. Que a mãe possibilite a seu bebê o desenvolvimento da capacidade de esperar (pela satisfação) e de inventar o que fazer desse tempo vazio (KEHL, 2009, p. 238).

A reinvenção do sujeito

Desde que as coisas ganharam autonomia e se puseram em movimento, sistemas caminham independentes da nossa vontade, sem controle, seguindo os mercados globalizados, o capital especulativo, destruindo economias inteiras, poluindo o meio ambiente; forças que estão a serviço do mal e que se alimentam da nossa omissão, do nosso não pensar. O pensamento de Foucault antecipou esse cenário e nos fez ter a consciência de que estávamos inseridos nesses sistemas: linguísticos, produtivos, sistemas de trocas, de poder, de comunicação, de crenças, e que o sujeito humano, a interioridade subjetiva, era apenas o produto, o efeito, a projeção desses sistemas sob o domínio de um biopoder controlador e autoritário (GROS, 2010). Mas ele não parou por aí. Ao mesmo tempo em que destruiu esse lugar do sujeito, apontou para o que seria uma alternativa de resistência a esse domínio. E fez isso mergulhando na filosofia antiga e indo buscar lá "técnicas de subjetivação", procedimentos pelos quais, segundo ele, o sujeito era convidado a construir a si próprio, como se a própria vida devesse ser para cada um de nós um material que fosse preciso trabalhar e moldar. A filosofia se estendia nesse caso como o empreendimento pelo qual cada um era convidado a dar uma forma à sua liberdade e, consequentemente, a se inventar (GROS, 2010, p. 179).

Gros (2012) nos lembra de um curso inédito de Foucault intitulado *A Sociedade Punitiva*, em que ele mostra de que maneira se operou a transformação da força vital em força de trabalho, transformando o tempo da vida, que é um tempo plural, qualitativo, em tempo de trabalho monótono e abstrato.

Pela disciplina apreendida na escola, no exército, na família, o tempo de vida se torna um tempo mecânico. Pois o tempo de vida é um tempo concreto, elástico, diversificado e maleável. Comporta ritmos diferentes, conhece acelerações e pausas. Ao contrário, no quadro da produção industrial, o tempo do trabalho é um tempo regular: é o tempo da máquina, com seus ritmos invariáveis e repetitivos. O princípio da disciplina é impor à vida, justamente essas regularidades mecânicas, essa ordem fria e implacável (GROS, 2012, p. 259).

As técnicas de subjetivação não serviriam apenas para repensar a função sujeito, mas também para recuperar e reinventar novas formas de ação e resistência depois do desastre das grandes guerras e da desesperança que a herança do pensamento estruturalista nos legou. A Hermenêutica do Sujeito, assim como O Cuidado de Si, nos ajudam hoje a pensar e a desenvolver novas formas de viver. Não basta apenas desconstruir as verdades produzidas pela propaganda e difundidas nas redes sociais. Temos que aprender a viver de outra maneira. Aprender a nos defender. A filosofia que Foucault foi buscar nos gregos, em Sêneca, nos ajuda a nos proteger de nós mesmos. Evita que caiamos em velhas e eficazes armadilhas: sacrifício, dívida, recompensa e prazer; a pior das servidões, a servidão a si mesmo.

> Ser livre é fugir da servidão a si mesmo. Ser escravo de si mesmo (*sibi servire*) é a mais grave, a mais pesada das servidões (FOUCAULT, 2011, p. 244).

Porque sem perceber nos tornamos pontos de distribuição de informação a serviço das grandes corporações. Servidores voluntários nas mãos de algoritmos de pesquisa, vítimas ignorantes de um aprisionamento tecnológico cada vez maior. Vida Nua como diria Giorgio Agamben (2004), ao se referir à animalização do homem posta em prática através de sofisticadas técnicas políticas.

Com vidas cada vez mais mecanizadas, sem tempo para o bem viver, despossuídos de identidade, moldados pelo gosto médio da mídia, o que esperar? Se tudo tá dominado, se vivemos num estado de exceção permanente, se somos falados por forças além de nós, o que nos resta ou nos restará? A própria passagem ao ato se encontra comprometida porque fomos colonizados em todos os territórios: no corpo, no inconsciente, na linguagem, e não há nada a fazer. Como responsabilizar alguém por alguma coisa se somos um sujeito sem cara, língua ou território, um mecanismo irracional sem controle que age a serviço da banalidade do mal sob os ditames da lógica instrumental?

A ideia de um determinismo social invisível regendo as nossas vidas, na verdade, casa bem com a descrença motor que sustenta a ideia de fatalismo pensada por Walter Benjamin (BENJAMIN, 1940). O fatalista é aquele que acredita na moral dos vencedores, segundo a qual os que vencem são sempre os melhores e por isso não há nada a fazer. Como lembra Kehl, o fatalismo é a última versão da passividade. O capitalismo globalizado nos parece tão avassalador, tão sem brechas, que é como se fosse uma força indestrutível da natureza. E o nosso erro, a tentação fatalista consiste exatamente em pensar que, se ele se instalou, é porque está correto, não é possível transformá-lo, já não existem contradições nesse sistema (KEHL, 2009). É o chamado *ditame da lógica* ao qual se referia Arendt (2012).

Daí a importância ainda hoje dessa escavação que Foucault fez indo buscar nas práticas estoicas e epicuristas, em Marco Aurélio, Catão e Sêneca, uma alternativa que parecia impossível diante dessa nova versão do fatalismo benjaminiano. A crítica é um "veneno antimelancolia". Quem sabe o fatalismo melancólico deixe de dominar a subjetividade? (KEHL, 2009). Sim, somos corpo. Somos dominados. Mas somos também matéria e espírito maleável. Somos moldáveis. Podemos criar. Podemos aprender a nos exercitar em novas formas de resistência. Repensar a função do trabalho, o tempo e a atividade.

> Atividades preguiçosas como a caminhada, a vadiagem, a contemplação vaga permitem ao pensamento reencontrar a verticalidade de suas forças. A preguiça torna o pensamento inventivo porque o pensamento então não é mais um simples instrumento, mas volta a ser uma faculdade viva. Mais uma vez, esse tempo de disponibilidade não é um tempo vazio: é o tempo da gestação e da germinação lentas. Impor-se preencher todos os momentos da existência é privar-se de um tempo que permite justamente a renovação e a invenção (GROS, 2012, p. 260).

Considerações finais

Minha argumentação até aqui teve como aportes o pensamento de Arendt e de Foucault, por entender a enorme contribuição que eles deram à filosofia política e à educação. Gostaria, para finalizar, de também trazer a contribuição de uma professora americana, que, em minha opinião, chegou às técnicas espirituais e artísticas e ao cuidado de si de maneira diferente, e com uma linguagem, talvez, menos filosófica e teórica, mas desenvolvida em anos de observação, experiência e trabalho de campo. Trata-se da escritora, roteirista e professora de escrita criativa, Julia Cameron. Ela ministrou durante muitos anos workshops sobre criatividade em universidades nos Estados Unidos. Publicou vários livros sobre o assunto, sendo dois deles obras primas. Um se chama *The Artist's Way* (*O caminho do artista*) (1992), e o outro, *The Vein of Gold!* (*A mina de ouro*) (1996), cujos argumentos também permitem problematizar questões relativas ao pensamento, à arte e à ação.

Nesse sentido, muitas coisas podem ser exploradas a partir desses dois livros, mas vou abordar apenas alguns pontos, em minha opinião, importantes e que resumem bem a sua maneira de pensar e, ao mesmo tempo, alinha-se às discussões feitas anteriormente.

Grande parte das pessoas deixa de ser criança muito cedo, na maioria das vezes, por força de demandas externas. Cobranças e expectativas de desempenho que vêm dos pais, a necessidade de sobreviver e ocupar um lugar no mundo a fim de garantir a sobrevivência, sair da opressão familiar, da cidade onde mora, da pobreza em que vive, enfim, uma variedade de situações as obriga a se agarrarem a oportunidades por ausência de opções e recursos que lhes permitam descobrir e construir as suas habilidades no tempo natural necessário ao autoconhecimento e ao amadurecimento. Ao mesmo tempo, jovens que têm a opção de estudar e a oportunidade de escolher uma profissão são cada vez mais obrigados a fazer isso cedo, quando ainda não formaram as suas personalidades, não se conhecem o suficiente, para confrontar os seus desejos com as opções que o mundo oferece. O que acontece, muitas vezes, são escolhas precipitadas, muito mais para agradar o Outro ou as demandas externas, do que seguir uma vocação, um desejo ou um talento. As pessoas crescem assim vivendo vidas que não gostariam, sendo Outros e não si mesmos, sufocados por deveres e obrigações, numa roda que se retroalimenta, na medida em que assumem cada vez mais compromissos com o que não desejam. Essa roda faz parte de um sistema de crenças comuns baseadas em conhecimentos vulgares e pouco consistentes que chegam a nós através dos nossos pais, da nossa religião, da nossa cultura, e dos nossos amigos medrosos. Faz parte dessa crença a ideia de que a arte é uma vocação destinada apenas a alguns privilegiados, que o artista já nasce com certas habilidades, enfim, reforçando a ideia de genialidade nata. Na verdade, isso ocorre em alguns casos, mas não na maioria. O que acontece na maior parte das vezes é que o sujeito adquire habilidades durante a vida no exercício do trabalho e do aprendizado. Aprendizado que se dá num outro nível de relação com os objetos, favorecendo o desenvolvimento de uma subjetividade singular e a criação de uma personalidade artística que é muito mais um construto do que uma coisa nata. Essa capacidade de associação livre de imagens, sons, odores, formas, palavras, esse rearrumar o mundo segundo a própria visão produzindo uma resposta ao desconforto com a realidade, não aceitando a lógica utilitarista das coisas, num tempo contemplativo cheio de silêncios falantes, desligando-se dos fatos imediatos, abstraindo-se do que está em torno, fixando a atenção em si e nas sensações e impressões internas, isso tudo é fruto de anos de convivência consigo mesmo, no tenso diálogo com os Outros, as obras, a experiência dos que vieram antes de nós. Tudo isso, somado a técnicas específicas que podem ser estudadas, conhecidas, e até repetidas – porque arte não se faz só de pensamento, mas de ação –, é um ato físico de repetição de gestos e de acidentes de percurso. Picasso dizia: "Eu não procuro, eu encontro". No seu ir e vir, no erro e no acerto, na jornada do caminhar, ele descobria as coisas. Ele não pintava para chegar a algum lugar. Ele chegava a algum lugar porque pintava. Não seria isso parecido com brincar? Com esconder e achar?

Por isso Julia (1992) afirma que quem cria no artista é o lado criança. O cérebro artista. É para ele, e com ele, então, que ela trabalha e conversa nos livros que escreveu, em oposição ao cérebro lógico.

> O *cérebro artístico* é o nosso inventor, nossa criança, nosso professor muito pessoal e distraído. O cérebro artístico diz: "Ei! Isso é bárbaro!" Ele junta coisas curiosas (barco lembra onda que lembra passeio). Gosta de associar um carro veloz ao nome de um animal: "O lobo preto entrou uivando no estacionamento do cinema..." [...] O cérebro lógico foi e é o nosso cérebro de sobrevivência. Funciona com base em princípios conhecidos. Qualquer informação desconhecida é percebida como errada e possivelmente perigosa! [...] O cérebro lógico é o nosso censor, nosso segundo (terceiro e quarto) pensamento. Quando se depara com uma expressão, frase, imagem original, ele diz: "Que diabo é isso? Isso não está certo!" (CAMERON, 1992, p. 31).

Muitos não acreditam que é possível ensinar a escrever, pintar, ou mesmo pensar. Eu, no entanto, creio que possamos desmistificar certas noções que se tornaram senso comum. Que a subjetividade é uma construção da sociedade, do sujeito da cultura e da linguagem. Que ela não nos é dada quando nascemos. Que não contém uma fórmula. Mas pode ser adquirida. Construída durante a vida. Não podemos usá-la, no sentido utilitário do termo, mas podemos desvendar muitos mitos, verdades pseudocientíficas, ideologias, enfim, ajudar as pessoas a serem donas das suas vidas e das suas ficções. A filosofia da educação, os artistas, professores e todos aqueles que tiveram oportunidade e acesso à educação têm uma dívida social com aqueles que foram, por um motivo ou por outro, alijados ou prejudicados na sua formação. Um país democrático é aquele que oferece possibilidade às pessoas de ascenderem socialmente através de um saber adquirido, uma ideia que a princípio pode parecer salvacionista, e que talvez seja tributária de uma crença na meritocracia. Mas num país em que o poder tem levado ao ter, e o ter ao poder, defender o saber não parece ser uma meta tão ruim de almejar.

Referências

AGAMBEN, G. *Homo Sacer: o poder soberano e a vida nua 1*. Belo Horizonte: Ed. da UFMG, 2004.

ALBUQUERQUE JUNIOR, D. M. de. A loucura da história: ciência, ética e política no pensamento de Michel Foucault. In: RESENDE, A. (Org). *Michel Foucault: transversais entre educação, filosofia e história*. São Paulo: Autêntica, 2011. p. 73.

ALMEIDA, V. S. *A distinção entre conhecer e pensar em Hannah Arendt e sua relevância para a educação*. 2010. Disponível em: <http://www.scielo.br/pdf/ep/v36n3/v36n3a14.pdf >. Acesso em: 8 abr. 2014.

ARENDT, H. *A vida do espírito*. Rio de Janeiro: Civilização Brasileira, 2012. p. 104.

ARENDT, H. *Responsabilidade e julgamento*. Tradução de Rosaura Eichenberg. São Paulo: Companhia das Letras, 2004.

BENJAMIN, W. Sobre o conceito de história. In: *Obras escolhidas: magia e técnica, arte e política*. São Paulo: Brasiliense, 1996. p. 225.

BOSCO, F. O futuro da ideia de autor. In: NOVAES, A. (Org.). *Mutações: o futuro não é mais o que era*. São Paulo: SESC, 2013. p. 420.

CAMERON, J. *Criatividade: a mina de ouro*. Rio de Janeiro: Ediouro, 1996.

CAMERON, J. *Guia Prático para a Criatividade: o caminho do artista*. Rio de Janeiro: Ediouro, 1992.

ELIOT, T. S. As fronteiras da crítica. In: *A essência da poesia*. Rio de Janeiro: Artenova, 1972. p. 148-167.

FOUCAULT, M. A linguagem ao infinito. *Ditos e Escritos III*. Rio de Janeiro: Forense Universitária, 2006.

FOUCAULT, M. *A hermenêutica do sujeito*. São Paulo: Martins Fontes, 2011. p. 244.

GROS, F. Da morte do sujeito à invenção de si (experiências de pensamento e exercícios espirituais estoicos a partir de Michel Foucault. In: NOVAES, A. (Org.). *Mutações: a experiência do pensamento*. São Paulo: SESC, 2010. p. 179.

GROS, F. Preguiça e capitalismo. In: NOVAES, A. (Org.). *Mutações: elogio à preguiça*. São Paulo: SESC, 2012. p. 259-260.

KEHL, M. R. *O tempo e o cão: a atualidade das depressões*. São Paulo: Boitempo Editorial, 2009. p. 237.

SOARES M, C. E. *A clínica da criança e a supervisão em psicanálise: avanços e impasses*. 2013. Disponível em: <http://goo.gl/cSdgzW>. Acesso em: 8 abr. 2014.

Governamentalidade, política, resistências ao poder[1]

Guilherme Castelo Branco

É uma grande alegria voltar à Uberlândia! Já vim à Uberlândia, já falei neste mesmo auditório. Aqui é uma cidade que acho extremamente interessante e é uma alegria sempre encontrar um grupo tão grande de pessoas interessadas no pensamento de Michel Foucault, sobretudo, quando se trata de um grupo mais jovem. Eu sou de uma geração de antigos professores de Filosofia que começaram a trabalhar com Foucault. Passamos maus pedaços porque não era um pensador aceito, não foi aceito com facilidade na academia, nos departamentos de Filosofia, e agora a gente vê grandes eventos sobre o pensamento de Michel Foucault ocorrerem, em especial com um professor tão jovem como o Haroldo. Como tem também os colegas que ele citou, muitos deles são professores muito jovens.

Então a gente sabe que é uma nova geração com outra linguagem, com uma outra forma de leitura, com outra intelecção que vai estar trabalhando agora com o pensamento do Foucault, certamente com outros campos de análise, com outras formas de imaginar, de criar um imaginário teórico, que possa aproveitar todo o trabalho libertário, no meu entender, que foi trazido pelo pensamento de Michel Foucault. O Haroldo, portanto, está de parabéns, eu acho fantástico, eu acho uma coragem. O grupo que sistematicamente organiza os Colóquios Internacionais de Michel Foucault é um grupo que, de certa maneira, envelheceu, está envelhecendo junto.

E a gente tem tido pelo menos outros dois colóquios importantes no Brasil que têm sucedido, trazendo novas gerações, um organizado pela Estela Scheinvar, que é o Colóquio Internacional Michel Foucault: a

---

[1] Este texto é a transcrição da Conferência de abertura do III Colóquio Nacional Michel Foucault: política – pensamento e ação.

judicialização da vida, e o Colóquio que o Haroldo de Resende organiza aqui, em Uberlândia, agora em sua terceira edição, com muito sucesso, de tal maneira que, para mim, é uma grande honra estar aqui, participando deste evento com a turma nova, digamos assim, no novo turno. E achando que eu vou passar a bola para uma turma que vai jogar bem. E eu acho que isso é muito importante.

O tema da minha fala, que não vai durar, como falaram os organizadores, duas horas. Eu não vou matar vocês de tédio. Vou falar meia horinha, vocês podem até contar nos aparatos de tempo, se eu passar de meia hora, eu fecho o bico. O meu tema me agrada muito, eu já falo sobre ele há algum tempo. Vocês devem ter aí na programação, o assunto é *Governamentalidade, política, resistências ao poder*. O que me interessa nesse tema é imaginar como nós podemos resistir ao poder, como nós podemos ter práticas de recusa do assujeitamento e tentar compreender o que seria uma política fora do contexto da macropolítica e da vida partidária. Tudo isto, de alguma maneira a gente tem assistido nas manifestações que ocorrem em todo o mundo, em nível planetário, nas muitas contestações às formas de poder hegemônicas que nós vemos ser postas em questão; malgrado todas as diferenças nesses vários sistemas políticos que estão sendo postos em dúvida, existe um potencial contestatório que parece ser muito interessante de ser analisado, e vai ser um pouco em cima disso que eu vou tentar trabalhar nessa breve fala.

Os escritos de Foucault sobre política chamaram atenção desde que foram publicados os livros *Dits et Écrits* na França, quando uma série de textos já falava de um Foucault que tinha interesses em política. Mais tarde, também *post mortem*, quando foram publicados os mais variados textos dos cursos que ele deu, sobretudo, os cursos *Os anormais*, o *Em defesa da sociedade*, o *Segurança, território e população* e, finalmente, o *Nascimento da Biopolítica*, e que se complementam, de alguma maneira, no meu entender – e eu também vou tentar falar um pouco disso – no *Coragem da verdade*, seu último curso.

O que é interessante no tema da governamentalidade de Foucault é que ele vai tentar mostrar que existe uma técnica de poder que domina os países capitalistas a partir do século XVIII e que essa técnica de poder, de alguma maneira, complementa e suplanta a soberania, as técnicas de soberania que existiam, sobretudo, no século XVI e XVII e que correspondem a uma maneira de se organizar a vida social e a vida política.

Numa passagem da aula do dia 1º de fevereiro de 1978, do curso *Segurança, território e população*, Foucault vai dizer o seguinte:

> No fundo, se eu tivesse podido dar ao curso que eu estou em via de dar esse ano, um título mais exato, não seria o título "segurança, território e população" que eu teria escolhido, seria

> o que eu chamo agora, se verdadeiramente eu pudesse fazê-lo, seria alguma coisa que eu chamaria "uma história da governamentalidade". Pela palavra governamentalidade eu quero dizer três coisas – que eu agora aqui só vou falar de duas – por governamentalidade eu entendo o conjunto constituído pelas instituições, os procedimentos, análises e reflexões, cálculos e táticas que permitem exercer essa forma bem específica, ainda que muito complexa, de poder que tem por alvo principal a população, por forma maior de saber a economia política e por instrumento técnico essencial os dispositivos de segurança; em segundo lugar, eu entendo por governamentalidade a tendência à linha de força, que por todo o Ocidente não deixou de conduzir, já há muito tempo para a preeminência do tipo do saber que eu chamo "o governo sobre todos os outros" – soberania, disciplina –que levaram de um lado a todo uma série de aparelhos tecnológicos específicos de governo e o desenvolvimento de toda uma série de saberes (FOUCAULT, 2004, p. 111-112).

Aí temos, portanto, duas definições de governamentalidade que, ao que parece, são muito claras. O que é governamentalidade? Nada mais é do que uma técnica de controle social que se caracteriza pela tentativa de realizar a gestão da sociedade. Governamentalidade é, em palavras muito simples, nada mais, nada menos, do que gestão social, gestão da população, gestão dos indivíduos, que corresponde, portanto, ao surgimento de um tema que é extremamente caro a Foucault e que, num determinado sentido, me chama a atenção que muito poucos estudiosos de Foucault têm trabalhado com esse tema, e que é recorrente, que aparece em muitos textos de Foucault, que é a questão da burocracia.

Para existir um governo que gestiona, nós temos que ter, portanto, um governo que é uma máquina burocrática. Em inúmeros textos de Foucault, nós vamos encontrar sempre essa associação do governo, do poder, com a burocracia. Daí, ele fazer tantas referências interessantes a Max Weber, que é um *expert,* um grande analista desse tema. Essa gestão que pede uma burocracia realiza um controle social tão calculista, detalhista e tão insidioso, que em muitos textos Foucault vai fazer uma correlação (que não é insignificante) – não vou falar sobre isso aqui e agora, mas estou alertando para essa importância do tema na obra do Foucault, entre burocracia e campo de concentração.

Em inúmeros textos vamos encontrar essa associação entre burocracia e campo de concentração. Em especial, num texto muito importante de Foucault, que é um texto muito pequeno, *O Sujeito e o poder*, encontra-se claramente essa vinculação entre campo de concentração e burocracia. É claro, que para essa burocracia existir, para que se faça essa gestão da máquina burocrática e da máquina social, da maquinaria social, surge também outro conceito para Foucault, que pelo menos vai passar a ter um sentido político nas suas intervenções teóricas, que é a população.

Governamentalidade é uma técnica de poder, de governo, que tem por alvo a população; nós vimos isso na primeira definição de governamentalidade. Mas ele vai dizer, ademais, também em *Segurança, território e população*, dessa vez na aula 18 de janeiro de 1978, o seguinte:

> [...] no interior mesmo do saber-poder, no interior mesmo da tecnologia e da gestão econômica, que vai ter esse corte entre o nível pertinente da população e o nível não pertinente, ou ainda o nível simplesmente instrumental. O objetivo final vai ser a população. A população é pertinente como objetivo, e os indivíduos, as séries de indivíduos, os grupos de indivíduos, a multiplicidade de indivíduos, ela não vai ser pertinente como objetivo, ela vai ser simplesmente pertinente como instrumento ou condição para obter alguma coisa ao nível da população (FOUCAULT, 2004, p. 44).

O que a governamentalidade, como sistema de poder, tem interesse em realizar enquanto técnica de poder? Essa é uma resposta que Foucault vai dar no próprio *Segurança, território e população*; ele vai responder a isso também no *Nascimento da biopolítica*. O que interessa à governamentalidade que está voltada para a população é realizar uma circulação, uma boa circulação. Uma circulação de mercadorias, circulação de saúde, circulação de bens, circulação, em último caso, de capital. Por que o que interessa a esse novo sistema de governamentalidade é a circulação? – isso também é uma coisa que eu acho que muito pouca gente tem trabalhado no Foucault e poderia trabalhar melhor.

Quando Foucault fala, em francês, de *sécurité*, ele está falando de uma palavra que, vertida para o português, é traduzida por segurança, que está muito ligada ao sentido de "polícia-e-ladrão", de segurança pública, de coisas desse gênero. Mas não é disso só que está se tratando, essa me parece ser a questão menor que se apresenta no *Segurança, território e população*. E é uma questão que inexiste no *Nascimento da biopolítica*; na verdade, o que está interessando a Foucault são os sistemas de seguridade social que estão vinculados a determinadas populações, enquanto alvos de políticas de saúde e de políticas de segurança social, de aposentadoria, de seguro-desemprego. De seguro, ressaltemos, no sentido mais usual da palavra, de seguro de carro, seguro de saúde, de plano de saúde, daquilo que chamaríamos em português de previdência social, mas que em português de Portugal é segurança social. Lá existe um Ministério da Segurança Social, que é o Ministério da Previdência Social nosso, e em espanhol, se chama também de sistemas de *seguridad*. Assim, seguridade não é apenas uma palavra, mas um conceito político da atualidade.

Então, por que a gente tem que trabalhar muito e o que tem que imaginar é a seguinte coisa: por que nós temos um novo tipo de política, desde o século XVIII, que tem por propósito questionar e gestionar a população? Porque esse tipo de sistema financeiro e político conseguiu realizar o acúmulo de grandes montantes financeiros, grandes "bolos" financeiros, que é justamente isso que gera essa coisa que se chama sistema nacional de pensão, sistema nacional, público e privado de aposentadoria, sistema de acúmulo de capital, grandes sistemas de poupança, grandes sistemas de seguro de tudo que é coisa, seguro de vida, seguro de saúde, seguro para peito de loura burra, seguro para bunda de mulher que quer ter o "popô" maior, seguro prá velha (louca) se virar pela manutenção, via cirurgia, a todo custo, da juventude.

Enfim, para qualquer coisa, podemos inventar seguro de tudo. Nós temos o sistema que é um sistema que amealha, e que constituiu o grande capital financeiro às custas de um processo de captação, de um governo que se fez em torno da gestão da segurança, na qual a questão, me parece, lembro uma vez mais, do polícia-ladrão, é até menor, porque nesse campo social não se investe tanto dinheiro. O que eu estou discutindo, o que tem que se discutir muito quando se fala em seguridade em Foucault, é justamente pensar nesses grandes sistemas previdenciários, nessas grandes fortunas que se criaram, de um bolo do qual todos contribuem voluntariamente ou não.

Nós estamos todos envolvidos, não há ninguém que não esteja envolvido no sistema securitário, nas grandes partidas financeiras, nesses grandes volumes de capital que acabaram dando nisso que Foucault depois vai estudar no *Nascimento da biopolítica* – que é o sistema neoliberal –, livro no qual ele vai apontar esse sistema neoliberal, como sendo montado, posicionado em um Estado essencialmente previdenciário, cujas verbas decorrem das gigantescas contribuições ditas sociais.

Então, por isso, me parece que o *Nascimento da biopolítica* complementa o *Segurança, território e população*, eliminando talvez esse equívoco que a gente possa ter de pensar a governamentalidade como sendo um sistema pautado na segurança, mas na verdade como tema pautado na ideia de segurança, no sentido mais amplo do termo, dos grandes bolos financeiros, das grandes fortunas que se geraram a partir das contribuições que vieram da vida cotidiana das pessoas, da criação desse medo coletivo que faz com que todas as pessoas queiram se sentir seguras, queiram ter uma segurança na vida, ter uma pensão; todo mundo quer ter um empreguinho bom, quer ser funcionário público, em determinados casos, de preferência trabalhar no Judiciário, onde se ganha bem, para poder ter uma vida confortável, tranquila e com bastante segurança, na maturidade e sobretudo na velhice.

Evidentemente, quando Foucault está fazendo essas análises na *Segurança, território e população* e no *Nascimento da biopolítica*, pensados em termos de seguridade, ele não está fazendo uma visão fatalista e niilista da realidade; ele vai tentar apontar para alguns contrapontos, para alguns aspectos vindos de pessoas ou de movimentos que vão, de alguma maneira, contestar esse sistema político que se implantou. Eu só gostaria de lembrar isso daí, porque começaram a surgir uns livrinhos aqui e ali, um deles publicado por um grande jornal de São Paulo, que estão tentando vender o peixe de que Foucault escreveu o *Nascimento da biopolítica* como um elogio ao liberalismo, o que eu acho um negócio esquisito, porque isso tornaria o Foucault um sujeito de direita, e ele não é.

Para que haja política e para que haja, inclusive, governamentalidade, tem que existir relações de poder e tem que existir uma relação agonística de poder, tem que existir confronto político. No já citado texto o *Sujeito e o poder*, Foucault faz uma definição das relações de poder, sobre o que é o poder, que eu acho muito interessante, ele diz o seguinte:

> Quando se define o exercício do poder como um modo de ação sobre a ação dos outros, quando se os caracteriza pelo governo dos homens uns pelos outros, no sentido mais extenso do termo, se inclui aí um elemento muito importante: a liberdade, o poder não se exerce senão sobre seres livres, e enquanto são livres. Entendemos, por isso, sujeitos individuais ou coletivos que tem diante deles um campo de possibilidade onde muitas condutas, muitas reações e diversos modos de comportamento podem ter lugar (FOUCAULT, 1994, p. 237).

Portanto, o mundo não acabou, o neoliberalismo não dominou tudo, nós temos a possibilidade de fazer reações, de ter uma reação forte e de resistir a essas técnicas de poder que são hegemônicas, como seria no caso da governamentalidade. E nesse aspecto, o que me chama mais a atenção é a palavra de ordem que Foucault vai fazer do ponto de vista político, essa palavra de ordem que eu enfatizo e volto muito a ela, a esse verdadeiro manifesto que Foucault escreve, também presente nesse mesmo texto *Sujeito e o poder*. Diz ele:

> O objetivo principal hoje não é o de descobrir, mas o de recusar o que somos, deve-se imaginar e construir o que poderíamos ser para nos desembaraçar desse duplo constrangimento político que são a individualização e a totalização simultânea das estruturas de poder moderno (FOUCAULT, 1994, p. 232).

Foucault, portanto, está dizendo que é possível resistir ao poder, que existe a possibilidade da liberdade, está falando também que nós não temos que descobrir o que somos, nós temos que recusar o que somos. Daí, ele vai continuar o seu manifesto e vai dizer o seguinte:

> Poder-se-ia dizer, para concluir, que o problema, ao mesmo tempo político, ético, social e filosófico que se põe a nós hoje, não é procurar liberar o indivíduo do Estado e de suas instituições, mas a de nos liberarmos a nós mesmos do Estado e do tipo de individualização que está ligado a ele, é preciso promover novas formas de subjetividade, recusando o tipo de individualidade que nos foi imposto durante tantos séculos (FOUCAULT, 1994, p. 232).

Foucault está apresentando neste momento um tema que não aparece nas pautas políticas tradicionais; ele está falando de um problema político, ético, social e filosófico que é, portanto, problema político, que é o de nos liberarmos das injunções do Estado que estão presentes em nós mesmos. De um lado, há uma saída para isso e Foucault escreve sobre isso num texto maravilhoso que ele fez em homenagem a Deleuze, no Prefácio da edição americana do livro *Anti-Édipo: capitalismo e esquizofrenia*, de Deleuze, que foi publicado nos *Dits et écrits III* sob o título Préface (texto n° 189); é um texto sobre o fascismo no cotidiano, em nossa vida e nos nossos pensamentos mais corriqueiros.

Mas no *O sujeito e o poder* Foucault vai falar quais são as lutas políticas, as lutas de resistência e o que está em jogo na política hoje, na pauta das lutas, das lutas originais e específicas de hoje em dia:

> As lutas que existem hoje são lutas que põem em questão o estatuto do indivíduo, de um lado, elas afirmam o direito à diferença e sustentam tudo que pode tornar os indivíduos verdadeiramente individuais; por outro lado, elas atacam tudo que pode isolar o indivíduo, cortá-lo dos outros, cindir a vida comunitária, constranger o indivíduo a se desdobrar sobre si e a se vincular à sua identidade própria (FOUCAULT, 1994, p. 226-227).

Essas são lutas, portanto, contra o governo pela individualização. Veja que ele está pondo em pauta uma questão que pouca gente levanta, o que soa muito estranho, nós termos que discutir como questão política, o indivíduo. Continuando, ele vai dizer no mesmo texto:

> De uma maneira geral, pode-se dizer que há três tipos de luta: as que se opõem às formas de dominação (étnicas, sociais e religiosas); as que denunciam as formas de exploração que separam um indivíduo do que ele produz; (homenagem de Foucault aos marxistas e à Marx, Foucault nunca foi, ele não é favorável ao

neoliberalismo e é a favor das lutas pela eliminação da alienação, ele nunca foi anticomunista ferrenho, e ele está falando disso aqui: nós temos que denunciar as formas de exploração que separam o indivíduo do que ele produz) e aquelas que combatem tudo que liga o indivíduo a ele mesmo e assegura assim, sua submissão aos outros (lutas contra o assujeitamento, contra as diversas formas de subjetividade e de submissão) (Foucault, 1994, p. 227).

Vejam, portanto, que a pauta política de Foucault está sendo muito mais original do que se pode supor, ele está afirmando que é a questão subjetiva que está em jogo nas lutas políticas. Ele vai continuar, vai falar no mesmo texto das três fases, nas quais essas três formas de luta existem. Evidentemente, a luta contra a exploração ocorreu a partir do século XIX. Mas ele vai dizer que hoje, agora, é a luta contra as formas de assujeitamento, contra a submissão da subjetividade que prevalece cada vez mais, mesmo se as lutas contra a dominação e a exploração não tenham desaparecido, bem pelo contrário, mas o que interessa a ele são as lutas contra a submissão e o assujeitamento.

No meu entender, Foucault vai tentar fazer, na última fase de sua obra, a tentativa de mostrar três saídas que ele viu na luta contra o assujeitamento; três saídas que, portanto, podem ser entendidas como saídas políticas, como invenções políticas.

A primeira delas, Foucault vai apresentar no que ele chama de vida artista, que não é, alerto, uma vida artística. Ele vai opor à vida artística com outra palavra, com outra expressão, que ele chama de vida artista. Na entrevista intitulada À propos de la généalogie de l'éhtique: un aperçu du travail en cours, e publicada no quarto volume de *Dits et Écrits*, na edição comemorativa de 1994, o filósofo vai fazer duas declarações sobre a questão da vida artista, que são absolutamente formidáveis. Primeira delas:

> O prazer por si pode perfeitamente ter uma forma cultural como prazer pela música, e deve-se bem compreender que trata-se aí de alguma coisa muito diferente do que se chama interesse ou egoísmo – veja que ele está opondo aí, até em termos morais um tipo de forma de vida assujeitada, que é uma forma de vida baseada no interesse ou no egoísmo – seria interessante ver como no século XVIII e XIV toda uma moral do interesse foi proposta e inculcada na classe burguesa, por oposição, sem dúvida, às artes de si mesmo, que se poderia encontrar nos meios artísticos críticos e a vida artista, o dandismo constituíram outras estéticas da existência opostas às técnicas de si, que eram características da cultura burguesa (Foucault, 1994, p. 629).

Portanto, há uma forma de vida, uma forma de vida de espectro cultural, que tem um alcance político, que é uma vida indivídua, e que tem também um alcance coletivo, que é isso que ele vai chamar de vida artista. Nesse mesmo texto, ele vai novamente falar dessa vida artista, e dizer, num daqueles exageros que tinha de vez em quando, o seguinte:

> Deve-se ia fazer uma história das técnicas de si e das estéticas de existência no mundo moderno, eu invoquei há pouco a vida artista que teve uma importância tão grande no século XIX. Mas poderia também encarar a Revolução, não simplesmente como um projeto político, mas como um estilo, um modo de existência com sua estética, seu ascetismo, formas particulares de relação a si e aos outros (FOUCAULT, 1994, p. 629).

Estamos, portanto, falando de uma revolução que está vinculada a uma estética da existência. Outra saída que ele vai dar a essa submissão da subjetividade é a amizade. Michel Foucault tem uma profunda admiração pela amizade como forma cultural, ele vai fazer essa análise da amizade em muitos textos, muitas vezes discutindo a amizade como questão bastante vinculada ao homossexualismo, que o interessa bastante. Mas ele também vai lembrar que amizade pode ser uma vida antitética, pode levar a uma vida que, de alguma maneira, é antitética à da cultura burguesa com a sua moral do interesse. Em outra entrevista, também publicada no último (4°) volume do *Dits et Écrits*, ele vai dizer o seguinte:

> A amizade tinha também implicações econômicas e sociais – o indivíduo deveria ajudar seus amigos etc. Eu penso que, do século XVI ao XVII, vê-se desaparecer esse gênero de amizades, sobretudo na sociedade masculina (FOUCAULT, 1994, p. 744).

Continuando, ele afirma: "O exército, a burocracia, a administração, as universidades, as escolas, etc. – ao menos no sentido que têm hoje – não podem funcionar com amizades intensas" (FOUCAULT, 1994, p. 744).

Ou seja, as instituições burguesas só podem existir enquanto instituições sem grandeza e sem generosidade, como se fossem um grande dispositivo, grandes máquinas que ajudassem a desenvolver nos indivíduos toda mesquinharia que eles podem produzir em si mesmos e com outros.

Finalmente, eu vejo uma terceira saída em Foucault dessa forma de assujeitamento, no que ele chama de vida filosófica – é isso me deixou absolutamente fascinado no seu curso *A coragem da verdade*, já que eu ouvi isso da boca dele numa conferência aqui no Brasil, em 1975, à qual eu fui por acaso, jovem estudante, para fazer número. Ele vai lembrar em *A coragem da verdade*, ao contrário do que muita gente diz, que há uma possibilidade de transformação de si mesmo e de contestação e de resistência ao poder hegemônico na modernidade, no surgimento disso que ele chama de vida filosófica.

Então, eu diria, portanto, que Foucault vê três possibilidades de saída, de contestação à submissão e ao assujeitamento. O primeiro seria a vida artista, o segundo seria a amizade e, finalmente, a vida filosófica. Numa passagem de *Coragem da verdade*, que eu acho uma coisa absolutamente maravilhosa, ele diz o seguinte:

> Desde a origem da filosofia e talvez até hoje, a despeito de tudo, o Ocidente sempre admitiu que a filosofia não é dissociável de uma existência filosófica, que a prática da filosofia deva ser um pouco como que uma espécie de exercício de vida (FOUCAULT, 2009, p. 171).

Fazer filosofia sem ter uma vida filosófica, portanto, seria uma contradição para Foucault. Por isso, ele vai complementar esta frase dizendo que 'é nisto que a filosofia se distingue da ciência' (FOUCAULT, 2009, p. 171). A vida do cientista pode não ter implicação com seu pensamento, mas a vida do filósofo tem. Ademais, Foucault vai lembrar, nesse mesmo curso, *A coragem da verdade*, que a filosofia é preparação para a vida, que o filósofo deve ser aquele que deve cuidar de uma vida filosófica e, portanto, sustenta que a filosofia é uma instância de realização de outra vida nesta vida. De que vida? Uma vida que só é realizada por aquele que executa um projeto de uma vida filosófica e que, portanto, tem que sair do assujeitamento, tem que sair da submissão da subjetividade. O filósofo cria sua vida e a si mesmo.

Para finalizar, eu gostaria de lembrar sobre uma característica muito curiosa do pensamento de Foucault, que é um pensador libertário, e que compreendeu que nós temos que lutar dentro de nós mesmos para nos liberar dos pequenos fascismos que habitam a nossa vida, que habitam a nossa existência cotidiana. E ele também descrê de todos os projetos políticos grandiloquentes que foram criados no século XX. A esse respeito, numa passagem que eu acho muito inspiradora, Foucault afirma:

> Eu creio que uma das grandes constatações que nós fizemos depois da segunda guerra foi o fracasso de todos os programas sociais e políticos. Nós percebemos que as coisas não se produzem tais como os projetos políticos nos descrevem e os programas políticos tem sempre ou quase sempre conduzido a abusos, seja a uma dominação política de parte de um grupo, seja de técnicos, ou de burocratas. E uma das realizações dos anos 60 e dos anos 70 que eu considero como uma realização benéfica, é que certos modelos institucionais foram experimentados sem programa (FOUCAULT, 1994, p. 746).

Continua ele mais à frente:

> é um fato que a vida cotidiana das pessoas mudou desde o início dos anos 60 e agora em minha própria vida é testemunha disso. Essa mudança, evidentemente, nós não devemos aos partidos políticos, mas a inumeráveis movimentos. Esses movimentos sociais transformaram nossa vida, nossa mentalidade e nossa atitude, assim como mudaram a atitude e a mentalidade de outras pessoas, de pessoas que não pertenciam a esses movimentos e aí existe alguma coisa muito importante, muito positiva, e eu repito: não são as velhas organizações políticas tradicionais e normais que permitiram esse exame (FOUCAULT, 1994, p.746).

Vejam, portanto, que Michel Foucault faz uma chamada e uma convocação, que é muito interessante, de que nós podemos, de que nós temos que iniciar movimentos políticos em outras bases e com outros desenhos. Movimentos que se iniciam a partir de nós mesmos. Nós temos que nos tematizar como grande questão política, pois só a partir daí é que vão os movimentos sociais que transformam a nossa vida e a vida dos outros. Porque o que interessa em política, hoje em dia, não é mais fazer os outros entrarem num movimento "organizado", mas de contaminar os outros com os movimentos que surgem em nós mesmos enquanto pessoas livres, sem amarras partidárias e muito distantes do jogo jurídico-político.

Referências

FOUCAULT, M. Préface. In: _____. *Dits et Écrits, III*. Édition établie sous la direction de Daniel Defert et François Ewald. Paris: Gallimard, 1994. p. 133 a 136.

FOUCAULT, M. Le sujet et le pouvoir. In: _____. *Dits et Écrits, IV.* Édition établie sous la direction de Daniel Defert et François Ewald. Paris: Gallimard, 1994. p. 222-242.

FOUCAULT, M. À propos de la généalogie de l'éthique: un aperçu du travail en cours. In: _____. *Dits et Écrits, IV.* Édition établie sous la direction de Daniel Defert et François Ewald. Paris: Gallimard, 1994. p. 609-631.

FOUCAULT, M. Michel Foucault, un interview: sexe, pouvoir et l'identité. In: _____. *Dits et Écrits, IV.* Édition établie sous la direction de Daniel Defert et François Ewald. Paris: Gallimard, 1994. p. 735-746.

FOUCAULT, M. *Sécurité, territoire, population*. Paris: Seuil/Gallimard, 2004.

FOUCAULT, M. *Le courage de la verité. Le gouvernement de soi et des autres II*. Paris: Seuil/Gallimard, 2009.

Política e ação no pensamento de Michel Foucault: conexões entre poder, saber e discurso

Haroldo de Resende

> *Mas o que há, enfim, de tão perigoso no fato de as pessoas falarem e de seus discursos proliferarem indefinidamente? Onde, afinal, está o perigo?*
> Michel Foucault

Foucault: professor-pesquisador

O pensamento de Foucault, expresso em seus ditos e escritos, estabelece uma ligação direta e autêntica com sua ação política como um sujeito histórico, comprometido com seu tempo e situado no seu espaço de luta. O arco que descreve o conjunto de sua obra também acompanha sua trajetória naquilo que essa mesma obra representa como ação de um intelectual ligado à problemática de sua atualidade. Nesse sentido, é plausível afirmar que Foucault foi um homem de palavra, por tudo o que com as palavras conectou ao seu pensamento e à sua ação. *A força de Michel Foucault em seus cursos se devia a esse sutil cruzamento entre uma erudição científica, um engajamento pessoal e um trabalho baseado no acontecimento* (EWALD; FONTANA, 1999, p. XII).

Seu pensamento não pode ser separado de sua ação política, seja como um intelectual pesquisador militante, seja nas atividades inerentes à sua prática de professor, canal por excelência, através do qual seu pensamento ganhou vida em ação docente. De modo que *pesquisa e ensino constituem dois elementos ou momentos indissociáveis na tentativa de* pensar de outro modo, *tarefa que o professor Foucault sempre se propôs* (NOGUEIRA-RAMÍREZ, 2011, p. 73).

Foucault lecionou no Collège de France entre os anos 1971 e 1984, até sua morte, excetuando-se o ano 1977, em que se beneficiou de licença sabática. O Collège de France apresenta regras específicas e peculiares para seu funcionamento, com a frequência dos alunos (ouvintes) livre, sem requerer inscrição ou matrícula e, ao mesmo tempo, não conferindo diplomas ou certificados. A organização do trabalho docente diz respeito ao cumprimento de 26 horas anuais de ensino, de modo que o professor, todos os anos, deve apresentar uma pesquisa original, o que leva à constante renovação dos conteúdos. *Michel Foucault abordava seu ensino como um pesquisador: explorações para um livro vindouro, também desbravamento de campos de problematização, que formulavam antes como um convite lançado a eventuais pesquisadores* (EWALD; FONTANA, 1999, p. XI-XII).

Será, especificamente, a partir de uma aula do curso de 1976, do professor Michel Foucault, além dos resultados de uma investigação do pesquisador Michel Foucault publicados com o título *A vida dos homens infames* que se busca trabalhar, neste texto, aspectos da relação entre poder, saber e discurso, tendo como pano de fundo o entendimento de que as intervenções teórico-práticas do filósofo professor constituem ações decisivas para outras compreensões da realidade.

Na primeira aula do curso *Em defesa da sociedade*, ministrada no dia 7 de janeiro de 1976,[1] Foucault faz uma espécie de balanço do trabalho realizado no Collège de France, até então, especialmente sobre as pesquisas e os cursos ali realizados, posto que haviam transcorrido cinco anos desde que ele inscrevera suas palavras na ordem do discurso daquela instituição.[2] De certo modo, o que Foucault faz é uma revisitação àquela prospecção realizada em 2 de dezembro de 1970, em sua aula inaugural no Collège de France.

Naquela aula que inaugurou suas atividades no Collège de France, Foucault, anunciando a direção que daria a seus projetos naquela instituição, designa um *conjunto crítico*, no qual a proposição estabelecida é reportar, pode-se dizer, à constituição do homem em práticas discursivas,

---

[1] Essa aula foi publicada no Brasil em 1999, no livro *Em defesa da sociedade*, o qual inaugura a edição dos cursos de Michel Foucault no Collège de France. Antes, porém, havia sido publicado em 1979, sob o título *Genealogia e poder* na coletânea *Microfísica do poder*, organizada por Roberto Machado. Em francês, o curso foi editado em 1997 com o título original *Il faut défendre la societé*, e a aula avulsa foi publicada em 1994, no terceiro volume da coleção *Dits et Écrits*, com o título *Cours du 7 janvier 1976*.

[2] Desde o seu ingresso no Collège de France até aquela data, 7 de janeiro de 1976, Foucault havia desenvolvido cinco cursos: *A vontade de saber* (1970-1971), *Teorias e instituições penais* (1971-1972), *A sociedade punitiva* (1972-1973), *O poder psiquiátrico* (1973-1974) e *Os anormais* (1974-1975), cujos resumos foram redigidos e registrados no *Annuaire du Collège de France*, logo em seguida de sua realização, momento em que Foucault, de maneira retrospectiva, esclarecia os propósitos e os objetivos de cada curso. É de se notar que o conjunto desses cinco cursos que antecedem o de 1975-1976 é caracterizado pelas *ofensivas descontínuas* que ele descreve nessa aula.

à análise das instâncias de controle do discurso (objetivação); e outro *conjunto genealógico*, em que se volta para a constituição do homem em formações efetivas do discurso (subjetivação), de modo que esses dois conjuntos nunca são completamente dissociáveis um do outro, diferindo entre si muito mais quanto à perspectiva e ao ponto a ser abordado do que quanto ao objeto.

Já nesse balanço dos últimos cinco anos, refletindo sobre o seu fazer docente e sua prática investigativa, argumenta que o trabalho de pesquisa não poderia, de outro modo, ser tornado público, divulgado, senão pelo ensino, que ele chama de *declaração pública*. Em seguida, de certa maneira, inventaria, num olhar retrospectivo, o que desenvolveu naqueles cinco anos passados, constatando que houve, na realização das pesquisas, um andamento fragmentário, repetitivo e descontínuo, sem que formassem um conjunto coerente caracterizado por uma unidade. Por causa disso, ele dirá:

> Eu me sentia um pouco como um cachalote que salta por cima da superfície da água, deixando nela um pequeno rastro provisório de espuma, e que deixa acreditar, ou quer acreditar, ou talvez acredite efetivamente, que embaixo, onde não o vemos mais, onde não é mais percebido nem controlado por ninguém, ele segue uma trajetória profunda, coerente e refletida (FOUCAULT, 1999, p. 7).

Castro observa que nessa primeira aula que inicia o curso daquele ano de 1976, diferentemente das aulas inaugurais dos cursos anteriores, em que além de expor o tema com o qual trabalharia ao longo do ano com o objetivo de fazer ver suas retomadas e modificações e ao mesmo tempo mostrar o percurso feito até o momento, Foucault dimensiona seu trabalho no campo do político, considerando, inclusive, sua própria existência e, portanto, situando-o e situando-se no pensamento e na ação, no jogo político entre pensar e agir.

> [...] a primeira lição do curso de 1976, a de 7 de janeiro, apresenta um aspecto diferente. Com efeito, aqui Foucault [...] começa, todavia, por situar politicamente seu trabalho, incluindo sua própria existência. Em um curso dedicado aos conceitos de guerra e de luta como analisadores do poder, e que teve lugar em meados da década de 1970, com tudo o que isto significa, se pode dizer que este início era quase uma imposição (CASTRO, 2006, p. 63).

Nesse olhar retrospectivo através do qual dimensiona politicamente seu trabalho, Foucault também contabiliza suas investigações no âmbito do contexto da produção intelectual daquele momento, situando-as na ordem de produção e no regime da crítica daquele momento histórico, período cuja característica teórico-política é a eficácia das ofensivas dispersas e descontínuas.

Foucault explica, justificando literariamente a caracterização de suas pesquisas daqueles últimos cinco anos, como fragmentárias, repetitivas e descontínuas, como sendo correspondente ao que se poderia denominar de *preguiça febril*, aquela que acomete os apreciadores de arquivos, bibliotecas, acervos antigos, documentos empoeirados, livros esquecidos por séculos; *preguiça febril* típica da *inércia atarefada* dos que professam um saber em vão, uma *erudição inútil*. Mas, para além da *erudição inútil*, Foucault também vai explicar que a caracterização de seu trabalho como fragmentário, repetitivo e descontínuo é, sobretudo, resposta a uma questão política; trata-se da ligação entre erudição e saberes sujeitados. Nessa direção, podem ser citadas como exemplo as ofensivas à instituição psiquiátrica, ao aparelho judiciário e penal e à moral sexual tradicional.

Foucault argumenta que a realização de seu trabalho poderia ser justificada tendo em vista a sua conveniência para aquele momento histórico demarcado nos últimos 15 ou 20 anos, cuja caracterização poderia ser feita por aquilo que ele chama de *eficácia das ofensivas descontínuas* que tem como correlato o caráter local da crítica, o caráter pontual, específico, indicando uma produção teórica autônoma, livre de um regime de verdade único e que, por sua força vital, se opunha ao *efeito inibidor* inerente às teorias totalitárias e englobantes numa mesma unidade teórica discursiva. A esse respeito ele dirá:

> Nos últimos dez ou quinze anos, a imensa e prolífera criticabilidade das coisas, das instituições, dos discursos; uma espécie de friabilidade geral dos solos, mesmo, talvez sobretudo, os mais familiares, os mais sólidos e os mais próximos de nós, de nosso corpo, de nossos gestos de todos os dias; é isso que aparece. Mas, ao mesmo tempo que essa friabilidade e essa espantosa eficácia das críticas descontínuas e particulares, locais, descobre-se, por isso mesmo, nos fatos, algo que talvez não estivesse previsto no início: seria o que se poderia chamar de efeito inibidor próprio das teorias totalitárias, quero dizer, em todo caso, das teorias envolventes e globais (FOUCAULT, 1999, p. 10).

Para Foucault, nesse apanhado através do qual avalia seu trabalho, o que caracteriza a produção teórica daqueles últimos anos, no âmbito da qual se insere também, obviamente, a sua própria produção, é o *caráter local da crítica*, como uma produção autônoma, livre, descentralizada, fora de um epicentro teórico, sem prescindir de uma ordem discursiva unificada para o estabelecimento de sua validade. Por outro lado, essa produção, na efetivação dessa crítica local, segundo ele, foi possível pela *reviravolta de saber*, entendida como *insurreição dos saberes sujeitados*.

Saberes sujeitados, discursividade e poder

Antes de prosseguir é interessante ressaltar a noção de poder com a qual Foucault trabalha no delineamento de seu projeto: o poder não se limita às relações econômicas, funcionando essencialmente na manutenção das relações de produção, perpetuando uma dominação de classe. Ao contrário, o poder, ou melhor dizendo, os poderes e suas relações, seus efeitos, seus jogos, funcionam como uma força geratriz de legitimidade, como algo que produz efeitos de verdade, consubstanciando assim, o legítimo, o insuspeitável, pela instituição de um discurso único, inabalável, sistematicamente construído sobre bases científicas.

Como o poder seria sem dúvida, agradável e fácil de desmantelar, se limitasse a vigiar, espiar, surpreender, proibir e punir; mas incita, suscita, produz; não é apenas olho e ouvido; faz agir e falar (FOUCAULT, 1992a, p. 123). Destaca-se assim o poder, como relação, com sua capacidade de produção. Ou seja, o poder não está centrado ou concentrado num lugar específico; é relacional, difuso. Não é algo que simplesmente reprime, mas também produz efeitos.

Em sua aula, Michel Foucault apresenta duas conceituações para *saberes sujeitados*. Num primeiro bloco, designa como tais os conteúdos históricos soterrados, camuflados em funcionamentos coerentes ou formações sistemáticas. São saberes ocultados no interior de coerências funcionais ou sistematizações formais. Foucault ressalta que a realização da crítica daqueles últimos anos só foi possível pelo aparecimento desses conteúdos históricos, uma vez que somente esses conteúdos possibilitaram a descoberta da clivagem das lutas e dos embates que os funcionamentos coerentes e as sistemáticas organizações objetivam esconder, mascarar.

> [...] os "saberes sujeitados" são blocos de saberes históricos que estavam presentes e disfarçados no interior dos conjuntos funcionais e sistemáticos, e que a crítica pôde fazer reaparecer pelos meios, é claro, da erudição (FOUCAULT, 1999, p. 11).

Num segundo bloco, define como saberes sujeitados toda a série de saberes desconsiderados, qualificados como incompetentes ou vistos como elaborados de modo insuficiente. Trata-se dos conhecimentos que são hierarquicamente desqualificados na escala das credenciais científicas, são os *saberes ingênuos*.

> Por "saberes sujeitados", eu entendo igualmente toda uma série de saberes que estavam desqualificados como saberes não conceituais, como saberes insuficientemente elaborados: saberes ingênuos, saberes hierarquicamente inferiores, saberes abaixo do nível do conhecimento ou da cientificidade requeridos (FOUCAULT, 1999, p. 12).

Foucault argumenta que foi pelo reaparecimento desses saberes submergidos, desses saberes de baixo, locais, desqualificados que foi realizada a crítica naqueles anos recentes. Ou seja, a crítica foi feita pelo ressurgimento desse tipo de conhecimento que diz respeito ao

> [...] "saber das pessoas" (e que não é de modo algum um saber comum, um bom senso, mas, ao contrário, um saber particular, um saber local, regional, um saber diferencial, incapaz de unanimidade e que deve sua força apenas à contundência que opõe a todos aqueles que o rodeiam) (FOUCAULT, 1999, p. 12).

Na análise de Foucault, o acoplamento entre saberes eruditos e saberes desqualificados cientificamente foi a energia vital da crítica aos discursos monolíticos, totalizantes. Essa fusão entre o saber desfalecido da erudição e o saber descredenciado pelos critérios científicos foi decisiva para o estabelecimento da crítica daqueles 15 anos em que os saberes foram revolvidos e os discursos, libertados e ressignificados, instituindo práticas descoladas de verdades gerais e absolutas. De certo modo as realizações de pesquisas, a produção de conhecimentos até ali parece marcar a modificação do lugar dos discursos na instituição de verdades.

Ainda que pareça paradoxal reunir na mesma categoria de saberes sujeitados tanto aqueles saberes da erudição sepultados (criteriosos, meticulosos) como aqueles desqualificados cientificamente (particulares, pontuais, regionais), Foucault argumenta que em ambas as formas de saber trata-se do *saber histórico das lutas*. Ou seja, nas duas formas de saber sujeitado, repousava o *saber histórico da luta*. Nos dois domínios mantinha-se, até então, a subordinação da *memória bruta dos combates*. De modo que o acoplamento dos saberes eruditos com as memórias locais estabeleceu o delineamento do que Foucault explica, em sua aula, sobre a genealogia.

> E assim se delineou o que se poderia chamar uma genealogia, ou, antes, assim se delinearam pesquisas genealógicas múltiplas, a um só tempo redescoberta exata das lutas e memória bruta dos combates; e essas genealogias como acoplamento desse saber erudito e desse saber das pessoas só foram possíveis, e inclusive só puderam

> ser tentadas, com uma condição: que fosse revogada a tirania dos discursos englobadores, com sua hierarquia e com todos os privilégios das vanguardas teóricas (FOUCAULT, 1999, p. 13).

Os exercícios genealógicos – possibilitando a constituição de um saber histórico das lutas travadas, atualizando este saber no manejo de táticas atuais – não operam com a oposição da unidade abstrata da teoria aos múltiplos fatos reais; não se trata de promover a desclassificação de especulações, opondo-as a critérios e rigores de um conhecimento científico.

> Trata-se, na verdade, de fazer que intervenham saberes locais, descontínuos, desqualificados, não legitimados, contra a instância teórica unitária que pretenderia filtrá-los, hierarquizá-los, ordená-los em nome de um conhecimento verdadeiro, em nome dos direitos de uma ciência que seria possuída por alguns. As genealogias não são, portanto retornos positivistas a uma forma de ciência mais atenta ou mais exata. As genealogias são, muito exatamente, anticiências (FOUCAULT, 1992b, p. 13-14).

O projeto genealógico, portanto, não é uma atividade positivista ou um empirismo; seu objetivo precípuo é insurgir saberes contra a pretensão de um bloco monolítico de saber, que em sua dominação acaba por produzir efeitos de poder. Assim, o empreendimento genealógico pode ser entendido como tática contra a instituição e os efeitos, tanto de poderes como de saberes advindos da hegemonia do discurso considerado científico.

A *insurreição dos saberes* corresponde ao embate dos saberes subordinados contra os efeitos do poder que emanam da instituição e do modo de funcionar o discurso científico, de caráter monolítico, no âmbito de uma sociedade como a nossa. Pode-se dizer, portanto, que a atividade genealógica, reativando e potencializando conteúdos históricos e saberes locais opõe-se à hierarquização científica do conhecimento e seus efeitos de poder. A *insurreição dos saberes* não se dá propriamente contra conteúdos, métodos e critérios de uma ciência, e sim contra os efeitos de poder relacionados ao modo como funciona, na sociedade, a discursividade científica, com sua pretensão de plena legitimidade.

O empreendimento genealógico seria, portanto, o desassujeitamento dos saberes históricos, tornando-os libertos, capazes de se oporem e de lutarem contra os enquadramentos coercitivos de um discurso teórico unitário, formal e científico. De maneira que a reativação dos saberes locais em oposição à hierarquia científica dos saberes e os efeitos de poder decorrentes dessa hierarquia consistem na tática de intervenção de desassujeitamento dos saberes a partir das discursividades locais.

Foucault, observando que a situação de disputa dos saberes havia mudado naqueles últimos anos, indaga sobre a relação de forças daquele momento presente, em que os saberes desenterrados se encontravam. Assim, põe em questão se tais saberes se posicionavam de modo favorável no jogo de forças estabelecido, fora de assujeitamentos, e indaga ainda acerca da possibilidade desses saberes, ao serem ativados, libertos e postos em circulação, correrem o risco de serem *recolonizados* e anexados nas lógicas da discursividade unitária, produzindo, por sua vez, efeitos de saber-poder. Ou seja, a questão é: os saberes desenterrados da vala do esquecimento e da desconsideração e postos em circulação por uma empreitada genealógica não estariam à mercê de uma recodificação pelo *discurso unitário* a ponto de serem novamente *colonizados*?

A essa indagação Foucault responderá que tais fragmentos de genealogia estarão cumprindo seu papel no cenário dos conhecimentos se forem mantidos em liberdade, sem querer forjar uma construção monolítica de um discurso que tudo abrigue em uma unidade como uma metanarrativa. Pode-se pensar, neste sentido, que o importante é a sempre provocativa desestabilização do que quer se manter intacto, estável. O que confere validade a um projeto genealógico é a vulnerabilização e as fissuras que provoca no solo teórico unificado e sólido da discursividade científica dominante. Mais que a mudança, vale o gesto de mudar; mais que a liberdade, importa o movimento para libertar; mais que luta e embates, o essencial é lutar e enfrentar o combate.

Encaminhando para o fim dessa aula de 7 de janeiro de 1976 e já anunciando o que seria desenvolvido no curso daquele ano,[3] Foucault esboça considerações sobre aquilo que está em jogo nos empreendimentos genealógicos realizados até aquele momento e que ele resume numa curta questão: *O que é o poder? Ou melhor – por que a pergunta: "O que é o poder?"* (FOUCAULT, 1999, p. 19). O que Foucault irá questionar é se seria suficiente a análise do poder, ou dos poderes, pela mera dedução econômica.

Na direção de escapar de uma abordagem economicista do poder, consubstanciada num esquema analítico atrelado à economia de forma secundária, como algo funcional, destinado a servir o sistema econômico para sua solidificação e manutenção, Foucault observa que se depara

---

[3] O esquema traçado para o curso daquele ano foi o problema da guerra na sociedade civil, da guerra como princípio histórico de funcionamento do poder. De modo que ganha relevância o tema *de que o poder tem a incumbência de defender a sociedade, deve-se ou não entender que a sociedade em sua estrutura política é organizada de maneira que alguns possam se defender contra os outros, ou defender sua dominação contra a revolta dos outros, ou simplesmente ainda, defender sua vitória e perenizá-la na sujeição?* (FOUCAULT, 1999, p. 26).

com duas hipóteses maciças: o poder como mecanismo de repressão que se articula à concepção do poder como direito original, tendo como matriz do poder político o contrato; e, de outra parte, o poder como enfrentamento das forças bélicas, como embate de forças que disputam numa guerra.

> Portanto, dois esquemas de análise do poder: o esquema contrato-opressão, que é, se vocês preferirem, o esquema jurídico, e o esquema guerra-repressão, ou dominação-repressão, no qual a oposição permanente não é a do legítimo, como no esquema precedente, mas a oposição entre luta e submissão (FOUCAULT, 1992b, p. 24).

Foucault situa os seus empreendimentos genealógicos até ali desenvolvidos no esquema guerra-repressão. De modo que escapam da análise econômica, operando com uma noção de poder como exercício, como ação e não como algo que se dá ou se troca.

No intuito de mostrar aspectos do manejo de ferramentas genealógicas, deslocando o poder de enquadramentos econômicos ou jurídicos, toma-se aqui como exemplo o ensaio *A vida dos homens infames*,[4] cuja publicação se deu no ano seguinte àquela primeira aula do curso *Em defesa da sociedade*, estando alinhado, não só temporalmente, mas sobretudo, à noções desenvolvidas naquele curso.

Esse ensaio constitui parte dos resultados de pesquisa com base nos arquivos do internamento do Hospital Geral e da Bastilha, acervo sobre o qual Foucault recorrentemente se debruçou, desde a *História da loucura*. De antologia, da qual o texto era a introdução, tal projeto transformou-se na efêmera coleção Les vies parallèles, pela Editora Gallimard, na França, em 1978, com a publicação do memorial de Herculine Barbin, por Foucault. O trabalho dessa pesquisa mostra efetivamente uma ofensiva contra as generalizações dominantes, um ataque à totalização teórica de um discurso unívoco. Trata-se de uma estratégia de luta contra a instância unitária de conhecimento.

A vida dos homens infames descreve a efetivação de um trabalho de genealogia no qual são focalizadas vidas, histórias, histórias de

---

[4] Originalmente, o texto *A vida dos homens infames* foi publicado na França no número 29 da revista *Les cahiers du chemin*, editada pela editora Gallimard, em 1977; posteriormente fez parte do terceiro volume de *Dits et Écrits*, tendo sido publicado no Brasil, no quarto volume da versão brasileira dessa coleção. A versão aqui utilizada é a da edição portuguesa publicada num livro que, além do prefácio dos tradutores António Fernando Cascais e Eduardo Cordeiro, traz outros dois textos de Foucault, *A escrita de si* e *O que é um autor?*, sendo este último o que nomeia a coletânea.

vidas comuns, ordinárias. Munido de ferramentas genealógicas, Foucault faz brilhar saberes locais, pontuais, específicos. Trata-se de *uma antologia de existências. Vidas de algumas linhas ou de algumas páginas, desditas e aventuras sem números, recolhidas numa mão-cheia de palavras. Vidas breves, achadas a esmo em livros e documentos* (FOUCAULT, 1992a, p. 89-90).[5] Nesse texto, Foucault explicita critérios metodológicos da genealogia, mostrando o afloramento de discursos que representam o encontro de indivíduos com o poder; indivíduos sem fama, sem glória, sem história, sem nome; são configurações históricas singulares que a genealogia faz fulgurar.

O traço diferencial que se opõe às outras tantas vidas contemporâneas e circunstantes a essas *vidas infames* é o seu entrecruzamento com o poder, sem o que tais existências nunca teriam sido conhecidas ou registradas.

> Para que algo delas chegasse até nós, foi porém necessário que um feixe de luz, ao menos por um instante, as viesse iluminar. Luz essa que vem do exterior. Aquilo que as arranca à noite em que elas poderiam, e talvez devessem sempre, ter ficado, é o encontro com o poder: sem este choque, é indubitável que nenhuma palavra teria ficado para lembrar o seu fugidio trajeto (FOUCAULT, 1992a, p. 97).

O fulgor de tais existências está no seu cruzamento com o poder, no seu contato fugaz com ele, no estabelecimento de momentâneas relações, provocando a ação que fez dar origem aos registros desses encontros, fosse por conta da vigilância sobre aquelas vidas, fosse pela escuta de suas queixas e solicitações. Enfim, por qualquer intervenção que tenha resultado julgamento e decisão. Todas aquelas vidas que passariam ilesas e à mercê de todo discurso, desaparecendo sem nunca terem sido ditas ou escritas. É por sua desdita ou desventura singular que adquirem um átimo de vivacidade, uma semente de luz, resistente ao tempo, no confronto, ainda que passageiro, com o poder.

> O ponto mais intenso das vidas, aquele em que se concentra a sua energia, encontra-se efetivamente onde elas se confrontam

---

[5] Alguns exemplos dessas *vidas infames* catalogadas por Foucault: o caso do internamento de um frade sob alegação de apostasia, sodomia, sedição, e capacidade para *os maiores crimes*, além de ser *ateu até mais não poder ser*; o caso de uma ama abandonada pelo marido e que reclamava a sua prisão, alegando que os filhos nada mais poderiam esperar do pai, a não ser o exemplo das consequências da total ausência de regras, sendo poupados de tão *aviltante instrução* com sua prisão, do mesmo modo que toda a sociedade estaria livre do *mau cidadão*, que só lhe poderia causar danos. E ainda, o caso de um empregado do comércio que depois de esgotados todos os argumentos frente à mulher desalmada para que voltasse aos seus deveres de esposa, implora por justiça *contra a mais ruim das mulheres*.

> com o poder, se batem com ele, tentam utilizar-lhe as forças ou escapar-lhe às armadilhas. Nas palavras breves e estridentes que vão e que vêm entre o poder e as existências mais inessenciais, é sem dúvida aí que estas últimas encontram o único momento que alguma vez lhes foi concedido; é o que lhes dá, para atravessarem o tempo, o pouco de fulgor, o breve clarão que as traz até nós (FOUCAULT, 1992a, p. 99).

O insignificante, o pormenor sem importância, a inglória, o banal, portanto o *infame*, o lado mais obscuro e mais cotidiano da existência na sua bifurcação com linhas políticas é que provoca a produção de uma discursividade. Quer dizer, as variações particulares do comportamento, as brigas, as vergonhas, os segredos, os excessos, as paixões, os sofrimentos tornaram-se pelo uso das *lettres de cachet*,[6] descritíveis e transcritíveis ao serem mediatizados por tal mecânica de poder e, fazendo nascer, pois, variadas possibilidades de discurso, configurando-se numa imensa massa documental, da qual Foucault reúne fragmentos da existência de homens obscuros a partir do diálogo que, por acaso, infortúnio ou ódio, estabeleceram com o poder.

> Daí, para nós que olhamos de longe este primeiro afloramento do cotidiano no código do político, as estranhas fulgurações, qualquer coisa de pungente e de intenso, que haverá de perder-se posteriormente, quando se fizerem, daquelas coisas e daqueles homens, "processos", atualidades de jornal, casos (FOUCAULT, 1992a, p. 122-123).

Considerações finais

O modo, ou os modos, como Foucault maneja as ferramentas genealógicas demarcam sua ação, tanto como professor e, especialmente, como pesquisador, ancorada num campo político, como um combatente, como um intelectual preocupado em ligar suas palavras às suas atividades. Essa ligação pode ser observada nos dois textos aqui privilegiados. No primeiro, que é o texto de uma aula, a genealogia é descrita como tática na ativação de saberes, libertando-os da sujeição, tornando-os aptos a

---

[6] As *lettres-de-cachet* são documentos datados mais ou menos entre 1660 e 1760, que não constituíam leis ou decretos, mas ordens do rei dirigidas a uma pessoa em particular, cujo comportamento fosse tipificado como indesejável. Configuravam-se, sobretudo, num instrumento de punição, resultando na prisão do indivíduo, que deveria permanecer recluso por tempo indeterminado. Em sua maioria, a iniciativa de emitir as *lettres-de-cachet* não era do rei, que delas se ocupava apenas em alguns casos, como em matérias concernentes ao Estado. Sua emissão, pela monarquia, advinha de solicitações dos súditos pelos mais diversos motivos.

se oporem e lutarem contra a coerção de um discurso onipotente. Já no segundo texto, é descrito o uso metodológico da genealogia para dar luz a módicos e mórbidos episódios de triviais existências na relação com o poder, configurando, assim, um outro modo de produzir saber, bem como outra forma de abordar o poder.

Tem-se por um lado a genealogia atuando numa clivagem mais teórico-política, ao ser descrita como tática, como estratégia, como arma contra as dominações de um discurso dominante, atacando-o em seus meios e instrumentos. Por outro lado, a genealogia é a própria estratégia operando num aspecto metodológico, analisando historicamente condições políticas de produção de discursos, verificando a atuação, a mediatização do poder em vidas determinadas, no que havia de mais torpe e banal na sua existência concreta, local.

Em ambos os casos a questão do discurso aparece de modo tenaz, como materialidade, historicidade. Na aula é explorada a obliteração, o apagamento de discursos locais, regionais, descontínuos, pelo discurso avalizado e balizado em uma *instância teórica unitária*. Já em *A vida dos homens infames*, a discursividade é a matéria produzida a partir do diálogo entre aqueles homens de má fama e baixa reputação com mecanismos de poder. No primeiro, pelo menos em algum aspecto, o discurso é escamoteado, enquanto que no outro, age no sentido de fazer aparecer, manifestar discursos. Trata-se de ações do poder, em direções quase opostas, mas que mostram operações sobre saberes e a discursividade desses saberes na luta da verdade.

O ponto de contato desses dois textos, a sua força atávica, é a abordagem do poder, numa leitura que o desestatiza e, ao mesmo tempo, o retira de enquadramentos estabelecidos pelas relações econômicas e jurídicas, enxergando-o em suas formas díspares, oblíquas, diversas e mutantes. Ao mesmo tempo, demarcam o campo de ação do professor e do pesquisador Michel Foucault como um intelectual específico que marca posição no embate de forças em torno da verdade, que, com suas táticas e munições genealógicas, ao elaborar novos saberes e os divulgar, contribui para a constituição de uma nova política da verdade.

Ambos os textos mostram a abordagem genealógica do poder na sua relação com o discurso e a instituição da verdade, com a *vontade de verdade* e, num certo sentido, autenticam a própria ocupação específica de Foucault como intelectual comprometido com os modos de circulação da verdade na sociedade. Pois é no embate da verdade, no combate que há em torno dela, que a posição do intelectual, seja ele professor, seja ele pesquisador, pode ganhar significação geral e provocar efeitos que não se reduzem ao campo profissional, uma vez que a atuação do intelectual se dá no nível geral do regime de verdade que preside a estrutura e o funcionamento social.

O próprio Foucault irá dizer que não se trata de uma guerra pela verdade, mas de uma luta em torno do estatuto da verdade no modo de se estruturar e funcionar a sociedade e, ao mesmo tempo, do papel político e econômico desempenhado por ela nessa mesma sociedade. Portanto, os problemas políticos dos intelectuais devem, segundo Foucault, ser pensados nos termos verdade/poder e não nos termos ciência/ideologia. A questão política para o intelectual é a verdade.

> O problema não é mudar a consciência das pessoas ou o que elas têm na cabeça, mas o regime político, econômico, institucional de produção da verdade.
> Não se trata de liberar a verdade de todo sistema de poder – seria uma quimera, já que a verdade é, ela própria, poder –, mas separar o poder da verdade das formas de hegemonia (sociais, econômicas, culturais) no interior das quais, no momento, ela funciona (FOUCAULT, 2014, p. 34).

Nesse sentido, pode-se dizer que a função do intelectual específico, como Foucault a entendia, é cindir o poder da verdade das formas em que o discurso hegemônico se instaura. É modificar o regime através do qual a verdade é produzida, conduzida e constantemente reconduzida; é ocupar uma posição específica e local no *esquema guerra-repressão* em que se opõem luta e submissão, o que coaduna a própria noção de poder trabalhada por Foucault em sua aula que inaugura o curso de 1976: *o poder é a guerra, é a guerra continuada por outros meios* (FOUCAULT, 1999b, p. 22).

Referências

CASTRO, E. Leituras da modernidade educativa. Disciplina, biopolítica, ética. In: GONDRA, J.; KOHAN, W. (Orgs.). *Foucault 80 anos*. Belo Horizonte: Autêntica, 2006. p. 63-77.

EWALD, F.; FONTANA, A. Prefácio. In: FOUCAULT, M. *Em defesa da sociedade*. Tradução de Maria Ermantina Galvão. São Paulo: Martins Fontes, 1999.

FOUCAULT, M. A vida dos homens infames. In: _____. MOTTA, M. de B. da (Org.). *Estratégia, poder-saber*. Tradução de Vera Lucia Avellar Ribeiro. Rio de Janeiro: Forense Universitária, 2003. p. 203-222. (Coleção Ditos e Escritos). v. IV

FOUCAULT, M. A vida dos homens infames. In: _____. *O que é um autor?* Tradução de António Fernando Cascais. Lisboa: Vega/Passagens, 1992a. p. 89-128.

FOUCAULT, M. Cours du 7 janvier 1976. In: *Dits et Écrits III*. Édition établie sous la direction de Daniel Defert et François Ewald. Paris: Gallimard, 1994. p. 160-174.

FOUCAULT, M. *Em defesa da sociedade*. Tradução de Maria Ermantina Galvão. São Paulo: Martins Fontes, 1999.

FOUCAULT, M. Entrevista com Michel Foucault. In: _____. MOTTA, M. de B. da (Org.). *Genealogia da ética, subjetividade e sexualidade*. Tradução de Abner Chiquieri. Rio de Janeiro: Forense Universitária, 2014. p. 13-34. (Coleção Ditos e Escritos). v. IX.

FOUCAULT, M. Genealogia e poder. In: _____. *Microfísica do poder*. Tradução de Roberto Machado. 10. ed. Rio de Janeiro: Graal, 1992b. p.167-177.

FOUCAULT, M. La vie des hommes infâmes. In: *Dits et Écrits III*. Édition établie sous la direction de Daniel Defert et François Ewald. Paris: Gallimard, 1994. p. 237-253.

FOUCAULT, M. *Resumo dos cursos do Collège de France (1970-1982)*. Tradução de Andréa Daher. Rio de Janeiro: Jorge Zahar, 1997.

NOGUEIRA-RAMIREZ, Carlos Ernesto. A governamentalidade nos cursos do professor Foucault. In.: BRANCO, Guilherme Castelo; VEIGA-NETO, Alfredo (Orgs.). *Foucault: filosofia & política*. Belo Horizonte: Autêntica, 2011.

A crítica da noção de identidade e atualizações contemporâneas da estética da existência: feminismo(s), movimentos LGBT e política *queer*

Maria Rita de Assis César

As (in)evitáveis capturas...

Entre os movimentos sociais contemporâneos, feminista e LGBT (Lésbicas, Gays, Bissexuais e *Trans**),[1] acirraram-se os debates e as reivindicações promovidos pelos movimentos sociais que tratam das questões de gênero e sexualidade, com ênfase não mais no conceito de minoria social, mas na ideia de diversidade sexual e de gênero.[2] As abordagens teóricas e políticas empregadas pela maioria significativa dos grupos sociais organizados em torno da questão da diversidade sexual indicam que as estratégias têm se estabelecido no campo jurídico da conquista de direitos. Isto é, uma ênfase recai sobre a conquista e o reconhecimento de direitos individuais e dos grupos abarcados por tais movimentos sociais, remetendo, sobretudo, ao campo do reconhecimento de identidades específicas e dos direitos individuais, isto é, o direito de lésbicas, gays, bissexuais, transexuais e travestis.

A partir da década de 1990, os movimentos homossexuais cresceram e se dividiram em diferentes grupos marcados pelo recorte das

---

[1] Embora a sigla LGBT tenha sido produzida no âmbito das políticas pautadas nas identidades de gênero e orientações sexuais, para este texto é incorporada uma nomenclatura produzida por parte dos movimentos sociais, isto é, o neologismo trans*. Isso significa um conjunto de subjetividades e práticas sociais que incluem as experiências transexuais, travestis, trangêneros, entre outras, e marca a ideia de movimento e de trânsito.

[2] É importante observar que na última década o conceito de minoria ou minoria social foi abandonado, tanto nas produções teóricas quanto nas práticas discursivas das políticas públicas, como também nas dinâmicas dos grupos sociais organizados, em nome do conceito de diversidade sexual. Diversidade sexual é o tema-conceito utilizado hoje tanto para a reivindicação de direitos como para a elaboração de políticas públicas de igualdade e de combate à violência contra a população LGBT.

identidades sociais e jurídicas, tendo como foco as demandas específicas de cada grupo ou identidade específica. A partir desse processo de divisão e multiplicação dos grupos sociais começa a ocorrer uma radicalização das políticas específicas para as diferentes identidades de gênero e orientações sexuais no Brasil. Com a criação dos diferentes grupos sociais representativos de cada identidade singular, as siglas proliferaram e se transformaram. Por um lado, a multiplicação das siglas e a inversão da ordem de prioridade das letras é representativa das lutas, embates e conquistas no interior dos próprios grupos. Por outro lado, conforme as siglas se estabelecem, observam-se as especificidades e a consolidação das alianças no campo social e jurídico com o Estado.[3]

No contexto dessa nova relação entre o Estado e os movimentos LGBT, estes últimos são convocados a exercer o papel de consultores do Governo Federal na criação e consolidação de políticas públicas específicas para esse e outros segmentos da população. Esta aliança entre Estado e movimentos sociais LGBT começou a se formar nos anos 2000 com o governo do Presidente Luís Inácio Lula da Silva, que criou secretarias especiais, com estatuto de ministério, tais como a Secretaria Especial de Política para as Mulheres (SEPM) e a Secretaria de Direitos Humanos (SDH), além de implementar, com a ajuda dos movimentos LGBT, o programa Brasil sem Homofobia.[4] Se, por um lado, observa-se um conjunto importante de conquistas sociais para a população LGBT, por outro lado observa-se também que essa aliança passou a ser o meio exclusivo da escuta, do diálogo e do estabelecimento de políticas e ações de combate ao preconceito e à violência. Mesmo se essas relações nunca se solidificam por completo, pois sempre há avanços e recuos na relação do Estado com os movimentos LGBT, observa-se no cenário político brasileiro a consolidação de políticas LGBT exclusivamente encaminhadas por grupos sociais organizados em torno das identidades sexuais e de gênero, os quais se concebem como sujeitos identitários que reivindicam direitos.

---

[3] A sigla inicial, GLTB (Gays, Lésbicas, Transexuais e Bissexuais), tornou-se depois LGBT (Lésbicas, Gays, Bissexuais e Transexuais), LGBTT (Lésbicas, Gays, Bissexuais, Transexuais e Travestis), LGBTTT (Lésbicas, Gays, Bissexuais, Transexuais, Travestis e Transgêneros) e LGBTTTI (Lésbicas, Gays, Bissexuais, Transexuais, Travestis, Transgêneros e Intersex).

[4] O programa Brasil sem homofobia foi criado em 2004 pelo Ministério da Saúde, no âmbito do Conselho Nacional de Combate à Discriminação, e também pela Secretaria de Direitos Humanos, no interior do Programa de combate à violência e à discriminação com GLTB e promoção da cidadania homossexual, em colaboração com a Secretaria de Educação Continuada, Alfabetização e Diversidade (SECAD) do Ministério da Educação (BRASIL, 2004).

Por certo, inicia-se aí uma importantíssima dinâmica político-social em que esses novos sujeitos de direito e as novas identidades abarcadas por esses movimentos reivindicam direitos sociais e individuais que lhes foram negados em razão da identidade de gênero e da orientação sexual. Por outro lado, contudo, atualmente já é possível considerar e antever alguns dos riscos produzidos por esse processo no que diz respeito à possível normalização dessas identidades. A tal risco também se acrescenta a perda do potencial crítico, criador e transformador da ordem social e sexual, que caracterizara a originalidade dos movimentos homossexuais até meados da década de 1980. A partir de uma perspectiva teórica de inspiração foucaultiana, faz-se preciso interrogar a produção das identidades envolvidas nos processos de identificação dos sujeitos, tomando como referência a ideia de uma atualização contemporânea dos dispositivos biopolíticos de controle, regulação e veridicção presentes nas formas atuais de governamento das diferentes populações ou grupos sociais. A partir dessa perspectiva teórica foucaultiana, podemos observar como a produção de novas identidades e novos sujeitos de direitos está associada à produção de novos mecanismos de controle e regulação de corpos, modos de vida, práticas sexuais e sociais (CÉSAR, 2010).

Segundo Foucault, a formação das chamadas identidades sexuais decorre de processos históricos iniciados no século XIX, engendrados no interior daquilo que o autor denominou como o "dispositivo da sexualidade" (FOUCAULT, 1984). O autor demonstrou que o sexo e as práticas sexuais se constituíram como parte do dispositivo da sexualidade, estabelecido como uma rede de saberes-poderes atuando sobre os corpos e as populações e produzindo normatizações e normalizações de modos de vida. Assim, o sexo foi delimitado como o ponto de injunção fundamental entre o corpo e as práticas de controle das populações no século XIX. Nesse processo de estabelecimento de fronteiras, a sexualidade foi o instrumento de separação que criou delimitações entre as práticas sexuais bem-educadas e as demais, as quais, por sua vez, ocupariam lugar indefinido ou bem demarcado para além das fronteiras da normalização e da normalidade. O sexo bem-educado ou normatizado, isto é, as práticas heterossexuais, monogâmicas, consolidadas pelo matrimônio e destinadas a finalidades reprodutivas foram observadas pelos olhares e ouvidos atentos de médicos e psiquiatras, que podiam até mesmo prescrever mais sexo e a intensificação do prazer. As práticas outras, ou as sexualidades não normativas, deveriam ocupar o lugar das margens, além de serem também esquadrinhadas por médicos e terapeutas que produziram saberes que definiram as configurações e nomenclaturas desses "outros" da sexualidade – o homossexual, a histérica, o onanista e o casal *malthusiano*, como bem definiu Foucault. O conceito de sexualidade que pertence a nossa história nasceu como a justa medida de separação entre normalidade e anormalidade. Para Foucault:

> A sexualidade é o nome que se pode dar a um dispositivo histórico: não à realidade subterrânea que se aprende com dificuldade, mas à grande rede de superfície em que a estimulação dos corpos, a intensificação dos prazeres, a incitação ao discurso, a formação dos conhecimentos, o reforço dos controles e das resistências, encadeiam-se uns aos outros, segundo algumas grandes estratégias de saber e poder (FOUCAULT, 1984, p. 56).

No contexto contemporâneo dos movimentos sociais LGBT, observa-se que o velho dispositivo da sexualidade se reatualiza e se desloca, mas continua operativo no sentido de que continua a produzir "novos" sujeitos, localizados fora da norma sexual hegemônica. Desde essa perspectiva teórica, pode-se agora descrever a produção do transexual verdadeiro, isto é, a descrição de uma patologia, um corpo, um desejo específico. Afinal, a manutenção de estratégias teóricas e políticas que pressupõem um sujeito, uma identidade, um direito e uma ideia de cidadania, entendida a partir das noções de identidade e de sujeito de direito, tende a encerrar os corpos, práticas, experiências, prazeres, modos de vida ou culturas sexuais (RUBIN, 1993) no interior de processos de sujeição que, para Michel Foucault, constituem a matéria e a ação dos processos de normalização.

Assim, para além das inegáveis conquistas jurídico-políticas da comunidade LGBT, por meio da aliança entre o Estado e os movimentos sociais, podem-se observar reconfigurações de sofisticadas estratégias biopolíticas de controle e regulação da própria população LGBT, tanto do ponto de vista do Estado como também do ponto de vista dos próprios movimentos. Ou seja, com os processos de governamentalização dos movimentos, impõe-se o risco de que estes percam a capacidade criativa de crítica e autocrítica, presente em períodos anteriores da história dos movimentos de homossexuais. Nesse contexto, o preço a pagar pode ser uma participação pacificada, incluída na ordem social estabelecida, heteronormativa, ou seja, uma ordem social alicerçada na ideia de normalidade heterossexual, como já alertava Foucault no início dos anos 1980 (BOURCIER, 2001).

Além disso, como consequência desse processo de governamentalização, instaura-se a associação entre diversidade sexual e certo multiculturalismo, o qual, neste caso específico, corrobora os processos de manutenção da norma. A norma social-sexual que abarca as múltiplas culturas e a diversidade sexual continua a operar no âmbito de uma geografia de identidades que se localizam e se distribuem entre o centro e a periferia da vida social e sexual (LOURO, 2003). Nessa distribuição, o centro diz respeito à norma da heterossexualidade, enquanto a periferia é povoada pela diversidade, a qual, por vezes, participa dos ritos institucionais produzidos pelo centro, mas na maior parte das vezes ocupa o lugar da margem. Nesse processo de definição de territórios entre o mesmo e o diverso, o olhar dirigido pelo centro pode ser de rejeição e violência, assim como também de aceitação, respeito e tolerância em relação à diferença. Embora bem-intencionada em relação ao diverso, a posição "tolerante" jamais interpela a ficção que produz a separação entre o centro e a margem, entre o mesmo e outro, ou entre a unidade e a diversidade (VEIGA-NETO; LOPES, 2007).

Desse modo, no âmbito da aliança entre Estado e movimentos sociais produzem-se novas retóricas conciliatórias em relação à diversidade sexual. As narrativas do respeito e da tolerância em relação à diferença ocupam campos sociais e políticos sem que haja interrogações fundamentais sobre a produção da alteridade e das dicotomias baseadas nos corpos, desejos e práticas sexuais e sociais. Se, por um lado, a governamentalização representa enormes ganhos sociais por parte da população LGBT, por outro lado a perda é política, no sentido de que se perde a capacidade de análise e denúncia crítica dos campos e relações de força que produzem a norma e as separações entre normalidade e anormalidade. Com efeito, já é perceptível o risco da contínua reprodução de gays e lésbicas bem-comportadas/os, além de travestis e transexuais incluídos/as nas descrições e protocolos das patologias psicossexuais e normalizados por procedimentos médico-cirúrgicos.[5] A normalização da população LGBT engendrada pela produção das identidades específicas vai se manifestar tanto nas práticas e discursos do Estado como no interior dos próprios movimentos sociais, que por vezes acabam reivindicando um lugar no interior do campo da norma da heterossexualidade.[6] O gay e a lésbica conformados aos padrões da normalidade, assim como a/o verdadeira/o transexual, são figuras identitárias que foram aparecendo no interior dos movimentos sociais em razão dos processos dinâmicos de produção de

---

[5] Em geral, as conquistas das transexuais ficam praticamente restritas ao procedimento cirúrgico de redesignação vaginal (construção da neovagina). O acolhimento governamental desse procedimento e dos processos terapêuticos paralelos foi uma conquista de indiscutível importância. Entretanto, no conjunto heterogêneo de transexuais, travestis, transgêneros e intersex, nem sempre o procedimento médico-cirúrgico é a escolha que corresponde à experiência de corpo, gênero e sexualidade desses indivíduos (SANTOS, 2010).

[6] BOURCIER (2007) vem abordando a questão da homossexualidade disciplinada em relação à homoparentalidade e ao direito ao casamento.

identidades, a partir do momento em que indivíduos e práticas sexuais-sociais foram considerados enquanto sujeitos de direitos. Em razão disso, a luta e a aquisição de direitos estão diretamente relacionadas aos processos de identificação, visto que os grupos sociais passaram a se formar em torno de uma identidade comum. No presente, mulheres, gays, lésbicas, bissexuais, transexuais, travestis, transgêneros e intersex constituem-se como grupos estabelecidos em razão do compartilhamento da ideia de identidade, entendida como essência comum, destino biológico ou direcionamento do desejo.

Por uma estética da existência ou a *queerização* da vida...

Ao ser indagado sobre as reivindicações de direitos dos homossexuais em entrevistas concedidas na década de 1980, Michel Foucault explicitou interrogações que ainda nos parecem válidas. Já então Foucault se preocupava com as limitações que as conquistas de direitos poderiam produzir sobre o modo de vida gay, enfraquecendo o seu potencial de questionamento e transformação de outros tipos de relações sociais. Segundo Foucault, "Não se trata somente de integrar essa prática bizarra que consiste em fazer amor com alguém do mesmo sexo nos campos culturais preexistentes; trata-se de criar formas culturais" (FOUCAULT, 2002, p. 308). Nessas entrevistas ele já explicitava clara preocupação em relação aos limites presentes nessa forma de luta social pela aquisição de direitos, pois a aceitação de práticas sexuais homossexuais no interior de uma ordem heterossexual não seria capaz de operar transformações sociais substantivas.

Em contraposição aos processos de governamento e controle desses novos corpos inseridos no tecido social, os quais operam a partir da juridificação dos sujeitos das práticas sexuais "bizarras", penso que o conceito foucaultiano de estética da existência permite refinar a crítica em relação ao universo semântico da identidade e do direito, na medida em que introduz a problematização da relação ético-política a partir das práticas de si para consigo e de si para com os outros. Com o conceito de estética da existência, abre-se espaço para a consideração da capacidade ético-política de invenção e criação de novas formas de vida, de sociabilidade e de afetividade. Enfim, a introdução da noção ampla de estética da existência abre espaço para discussão e questionamento dos padrões normalizadores, heterônomos e identitários que formatam o indivíduo contemporâneo, ao aprisioná-lo em rígidas identidades previamente definidas. Com efeito, introduz-se uma discussão crítica dos padrões institucionais e institucionalizados, que pautam, muitas vezes, os atos e as palavras dos militantes dos novos movimentos sociais. As práticas refletidas de liberdade da estética da existência são processos reflexivos de constituição autônoma de si mesmo que sempre implicam os outros, isto é, são práticas e discursos nos quais os agentes se tornam autonomamente quem são por meio de suas lutas políticas de resistência contra os poderes heterônomos de sujeição e domesticação do indivíduo moderno. Como salientou Foucault, "o que eu quero analisar são práticas, é a lógica imanente à prática, são as estratégias que sustentam a lógica dessas práticas e, por conseguinte, a maneira pela qual os indivíduos, livremente, em suas lutas, em seus afrontamentos, em seus projetos, constituem-se como sujeitos de suas práticas ou recusam, pelo contrário, as práticas que lhes são propostas. Eu acredito solidamente na liberdade humana" (FOUCAULT, 1994, p. 693).

Outras reflexões de Foucault em meados dos anos 1980 sugerem que suas últimas pesquisas sobre a Antiguidade greco-romana jamais deixaram de ter em mente suas virtuais implicações para o nosso tempo. Assim, respondendo a uma questão sobre os direitos dos gays em outra entrevista, Foucault chama a atenção para o aspecto criativo, extrajurídico, do movimento gay, ao recordar os importantes efeitos liberadores implicados nos movimentos políticos do final dos anos 1960 e início dos anos 1970. Por certo, ele reconhece que tais movimentos contribuíram para assegurar o "direito" do indivíduo de "escolher" sua sexualidade. No entanto, a despeito daqueles ganhos jurídicos, Foucault também afirma que seria preciso "dar um passo adiante" no sentido de estimular a "criação de novas formas de vida, de relações, de amizade, na sociedade, na arte, na cultura, novas formas que se instaurem através de nossas escolhas sexuais, éticas e políticas. Devemos não somente nos defender, mas também nos afirmar, e nos afirmar não somente enquanto identidade, mas enquanto força criativa" (FOUCAULT, 1994, p. 736). Para Foucault, a modificação das possibilidades de vida é o que realmente importa na consideração daqueles movimentos: "Mais do que defender que os indivíduos têm direitos fundamentais e naturais, deveríamos tentar imaginar e criar um novo direito relacional que permitisse que todos os tipos possíveis de relações pudessem existir e não fossem impedidas, bloqueadas ou anuladas por instituições empobrecedoras do ponto de vista das relações" (FOUCAULT, 1994, p. 310). O momento de multiplicação e maior visibilização dos movimentos gays é também aquele no qual Foucault ministrou os seus últimos cursos no Collège de France sobre a estética da existência, não sendo casual, portanto, que no momento mesmo em que Foucault refletia sobre a questão da amizade no mundo antigo, ele também apresentasse as relações de amizade como possibilidade de resistência política contemporânea, capaz de instaurar novas formas de relação entre as pessoas. Nesse contexto, Foucault afirma estar interessado em:

> [...] uma cultura que inventa modalidades de relações, modos de vida, tipos de valores, formas de troca entre indivíduos que sejam realmente novas, que não sejam homogêneas nem se sobreponham às formas culturais gerais. Se isso for possível, a cultura gay não será então simplesmente uma escolha de homossexuais por homossexuais. Isso criará relações que podem ser, até certo ponto, transpostas para os heterossexuais (FOUCAULT, 1994, p. 311).

O processo ético de autoconstituição se dá justamente por meio das práticas de resistência que questionam o primado das identidades sociais, abrindo o sujeito para novas formas de relação consigo, com os demais, e, portanto, com o mundo. Como afirmou Foucault, "hoje o principal objetivo não é descobrir quem somos, mas recusar o que somos. Precisamos imaginar e construir o que poderíamos ser a fim de nos desembaraçarmos desta forma de 'dupla constrição' política que são a individualização e a totalização simultâneas das estruturas do poder moderno" (FOUCAULT, 1994, p. 232). À luz das considerações precedentes, aquilo que Foucault denominou como "atitude" de modernidade poderia ser entendido como um agir crítico-reflexivo sobre si mesmo e sobre os outros, isto é, como um processo autônomo de individualização que engaja e requer os outros, bem como exige e requer a problematização do presente. Tal ação de reflexão crítica sobre o presente, sobre si mesmo e sobre os outros é assumida e levada a cabo como forma de resistência em relação aos poderes que constituíram o sujeito assujeitado, condição central para que se instaurem novas formas de relação consigo e com os outros, mais livres e mais autônomas:

> Poderíamos dizer ... que o problema simultaneamente político, ético, social e filosófico que se nos coloca hoje não é o de ensaiar a liberação do indivíduo em relação ao Estado e suas instituições, mas de nos liberar a nós mesmos do Estado e do tipo de individualização que a ele se relaciona. Precisamos promover novas formas de subjetividade ao recusar o tipo de individualidade que se nos impôs durante séculos (FOUCAULT, 1994, p. 232).

As práticas foucaultianas de autoconstituição ético-política do sujeito se desdobram, pois, nas atitudes críticas do questionamento e da resistência combativa contra aquilo que hoje se nos mostra como certo, natural ou inquestionável, tal como a tendência dos novos movimentos sociais feminista, LGBT e dos projetos educacionais para encerrarem-se nos estreitos limites da identidade.

Finalmente, quanto à questão da problematização da sexualidade na escola, é decisivo que ela se dê no âmbito das novas perspectivas dos estudos pós-estruturalistas e pós-identitários de gênero, para que possamos recusar os lugares definidos para as dicotomias entre masculino e feminino, além de reconstruir os significados dos corpos, dos desejos e dos prazeres. Essa perspectiva "epistemológica" se encontra com as teorizações *queer*, produzindo questionamentos sobre os limites dos discursos sobre o sexo e a sexualidade marcados por uma concepção naturalizada, a-histórica e monolítica (LUHMANN, 1998). Nessa ótica, o sexo está confinado à sua percepção biológica, responsável por delimitar a fronteira entre os sujeitos: masculino/feminino, heterossexual/homossexual e normal/anormal. A teoria *queer*, partindo das indagações de Foucault e Butler, representa um acervo importante de novas perguntas, pois não é prescritiva, questionando principalmente as condições de possibilidade do conhecimento (SPARGO, 2007). Contra as abordagens da sexualidade marcadas pelo sistema heteronormativo de correspondência entre sexo-gênero, a teoria *queer* traz à tona a discussão não somente sobre a constituição dos sujeitos da sexualidade, como também sobre os próprios limites daquele modelo de construção de conhecimento e o quanto cada sujeito ou grupo suporta (des)conhecer. Nesse sentido, a teoria *queer* demonstra que o sexo, o corpo e o próprio gênero são construções culturais, linguísticas e institucionais geradas no interior das relações de saber-poder-prazer. A teoria *queer* recusa a incorporação da alteridade no modelo hegemônico da norma sexual e social, argumentando que esta seria uma ação originária das "políticas de tolerância", que assumem a existência do binômio normal/anormal e, portanto, tendem a pacificar e normatizar, na medida do possível, a alteridade. Ao contrário disso, a teoria *queer* questiona as condições de possibilidade do conhecimento que produz a norma sexual e social.

Não apenas como diagnóstico, a teoria *queer* constitui, ela mesma, a possibilidade de novos modos de vida e existência, chamando a atenção para as experiências de não captura e contraconduta em relação ao corpo, ao desejo e as práticas sexuais e sociais. Todos os movimentos sociais que abrem mão das identidades sociais e jurídicas em nome das experiências abrem caminho para uma vida *queerizada*. Cabe lembrar que movimentos como a Marcha das Vadias, o transfeminismo e as inúmeras experiências de escrita e práticas de vida que propõem e praticam uma *queerização* da vida, dos corpos, dos desejos e sobretudo das experiências realizam práticas de liberdade, resistência e contraconduta. *Queerizar* a vida significa [to] "take a walk on the wild side" (Lou Reed).

Referências

BOURCIER, M.-H. L'homosexus normaticus entre mariage unidimensionnel et droits sexuels. *Movements*, v. 1, n. 49, p. 8-15, 2007.

BOURCIER, M.-H. *Queer Zones. Politiques des identités sexuelles, des representations et des savoirs*. Paris: Balland, 2001.

BRASIL. Conselho Nacional de Combate à Discriminação. *Brasil sem homofobia*. Programa de combate à violência e à discriminação contra GLTB e promoção da cidadania homossexual. Brasília: Ministério da Saúde, 2004.

CÉSAR, M. R. de A. (Des)governos... biopolítica, governamentalidade e educação contemporânea. In: *ETD – Educação Temática Digital*, Campinas, n.12, p. 224-241, 2010.

FOUCAULT, M. *História da sexualidade. A vontade de saber*. Rio de Janeiro: Graal, 1984. v. I.

FOUCAULT, M. *Dits et Écrits*. Paris: Gallimard, 1994. v. IV.

FOUCAULT, M. *Dits et Écrits*. Paris Gallimard, 2002. v. II.

LUHMANN, S. Queering/ Queering Pedagogy? Or Pedagogy is a Pretty Queer Thing. In: PINAR, W. F. (Ed.) *Queer Theory in Education*. Mahwah, NJ: Lawrence Erlbaum Associates, 1998.

LOURO, G. L. Currículo, gênero e sexualidade. O "normal", o "diferente" e o "excêntrico". In: LOURO, G. L.; NECKEL, J. F.; GOELLNER, S. V. (Orgs.) *Corpo, gênero e sexualidade. Um debate contemporâneo na educação*. Petrópolis: Vozes, 2003. p. 41-52.

RUBIN, G. Thinking Sex. Notes for a Radical Theory of the Politics of Sexuality. In: ABELOVE, H.; BARALE, M. A.; HALPERIN, D. M. (Ed.) *The Lesbian and Gay Studies Reader*. New York: Routledge, 1993. p. 3-44.

SANTOS, D. B. C. *Cartografias da transexualidade: a experiência escolar e outras tramas*. Curitiba: UFPR, 2010. Dissertação (Mestrado em Educação) – Programa de Pós--Graduação em Educação, Universidade Federal do Paraná, 2010.

SPARGO, T. *Foucault y la teoría queer*. Barcelona: Gedisa, 2007.

VEIGA-NETO, A.; LOPES, M. C. Inclusão e governamentalidade. *Educação & Sociedade*, Campinas, v. 28, n. 100, out. 2007. Disponível em: <http://goo.gl/NYyu8B>. Acesso em: 22 fev. 2012.

Derivas da escrita de si

Marilda Ionta

O pensamento de Michel Foucault e sua vida são referências para importantes e diferentes pesquisadores contemporâneos. Como escreveu Paul Veyne (1998), Foucault "revolucionou a história", abriu clarões no pensamento e na produção historiográfica. Para Gilles Deleuze (1992), ele foi um grande filósofo e, sobretudo, um poderoso estilista, que movimentou conceitos criando novas maneiras de pensar, rachou as sintaxes estimulando novas formas de ver/ouvir e produziu novos *afectos*. Já para muitas feministas contemporâneas, as construções conceituais oriundas de suas análises acerca dos jogos de verdades (saber), das formas de governamentalidade (poder) e das técnicas de subjetivação (subjetividade) foram inspiradoras para criticar os discursos falocêntricos, inverter as evidências misóginas da cultura patriarcal e questionar os modos de subjetivação que nós, mulheres, desejamos promover. Como indicam os estudos feministas, as intercessões com o pensamento de Michel Foucault foram múltiplas, mas nem sempre tranquilas.

Neste texto, utilizo as reflexões de Foucault sobre a escrita de si, desenvolvidas na fase final de sua produção intelectual, buscando sublinhar as potencialidades dessa noção para os estudos feministas que se ocupam das narrativas de si de mulheres na contemporaneidade.

A escrita como tecnologia de si

Foucault discute a escrita de si em seus últimos cursos no Collège de France, entre 1982 e 1984. Nesse contexto, dedicou-se a trabalhar a ética, as estéticas da existência e o cuidado de si no mundo greco-romano, como registram também os volumes II e III da *História da sexualidade – o uso dos prazeres e o cuidado de si*. Os estudos sobre a escrita de si também se inserem nas reflexões de uma "ontologia do presente", em que Foucault questiona nossa atualidade como acontecimento e pergunta-se se é possível resistir à produção biopolítica da vida na sociedade moderna. Em outras palavras, se é possível converter seres humanos em sujeitos sem ser pela obediência e sujeição à lei e à moral, como se pode ler, por exemplo, nas reflexões desenvolvidas no curso *Do governo dos vivos* (1979-1980).

Portanto, é no marco teórico geral da tematização da cultura do cuidado de si e da problematização do sujeito que Foucault empreende a genealogia das práticas de si, entre as quais se encontra a escrita. A escrita é apresentada como uma das tecnologias de si e faz parte de um conjunto de práticas que na Antiguidade permitiam:

> [...] aos indivíduos efetuar, sozinhos ou com a ajuda de outros, certo número de operações sobre seu corpo e sua alma, seus pensamentos, sua conduta, seu modo de ser; transformar-se a fim de atingir um certo estado de felicidade, de pureza, de sabedoria, de perfeição ou de imortalidade (FOUCAULT, 2014, p. 266).

Assim, as tecnologias de si possibilitavam ao indivíduo moldar-se de forma ética e estética. Elas são práticas sociais, culturais e históricas e interagem com as tecnologias de produção, as tecnologias dos sistemas de signos e as tecnologias de poder (FOUCAULT, 2014).

Considerando a obra de Foucault no início dos anos 1980, nota-se que as reflexões sobre as práticas de si na Antiguidade foram paralelas às análises da governamentalidade, do liberalismo e da transformação do indivíduo numa empresa de si mesmo. Para Peter Pál Pelbart (2013), Foucault voltou-se para o tema das técnicas de si nesse momento, porque percebeu que elas seriam o elo que permitiria compreender o nó górdio que ata a vida, o poder e o si.[1] A partir de então, ele trabalha com uma nova ideia de sujeito, ou seja, de um sujeito que não é apenas produto das técnicas de dominação e tampouco um sujeito autônomo que independe de sua historicidade. Trata-se de um sujeito que emerge no cruzamento entre as tecnologias de dominação e as tecnologias de si. Diz ele: "Esse contato entre as tecnologias de dominação sobre os outros e as tecnologias de si, eu chamo de governamentalidade" (FOUCAULT, 2014, p. 266).

É dessa trama complexa de problematizações da constituição do sujeito que derivam as aulas do curso *Hermenêutica do sujeito* (1981-1982),

---

[1] No momento em que Foucault trabalha as técnicas de si, o poder já é tratado como ação sobre condutas e o governo é definido como "um modo de ação sobre as ações dos outros" (FOUCAULT, 2014, p. 134). Portanto, para Pelbart, a problematização do sujeito aparece na obra do filósofo não como desvio da análise biopolítica, mas porque a análise do poder sobre a vida exigia passar pelo sujeito. De um sujeito que não era apenas o reverso dos mecanismos de dominação, mas de "sujeitos livres". Pelbart sintetiza sua interpretação numa frase, para ele as técnicas de si estariam "na passagem entre uma modalidade de assujeitamento para uma modalidade de autocontrole no contexto da governamentalidade" (PELBART, 2013, p. 28).

em que Foucault discute cuidadosamente os tipos e as funções das técnicas de si na Antiguidade, isto é, da escrita e da leitura, dos exercícios corporais e espirituais, da direção da existência e da relação com o político. Nesse percurso, ele apontou a importância da escrita entre essas práticas de si na cultura greco-romana. Como ele escreve:

> O si é algo sobre o qual há assunto para escrever, um tema ou um objeto (um sujeito) da atividade de escrita. Não é nem um aspecto moderno nascido da Reforma nem um produto do romantismo; é uma das tradições das mais antigas do ocidente – uma tradição já bem estabelecida, profundamente enraizada, quando Agostinho começa a escrever suas Confissões (FOUCAULT, 2004, p. 334-335).

Porém, se há muito tempo se escreve sobre si, o que o filósofo ressaltou é que seu uso, sua forma, seu conteúdo e o sujeito da escrita modificaram-se sensivelmente ao longo da história. Ao refletir sobre as práticas de autoconstituição do indivíduo na cultura do cuidado de si, ele traçou simultaneamente a genealogia do sujeito moderno no Ocidente e os deslocamentos operados nas relações entre sujeito-verdade-subjetividade e, consequentemente, nas diferenças de conteúdo, forma e função da escrita entre antigos e modernos.

A escrita de si entre antigos e modernos

No curso a *Hermenêutica do sujeito*, Foucault delineou diversas oposições para mostrar que as relações entre subjetividade e verdade criadas na Antiguidade são distintas das constituídas na Modernidade. Acompanhar as reflexões elaboradas nas aulas desse curso nos permite compreender também as peculiaridades e as diferenças históricas que existem na arte de relatar a si mesmo. Permite entender porque a autobiografia tão familiar aos sujeitos-indivíduo modernos é estranha aos antigos. Nas correspondências de Lucílio, Sêneca e Epicuro, por exemplo, a autobiografia, a descrição de si mesmo no desenrolar da própria vida tem pouca interferência, ao contrário das cartas produzidas na sociedade moderna, nas quais se esboçam cartografias do eu.

Frédéric Gros (*apud* FOUCAULT, 2004), ao analisar o contexto do curso de 1981-1982, afirma que a oposição construída por Foucault entre Antiguidade e Modernidade é traçada de uma forma diferente e a partir de duas alternativas conceituais, isto é, entre filosofia e espiritualidade e entre conhecimento de si e cuidados de si.[2] Filosofia e espiritualidade

---

[2] Para Foucault (2004) na filosofia moderna, cujo paradigma é o cartesianismo, o acesso à verdade prescinde da exigência ética, pois o sujeito moderno pode ter acesso ao conhecimento

apontam para direções opostas, mas ambas se encontram no paradoxo do platonismo. De acordo com Foucault, o platonismo abriu uma dupla via filosófica: a do cuidado de si, que dará origem à linhagem da espiritualidade – que une *logos* e *ethos*, cuidado e conhecimento de si – e a do saber representativo – que separa sujeito e conhecimento. Como ele explica, na vertente do cuidado de si e da espiritualidade, o indivíduo irá se ocupar da seguinte questão: "O que estou fazendo de mim mesmo?" Na vertente do conhecimento de si e da filosofia, o problema é "Quem sou eu?". Essas duas questões apontam para duas formas distintas de constituição dos sujeitos: da primeira emerge o sujeito ético da Antiguidade e, da segunda, o sujeito moral da Modernidade. Mas os germes dessas duas modalidades de estruturação do sujeito encontram-se nos paradoxos do platonismo.

Assim, na linhagem da espiritualidade e do cuidado de si destaca-se o sujeito antigo, para quem a verdade é descrita, recolhida na experiência da vida, e o acesso a ela exige a transformação de si mesmo como um todo. Nesse caso, a escrita funcionava como um operador de verdade em *ethos*. Por sua vez, na matriz do pensamento filosófico que privilegia o conhecimento de si surge o sujeito decifrador de si: é o sujeito moderno, portador de uma verdade íntima, de uma natureza secreta, de uma identidade a ser revelada. A verdade é decifrada e pode ser obtida independentemente de sua transformação, devido à inalterável estrutura do sujeito cognoscente. Nesse contexto, a escrita irá assumir um caráter introspectivo e confessional.

Na linhagem da espiritualidade antiga, a escrita tinha uma função *etopoética*, visando unir *logos* e *ethos* e criar uma relação de retidão entre pensamentos e ações, moldando o caráter do indivíduo e instrumentalizando-o para agir na vida como se deve. Ela é uma das tecnologias de si que possibilitava ao indivíduo se colocar em perspectiva, não para escavar suas culpas, mas para ver o que era necessário fazer para atingir o si desejado, obter sua trans-forma-ação.

A busca pela mudança, por uma forma, exigia atitude e ação e ela começa no cuidado de si enunciado fundador da cultura greco-romana. Assim, o indivíduo se mune da coragem de recolher verdades, ditas e ouvidas para se transformar lentamente, para dotar-se de um estilo em uma existência que se movimenta incessantemente.

---

sem que isso modifique seu modo de ser. Ao contrário da espiritualidade antiga, para a qual o acesso à verdade requer a transformação do sujeito como um todo. Foucault chama de espiritualidade "o conjunto de buscas, práticas e experiências tais como as purificações, as asceses, as renúncias, as conversões do olhar, as modificações de existências, etc., que constituem, não para o conhecimento, mas para o sujeito, para o ser mesmo do sujeito, o preço a pagar para ter acesso à verdade. [...] A verdade só é dada ao sujeito a um preço que põe em jogo o ser mesmo do sujeito. Pois tal como ele é, não é capaz de verdade" (FOUCAULT, 2004, p. 19-20).

Na Antiguidade, o cuidado de si e a prática da escrita são práticas de liberdade na criação de uma relação autônoma de si para consigo, e o objeto do cuidado é o estabelecimento da harmonia entre corpo e alma. Nessa direção, a escrita é um dos elementos de meditação que serve para grafar não simplesmente a mente do indivíduo, mas seu próprio corpo; é um exercício quase físico que visa dotar o sujeito dos conhecimentos úteis que devem estar à sua disposição para serem utilizados quando necessários, isto é, em face dos acontecimentos da vida. Nesse caso, a verdade requerida está distante da noção de adquirir erudição, ou domínio de conhecimentos. Não se trata de aprender a verdade sobre o mundo ou sobre si, mas a verdade e o *logos* desejado é aquele que paramenta o indivíduo para viver, para enfrentar as vicissitudes da vida; a relação do sujeito com a verdade é de outra natureza.

Em 1983, Foucault publica, em *Corps écrit*, o seu conhecido texto *A escrita de si*, extraído de uma série de estudos sobre as artes da existência. Nesse texto, apresenta os principais tipos de escritas na Antiguidade, sua forma, conteúdo e função. Nele, Foucault mostra como a escrita funcionava como um antídoto para a ignorância e para a falta de memória.

Na Antiguidade havia duas formas de escrita fundamentais que visavam unir sujeito e verdade: os *hypomnemata* e as correspondências. Os *hypomnemata* eram suportes de lembrança das coisas ditas e ouvidas, cadernos de anotações que serviam de auxílio à memória, uma forma de memória por escrito, ou era usado para notas e reflexões pessoais. Por sua vez, as correspondências – um texto por definição destinado ao outro – ajudavam o indivíduo a aperfeiçoar-se, estimulando tanto o destinatário amigo quanto o remetente a avaliarem cuidadosamente os fenômenos que aconteciam em suas vidas cotidianas. Era um exercício para o sujeito que escrevia e para aquele que lia (FOUCAULT, 1992, p. 129-160). Vale dizer que a correspondência adquiriu especial importância na Antiguidade, e Foucault encontrou, na prática epistolar, os germes do desenvolvimento histórico dos relatos de si.

Portanto, na Antiguidade, a escrita de si estava inserida num quadro de investimentos em práticas de liberdade, práticas intersubjetivas e relacionais com o mundo exterior, que visavam à autoelaboração constante. O sujeito estava voltado para seu exterior, onde a verdade era recolhida e meditada e não revelada por Deus ou pela Ciência. Assim, entre os antigos, a escrita de si visava fortalecer a relação consigo e formar, a partir de múltiplas vozes, um corpo de princípios, uma heurística, uma unidade que amparava o indivíduo e orientava suas ações cotidianas. Os gregos utilizavam o termo *paraskeué* para caracterizar essa espécie de conhecimentos úteis que funcionavam como ferramentas para lidar com os acontecimentos. *Paraskeué* foi traduzido por Sêneca como *instructio* e seu polo oposto era a *stultitia*, a ignorância (FOUCAULT, 2004). Na Antiguidade greco-romana, cuidava-se de si, escrevia-se sobre si para superar o estado de estultice. Portanto, a escrita é um elemento de meditação que se liga a uma estetização da existência, à elaboração de uma vida bela, dotada de critérios éticos e estéticos.

Foucault, porém, não para neste ponto. O deslocamento da noção de verdade aparece cuidadosamente trabalhado no curso a *Coragem da Verdade* (1983-1984). O cuidado de si identificado por ele como cerne da ética antiga e de modo singular de estruturação do sujeito é apresentado também como o cuidado de dizer a verdade, de se colocar em risco e de exercer a liberdade de falar francamente; é, sobretudo, um cuidado do mundo e dos outros e esse foi o tema do curso de 1984.

Nesse curso, Foucault redobrou e fez ressoar a oposição entre filosofia e espiritualidade, criando, novamente a partir dos paradoxos do platonismo, uma nova bifurcação extraída da instigante leitura que ele faz do Alcebíades e do Laques. Segundo ele, Alcebíades e Laques apontam duas grandes direções da filosofia no Ocidente, na medida em que o objeto do cuidado de si para Alcebíades é alma, a *psykhé*, e para Laques é a vida, a maneira como se vive. No primeiro, a filosofia aparece como metafísica da alma, ontologia do eu, e no segundo, a filosofia emerge como elaboração de formas de vida, como estética da existência.[3] Ao analisar o círculo da verdade e da coragem, Foucault esclareceu que:

> Temos aí confrontando o Alcebíades e o Laques, o ponto de partida das duas grandes linhas de desenvolvimento da veridicção socrática através da filosofia ocidental. A partir desse tema primeiro, fundamental, comum do *didónai lógon* (dar conta de si mesmo), uma [primeira] linha vai ao ser da alma (o Alcebíades), a outra às formas da existência (o Laques). Uma vai a metafísica da alma (o Alcebíades), a outra a uma estilística da existência (o Laques). E como esse "dar razão de si" constitui o objetivo obstinadamente buscado pela *parresía* socrática – está [aí] sua equivocidade fundamental, que vai ser marcada em toda a história do nosso pensamento –, pode ser e foi entendido como a tarefa de ter de encontrar e dizer o ser da alma, ou ainda como a tarefa e o trabalho que consistem em dar estilo à existência. Nessa dualidade entre "ser da alma" e "estilo da existência" é marcado, a meu ver, algo importante para filosofia ocidental (FOUCAULT, 2011, 140-141).

---

[3] No diálogo de Alcebíades e Sócrates, pergunta-se: "mas o que quer dizer "cuidar de si mesmo"? e qual é essa coisa de que se dever cuidar?" (FOUCAULT, 2011, p. 139). Ora, são a alma e o elemento divino que nela permitem ver a verdade. Foucault esclarece que desenvolve, a partir de então, uma metafísica da alma, que se empenha em fundar o vínculo originário da *psykhé* imortal e da verdade transcendente. Por sua vez, na análise que ele faz do Laques, o objeto do cuidado não é alma, não é *psykhé*, mas a vida, *bíos*, ou seja, a maneira de viver.

Recorro a essa passagem, fazendo um corte diagonal em uma trajetória de pensamento muito mais rica e pungente, para dizer que na trilha dessas bifurcações da filosofia encontram-se também derivações para o exercício e as interpretações das narrativas de si. De um lado, a escrita de si pode ser entendida e lida como uma ontologia do eu que se ocupa em dar conta do "ser da alma", decifrar o sujeito e sua verdade contida nas linhas confessionais de sua escritura, ainda que se reconheça que elas são móveis e fragmentadas. Nessa direção, até hoje muitos estudos clássicos sobre biografia, autobiografias e correspondência, por exemplo, reatualizam a linhagem da filosofia como metafísica da alma. Trata-se, portanto, de uma via analítica que está atrelada às noções de sujeito cognoscente, autoria e identidade. De outro lado, as narrativas de si podem ser exercidas e interpretadas na via aberta pela espiritualidade antiga e estética da existência, que vão valorizar os processos de construções subjetivas, o *work in progress* dos indivíduos. É nessa matriz de pensamento filosófico que as reflexões sobre a escrita de si de Michel Foucault se inserem.

A noção de escrita de si foucaultiana opera com outras concepções de sujeito, verdade e subjetividade. Ela exibe o colapso das teorias do sujeito transcendental, da decifração si e da identidade. Para ele, as construções subjetivas são processos simultâneos de subjetivação e dessubjetivação, que atravessam os corpos dos indivíduos num processo contínuo de elaboração de si nas redes do saber e do poder. Nessa invenção constante de si mesmo, o preço a pagar é a coragem da verdade na relação de si para consigo: "Coragem do dizer-a-verdade quando se trata de descobrir a alma. Coragem do dizer-a-verdade também quando se trata de dar à vida forma e estilo" (FOUCAULT, 2011, p. 140).

Na arqueogenealogia empreendida sobre as práticas de si, Foucault foi buscar, em nossa tradição ocidental, uma forma de escrita de si oposta à escrita confessional que dá tom às narrativas de si na Modernidade. A escrita de si dos antigos foi substituída pela confissão, o sujeito voltou-se para seu interior e a verdade não será mais recolhida e construída como no caso da estética da existência estoica tampouco dramatizada na vida como no caso da estética da existência cínica.

Ainda que não seja possível reabilitar a escrita de si dos antigos na atualidade, as reflexões de Foucault sobre as práticas de si, nas quais se inclui a escrita, são potencialmente profícuas para análises das narrativas de si construídas na Modernidade. Elas permitem destacar nos relatos de si construídos pelos indivíduos-sujeitos sua inventividade, sua singular fabricação e a historicidade dos modos de produção de subjetividade. O pensamento foucaultiano gera ferramentas que permitem visualizar a contingência das concepções de sujeito e da sua relação com verdade ao longo da história. A noção de escrita de si desenvolvida pelo filósofo possibilita desconstruir a ilusão biográfica, apontando que o desejo de estabelecer coerência e linearidade para a existência, que emerge das escritas autobiográficas contemporaneamente, corresponde ao sujeito moderno, aquele que dissociou o que pensa do que faz e que pode ter acesso à verdade sem mudar seu modo de ser.

Os estudos feministas, por sua vez, apontaram que a tradição autobiográfica comprometida com as teorias do sujeito possui uma conexão direta com um tipo de subjetividade masculina na qual as mulheres foram pouco incorporadas, pelo menos até o século passado. Como escreveu Luce Irigaray, "toda e qualquer teoria do sujeito foi sempre apropriada pelo masculino" (1992, p. 133).

Assim, para as feministas comprometidas com a recusa da identidade imposta historicamente às mulheres e engajadas com a expansão da liberdade, as trilhas abertas por Foucault, com a perspectiva de escrita como prática de si e, por conseguinte, como prática de liberdade, são inspiradoras e politicamente importantes. Isso porque Foucault constrói um arsenal teórico, político e ético que permite olhar para narrativas de si das mulheres, confessionais ou não, desnaturalizando o sujeito mulher e problematizar as condições de produção das subjetividades femininas. Do ponto de vista teórico, possibilita desconstruir as categorias de sexo e gênero socialmente criadas e cristalizadas através dos tempos (BUTLER, 2003), implodir as identidades fixas (BRAIDOTTI, 2000) e questionar radicalmente os modelos de feminilidade impostos social e historicamente. Em outras palavras, possibilita libertar as mulheres da identidade mulher, como afirmou lapidarmente Elizabeth Grosz (2013). Permite, inclusive, criticar os limites e as possibilidades das lutas empreendidas pelas mulheres contemporaneamente, em especial as lutas políticas de reivindicação identitárias que buscam o reconhecimento do Estado e a normalização das relações sociais.

As narrativas de si femininas e feministas

Com Foucault aprendemos que o sujeito-indivíduo ao narrar a si mesmo está em permanente processo de construção subjetiva, que a escrita pode funcionar tanto como prática de liberdade (autoelaboração) como de sujeição (confissão). Por sua vez, compreende-se com os estudos feministas que homens e mulheres relatam a si mesmo de formas diferentes. Frequentemente, as mulheres produzem uma literatura de si que se distancia das narrativas heroicizadas e individuais, como costuma aparecer nas autobiografias masculinas, conforme apontam Smith (1991) e Rago (2013). Elas podem ou não desconstruir os estereótipos de gênero; nada garante que uma literatura de si seja um exercício de liberdade. Pois, como apontou

Margaret McLaren (2002), as narrativas de si equilibram-se perigosamente num exercício de sujeição e subjetivação simultâneo.

Entretanto, o exercício é um exercício de individualização e, nos dois casos, as leituras feministas a partir da noção de escrita de si, proposta por Foucault, podem ser frutíferas. No primeiro, isto é, as narrativas de si de mulheres marcadas pelo tom simbólico do íntimo e que não rompem com a escrita confessional podem ser lidas a contrapelo. Essas narrativas focando a vivência feminina e dando visibilidade à memória do mundo privado, a casa, o corpo, a maternidade, etc., podem ser lidas para mostrar a desvalorização, a violência e a segregação social que relegavam as mulheres para um plano subalterno de dependência e repressão. Nesse sentido, a representação de vidas privadas no interior de uma narrativa assume seu caráter político, e as leituras feministas denunciam as práticas sociais misóginas e marginalizantes, isto é, os mecanismos de sujeição.

As narrativas de si realizadas pelas mulheres podem ser lidas também para compreender os processos de subjetivação e o caráter ético e estético na construção de si e das singularidades femininas. Nesse caso, as interpretações feministas das narrativas de si ressaltam os espaços de liberdade nos processos de construção dos indivíduos e descortinam os múltiplos modos femininos e feministas de existência, estimulando a criação de novas artes de lidar com a vida na contemporaneidade.

Assim, a partir das veredas abertas por Foucault, interpreto as narrativas de si construídas por mulheres em cartas, blogs e poéticas visuais. Leio essas narrativas não para recuperar a verdade das experiências de vida das mulheres, tampouco procuro decifrar a identidade dos sujeitos ou descobrir a essência das autoras por trás das aparências de suas cartas, pinturas e blogs, mas para destacar nessas produções escritas e visuais, com traços autobiográficos, a fabricação de uma experiência e a historicidade dos modos de produção de subjetividades femininas.

Encontro, por exemplo, nas cartas privadas e íntimas da artista plástica paulista Anita Malfatti (1889-1964), da musicóloga e folclorista mineira Oneyda Alvarenga (1911-1984) e da poeta mineira Henriqueta Lisboa (1904-1985), traços comuns de uma posição histórica de desvalorização e opressão feminina. Suas missivas são "cartas de pijama", para usar uma expressão do escritor Mário de Andrade, ou seja, são marcadas pela privacidade, intimidade e introspecção, mas o enredo que pode ser extraído desses rascunhos da existência é o da dor, da luta e do árduo trabalho sobre si mesmas, para escapar dos encarceramentos identitários que pesavam sobre as mulheres nas primeiras décadas do século XX no Brasil. Em suas correspondências, elas questionaram as fronteiras entre o público e o privado, ficção e realidade, a intimidade e a política, o eu e o tu. Daí o caráter eminentemente político que pode ser extraído da escrita de si dessas mulheres. Arquitetas de si mesmas, elas conquistaram seus lugares no espaço público e na história da cultura no Brasil (IONTA, 2007).

Usando as ferramentas foucaultianas com propósitos feministas, analiso também a narrativa de si produzida pela artista Adelina Gomes (1916-1984). Interpreto a poética de si construída por essa mulher como exercício de autoconstituição incessante num contexto de extrema opressão. Mulata, pobre e filha de camponeses, Adelina viveu 47 anos internada no Centro Psiquiátrico Nacional de Engenho de Dentro. Na oficina de arte e terapia dessa instituição, criada por Nise da Silveira, em 1946, Adelina produziu aproximadamente 17.500 obras, entre pinturas, esculturas e outros trabalhos manuais. Recusando a terapia tradicional, ou seja, a confissão, Adelina construiu com tinta, traços e cores uma narrativa de si, na qual o corpo sexuado apresenta uma poética do delírio, uma poética potente, que nos leva a refletir sobre o corpo recalcado e os desejos contidos, e a problematizar as questões da feminilidade e os jogos discursivos que constroem representações sociais que encarceram as mulheres. Ela nos fala de violência, de medos, de labirintos, de intensos sofrimentos. Em 1958, Adelina pintou a mais terrível entre as personagens que a assediava em alucinações: "a gigantesca mulher com cabeça de cão" (AMENDOEIRA, 2008).

Figura 1 – Adelina Gomes, *Sem título*, 1959, Tombo 180. Óleo sobre tela, 61,4 x 46,3 cm. Coleção Adelina Gomes, Museu Imagens do Inconsciente

Nessa pintura, Adelina exibe a mulher criatura/monstro num contexto onírico e mítico, que num gesto brusco parece expulsar homens e mulheres do paraíso. De suas imagens artísticas, emerge uma narrativa de si que não pretende ser documento de prova, sinceridade ou de realidade de sua subjetividade feminina, mas que transgride as fronteiras entre animal, vegetal e humano. Ela dá visibilidade ao inormatizável da sexualidade feminina, ao incontrolável que escapa à razão e à cultura, bem como às representações masculinas das mulheres. Ela desbanca o sujeito mulher e sua fundação, lançando-o à sua própria dissolução.

Figura 2 – Adelina Gomes, *Sem título*, 1970, Tombo 8529. Óleo sobre papel, 48 x 33 cm. Foto: Rosana Lobato, Coleção Adelina Gomes, Museu Imagens do Inconsciente

Dos relatos de si de Adelina Gomes, emergem as violências materiais e simbólicas que investem sobre os corpos das mulheres. A despeito da fixação e do reconhecimento de sua identidade como uma mulher histérica, esquizofrênica, pelo saber médico, ela inventou-se cotidianamente como artista (IONTA, 2014). A história de Adelina Gomes nos remete novamente a Foucault, que insistiu tanto em dizer que a liberdade não é uma propriedade, não é simplesmente uma conquista de reconhecimento num contexto de direito liberal que a sociedade do contrato assegura ao sujeito moderno, mas a possibilidade de reinvenção constante.

Das narrativas de si dessas mulheres sobressaem invenções, derivas da escrita de si confessional, como também da intimidade. Nessa direção, as poéticas de si visuais e escritas criadas por essas mulheres podem ser lidas como uma "literatura menor", no sentido apontado por Gilles Deleuze e Félix Guattari (2003), isto é, como linhas de fuga, como uma narrativa que mina, corrói, desterritorializa e desafina o coro dos contentes comprometidos com os cânones e a ordem falocêntrica, como fazem as jovens blogueiras feministas, escreventes dos blogs www.cuscasdasgajas.blogspot.com e www.oregabofe.com.blogspot, a exemplo de muitos outros blogs feministas.

Inseridas em um paradigma digital em que o poder é fluido, exercido em espaço aberto e nutrido por tecnologias de última geração, as jovens blogueiras encontram-se em novas condições materiais e subjetivas de produção da escrita. Nesse novo cenário, o eu ganha formato digital, a confissão se torna pública e a intimidade converte-se em simulacro.

Agenciando os dispositivos contemporâneos, as escreventes de blogs produzem coletivamente uma literatura de si que dá visibilidade à fragmentação, à heterogeneidade, à multiplicidade e ao movimento performático incessante. Elas rasgam o sujeito essencialista, identitário e sedentário e exibem subjetividades nômades, isto é, aquelas que não têm pouso e repouso (BRAIDOTTI, 2000).

De maneira crítica e/ou irônica, utilizando componentes verbais e não verbais, com recursos de imagens e sons, elas descontroem qualquer sentido de identidade fixa, criticam os estereótipos misóginos e os discursos da domesticidade feminina, como se pode notar nas imagens a seguir.

Figura 3 – Releituras contemporâneas de Anita. (Disponível em: <http//www.cuscasdasgajas.blogspot.com>. Acesso em: 2 fev. 2009).

As escreventes divulgam uma nova enunciação sobre o controle e a normatização da subjetividade feminina sem recorrer aos discursos políticos tradicionais. Assim, longe dos discursos feministas das décadas de 1960/70, elas apresentam uma narrativa feminista mais leve, mais irônica, sem por isso ser menos combativa. A ironia e a paródia parecem ser as formas privilegiadas das jovens para atribuir sentido e significação às lutas empreendidas pelas mulheres contemporaneamente. Como afirma Linda Hutcheon (1985), na paródia há uma imitação com distanciamento crítico tanto do texto original quanto do reescrito. Ela é uma forma de (des)locar, (in)tranquilizar ou (des)confortar e, certamente, esse é um dos objetivos desse blog. Esses dois blogs de mulheres são apenas alguns exemplos da quantidade e variedade de blogs – individuais e/ou coletivos, feministas ou não – disponibilizados na rede, os quais intranquilizam. Nos blogs feministas, a política, a vida e a arte explodem na tela como palavras de mulheres que se exibem publicamente, anônimas ou não, e criam espaços para (des)locar, (in)tranquilizar ou (des)conformar, enfim, para dessubjetivar.

Dessubjetivar é o que faz também a fotógrafa contemporânea Cindy Sherman, como aponta Margareth Rago (2013). Numa leitura feminista da obra da fotógrafa, Rago mostra como, a partir de seus autorretratos, Sherman elabora uma crítica irônica da cultura patriarcal, deslocando os estereótipos sobre o corpo feminino promovido pela mídia e pelo mercado. Ainda em relação às interpretações feministas em seu intercurso com o pensamento foucaultiano, destaco também os estudos de Luana Saturnino Tvardovskas (2013) acerca das obras de artistas contemporâneas brasileiras e argentinas. Tvardovskas destaca, na poética visual dessas artistas, o discurso crítico da violência material e simbólica de gênero que elas constroem por meio de imagens do corpo. Segundo a autora, as obras dessas artistas operam como "potências desconstrutivas" dos discursos hegemônicos. Elas transfiguram a intimidade, dramatizam e manipulam os corpos, criando estratégias transgressivas e de resistência na construção de uma contramemória.

Como se pode notar, as reflexões de Foucault sobre a escrita de si como uma tecnologia de autoconstituição em interseção com os propósitos feministas abrem diversas possibilidades de problematização das narrativas de si construídas pelas mulheres. Porém, cabe ressaltar que essas conexões não são naturais; são construídas sistematicamente pelas próprias mulheres, interessadas em produzir um saber localizado com implicações éticas e políticas. Desse saber emergem modos de vida femininos e feministas que historicamente denunciaram, transformaram o imaginário, questionaram as normas e os valores sociais de uma sociedade branca, ocidental e masculina, e continuam questionando-os.

A noção de escrita de si, em sua conexão com a crítica cultural feminista, dota as mulheres de outra memória, de um passado sistematicamente oculto pela história narrada no masculino. Como escreve Tânia Navarro-Swain (2013, p. 53), "na história da arte ou nas narrativas históricas mais gerais, as mulheres não aparecem senão de forma marginal ou como exceção à regra, pois a história narrada no masculino expulsou o feminino do humano e da história". Assim, os estudos feministas das narrativas de si construídos pelas mulheres interpretados como práticas de si nos conectam com outras mulheres, em tempos e espaços diferentes, promovendo o encontro entre sensibilidades femininas. Como escreve Norma Telles, "a sensibilidade moderna indo ao encontro da sensibilidade antiga, por meio de milênios, para reclamar uma herança perdida e trazê-la de volta de modo a que se possa nos ajudar a imaginar um novo futuro" (2008, p. 123). Nas últimas décadas, os estudos feministas em conexão com o pensamento foucaultiano têm construído uma *paraskeué* feminista, isto é, conhecimentos que servem à vida e funcionam como ferramentas, antídotos para enfrentar as sofisticadas formas contemporâneas de exclusão das mulheres da história, de reprodução do patriarcalismo e violências de gênero, que ainda pesam sobre homens e mulheres, algumas visíveis e outras inauditas.

Deleuze e Guattari (2004) afirmaram que somos feitos de linhas. Como nos dão a ler as artistas, escritoras, blogueiras, teóricas feministas que povoam este texto, nós, mulheres, não somos feitas apenas de linhas escritas, de traços forjados no social, das linhas de um corpo sexuado criado historicamente. Nossas linhas se conectam com outras linhas: linhas de vida, de sorte, de infortúnio, de resistência, de (entre)linhas, mas, sobretudo, aprendemos nas conexões dos estudos feministas com o pensamento de Michel Foucault que nós, mulheres, somos linhas que derivam.

Referências

AMENDOEIRAS, M. R. *A expressão artística e a esquizofrenia: o caso de Adelina Gomes por meio das imagens*. Rio de Janeiro: UFRJ, 2008. Tese (Doutorado) – Programa de Pós-Graduação em Psiquiatria e Saúde Mental, Instituto de Psiquiatria, Universidade Federal do Rio de Janeiro, Rio de Janeiro, 2008.

BRAIDOTTI, R. *Sujetos nómades*. Barcelona: Paidós, 2000.

BUTLER, J. *Problemas de Gênero: feminismo e subversão de identidades*. São Paulo: Civilização Brasileira, 2003.

DELEUZE, G. *Conversações*. Rio de Janeiro: Ed. 34, 1992.

DELEUZE, G; GUATTARI, F. *Kafka: para uma literatura menor*. Lisboa: Assírio & Alvin, 2003.

DELEUZE, G; GUATTARI, F. *O que é a Filosofia?* Rio de Janeiro: Ed. 34, 2004.

FOUCAULT, M. *Do governo dos vivos: curso no Collège de France, 1979-1980: exercertos.* Tradução, transcrição e notas de Nildo Avelino. São Paulo: Centro de Cultura Social; Rio de Janeiro: Achiamé, 2011.

FOUCAULT, M. O sujeito e o poder. In: BARROS, M. de. (Org.) *Ditos e Escritos IX: genealogia da ética, subjetividade e sexualidade.* Rio de Janeiro: Forense Universitária, 2014. p. 118-140.

FOUCAULT, M. *A coragem da Verdade.* São Paulo: WMF Martins Fontes, 2011.

FOUCAULT, M. A escrita de si. In: _____. *O que é um autor?* Tradução de António Fernando Cascais e Edmundo Cordeiro. Lisboa: Vega, 1992. p. 129-160.

FOUCAULT, M. *A hermenêutica do sujeito.* São Paulo: Martins Fontes, 2004.

FOUCAULT, M. As técnicas de si. In: BARROS, M. de. (Org.) *Ditos e Escritos IX: genealogia da ética, subjetividade e sexualidade.* Rio de Janeiro: Forense Universitária, 2014. p. 264-296.

FOUCAULT, M. *História da sexualidade I: a vontade de saber.* Rio de Janeiro: Graal, 1984.

FOUCAULT, M. *História da sexualidade II: o uso dos prazeres.* 8. ed. Rio de Janeiro: Graal, 1998

FOUCAULT, M. *História da sexualidade III: o cuidado de si.* Rio de Janeiro: Graal, 1985.

GROSZ, E. Futuros feministas ou futuro do pensamento. *Labrys, Estudos Feministas,* n. 24, jul./dez. 2002. Disponível em: <http://www.tanianavarroswain.com.br/labrys/labrys1_2/grosz1.html>. Acesso em: 01 set. 2013.

HUTCHEON, L. *A Theory of Parody: the Teachings of Twentieth-Century Art Form.* Urbana; Chicago: University of Illinois Press, 1985.

IONTA, M. *As cores da Amizade: cartas de Anita Malfatti, Oneyda Alvarenga, Henriqueta Lisboa e Mário de Andrade.* São Paulo: Annablume/Fapesp, 2007.

IONTA, M. Mulheres em cena: derivas da escrita de si. *Labrys, Estudos Feministas,* n. 25, jan./jun. 2014. Disponível em: <http://www.tanianavarroswain.com.br/labrys/labrys25/recherches/marilda.htm>. Acesso em: 13 abr. 2014.

IRIGARAY, L. *Speculum of the Other Woman.* New York: Cornell University Press, 1992.

McLAREN, M. *Feminism, Foucault and Embodied Subjectivity.* New York: State University of New York Press, 2002.

NAVARRO-SWAIN. T. A história é sexuada. In: RAGO, M.; MURGEL, A. C. A. de T. (Orgs.). *Paisagens e tramas: entre a história e a arte.* São Paulo: Intermeios, 2013.

PELBART, P. P. Foucault versus Agamben? *Ecopolítica.* n. 5, jan./abr., 2013. Disponível em: <http://revistas.pucsp.br/index.php/ecopolitica/article/download/14983/11181>. Acesso em: 8 ago. 2013.

RAGO, M. *A aventura de contar-se: feminismos, escrita de si e invenções da subjetividade.* Campinas: Ed. da Unicamp, 2013.

RAGO, M. Dessubjetivando com Cindy Sherman. *Labrys, Estudos Feministas*, n. 24, jul./dez. 2013. Disponível em: <http://www.tanianavarroswain.com.br/labrys/labrys24/libre/marga.htm>. Acesso em: 10 out. 2013.

SMITH, S. Hacia una poética de la autobiografía de mujeres. *Suplementos Anthropos*, Barcelona, n. 29, p. 93-105, 1991.

TVARDOVSKAS, L. S. *Dramatização dos corpos: arte contemporânea de mulheres no Brasil e Argentina*. Campinas: Unicamp, 2013. Tese (Doutorado em História) – Instituto de Filosofia e Ciências Humanas, Unicamp, Campinas, 2013.

TELLES, N. Fios Comuns. *Estudos de literatura brasileira contemporânea: questões de gênero*, Brasília, n. 32, p. 115-125, jul./dez. 2008.

VEYNE, P. *Como se escreve a história; Foucault revoluciona a história*. Brasília: Ed. da Universidade de Brasília, 1998.

Foucault, governamentalidade e neoliberalismo[1]

Nildo Avelino

A recente publicação do livro de Geoffroy de Lagasnerie no Brasil lançou a suspeita de certo fascínio inconfesso de Foucault acerca do neoliberalismo. Afinal, por que um filósofo da estatura de Michel Foucault se ocupou do neoliberalismo? Como explicar o interesse tardio e intempestivo de Foucault sobre o tema? Sabe-se que Foucault dedicou-se ao neoliberalismo após ter estudado a loucura, as ciências humanas, as prisões, a sexualidade, etc.; e há pouca coisa nessas obras que faça entrever qualquer interesse ulterior pelo neoliberalismo, único tema contemporâneo abordado pelo filósofo. Portanto, que lugar ocupa o neoliberalismo no pensamento de Foucault?

Formular uma resposta a essa questão não é tarefa fácil e, como mostrou a recente tentativa de Lagasnerie, está sujeita a terríveis equívocos do tipo: "e se Foucault, ao final de sua vida, estivesse prestes a se tornar liberal?"[2] Na sua resposta, é verdade que Lagasnerie não imputa a Foucault uma adesão politico-ideológica ao neoliberalismo; porém, atribuiu-lhe uma adesão estratégia. A conclusão de seu livro é que, para Foucault, o neoliberalismo é "uma tática teórica que permite entrever a forma que poderia tomar uma ofensiva contra a sociedade disciplinar: é um dos pontos de apoio possíveis para a elaboração de práticas de desassujeitamento".[3] Não é preciso muito esforço para demonstrar que não foi na tradição (neo) liberal que Foucault foi buscar "práticas de desassujeitamento", mas foi no

---

[1] Uma primeira versão deste texto foi elaborada para aula proferida em 16/04/2013 no Departamento de História do Instituto de Filosofia e Ciências Humanas (Unicamp), a convite da Prof.ª Dr.ª Margareth Rago.

[2] LAGASNERIE, 2012, p. 17. A edição brasileira foi publicada em junho de 2013 pela Editora Três Estrelas.

[3] LAGASNERIE, 2012, p. 175.

paganismo greco-romano e na sua correspondente "ética do cuidado de si como prática de liberdade". Na antiguidade greco-romana, para que a ética fosse uma prática de liberdade, era preciso que ela fosse refletida.⁴ No (neo)liberalismo se dá algo bastante diverso: não é o indivíduo que pensa sua conduta e, com esse gesto reflexivo, se fortalece enquanto sujeito de vontade; ao contrário, ele é pensado: objetivado pelas verdades da economia que estruturarão sua liberdade, isto é, seu campo de ação, para constituí-lo como sujeito econômico.

Portanto, como explicar a relação de Foucault com o (neo)liberalismo evitando o equívoco de Lagasnerie? Inicialmente, é preciso perceber que Foucault não se engajou em nenhuma das atitudes em relação ao neoliberalismo que estavam em voga na sua época. Havia, *grosso modo*, duas maneiras de se reportar ao neoliberalismo. Era possível se referir a ele de uma maneira ideológica, isto é, pela denúncia e pela acusação. Era um modo de se reportar ao neoliberalismo muito comum ao debate militante dos anos 1970, no qual figurava como "tirania mascarada" em que o prefixo "neo" ocultava a mesma dominação do velho liberalismo, porém camuflada. Esse modo ideológico ficou bastante conhecido especialmente com Herbert Marcuse,⁵ para quem foi o próprio liberalismo que gestou o fascismo.

Ao lado da abordagem ideológica de denúncia e acusação, existiu também outra maneira de se reportar ao neoliberalismo oposta à de Marcuse e que consistia em dar a ele não uma imagem ideológica, mas uma imagem ideal de validação das suas liberdades face à ameaça totalitária. Entre os autores que se colocam nessa abordagem ideal de retratar o neoliberalismo, encontram-se Habermas, Rorty, Lefort, Arendt, Dahl. De maneiras diferentes, esses autores irão se referir ao neoliberalismo validando nele seu ideal de liberdade política, econômica, intelectual, contra a opressão totalitária.⁶

Quanto à atitude de Foucault frente ao neoliberalismo, ela não foi nem ideológica, nem ideal; não foi validadora, mas tampouco foi denunciativa. Ou seja, ele se recusou a ver no neoliberalismo tanto um ideal de liberdades quanto uma ideologia de dominação: sua atitude em relação ao liberalismo foi uma atitude descritiva e analítica. Assim, enquanto o debate e a crítica em torno do liberalismo estavam polarizados entre a denúncia ideológica e a validação ou valorização ideal das liberdades liberais, como sublinhou Bonnafous-Boucher,⁷ Foucault assume uma

---

⁴ FOUCAULT, 2001, p. 1527-1548.
⁵ Cf. MARCUSE, 1997, p. 47-88.
⁶ Cf. HABERMAS, 2000; RORTY, 1999; LEFORT, 2011; ARENDT, 2009; DAHL, 2012.
⁷ BONNAFOUS-BOUCHER, 2001.

atitude e um posicionamento estranho e atípico. Ele dirá durante seu curso de 1979, *Nascimento da biopolítica*: "ao falar da governamentalidade liberal não quero, ao utilizar essa palavra 'liberal', sacralizar ou valorizar este tipo de governamentalidade liberal. Não quero dizer tampouco que não seja legítimo, odiar o Estado [liberal]".[8] A posição de Foucault tomará outra direção. Durante uma mesa redonda organizada em 1978 pela historiadora francesa Michelle Perrot, em torno do Panóptico de Jeremy Bentham, Foucault afirma o seguinte: "O liberalismo não é, evidentemente, nem uma ideologia nem um ideal. É uma forma de governo e de racionalidade governamental muito complexa. E acredito ser dever do historiador estudar como essa racionalidade política pôde funcionar, sob qual preço e usando quais instrumentos".[9]

Portanto, nem uma ideologia a ser desmascarada, nem um ideal a ser valorizado: o (neo)liberalismo é uma racionalidade política. Trata-se de uma definição um tanto enigmática e completamente deslocada dos debates em voga. Mas o que significa dizer que o liberalismo é uma racionalidade política? O que é uma racionalidade? Como salientou Gabriel Cohn[10] a propósito de Max Weber, em termos sociológicos, quando se fala em racionalidade fala-se necessariamente em ação: racionalidade é sempre uma ação orientada racionalmente para determinado fim. Racionalidade é uma ação na qual existe a mais perfeita articulação, a articulação mais eficaz, entre os meios empregados para atingir o fim almejado. Neste sentido, pode-se falar em racionalidade religiosa ou em racionalidade musical, na medida em que encontramos nestes campos ações nas quais ocorre a adequação ótima entre meios e fins.

Quando Foucault fala em racionalidade política, é esse mesmo sentido que ele procurará discernir ao abordar, por exemplo, o surgimento da razão de Estado na obra de Giovanni Botero: "'A razão de Estado [...] é o conhecimento dos *meios* próprios para fundar, conservar e aumentar um domínio'. [...] Quer dizer que ele [Botero] faz da razão de Estado o tipo de racionalidade que permitirá manter e conservar o Estado a partir do momento em que ele está fundado, em seu funcionamento cotidiano, em sua gestão diária".[11] A ideia propriamente moderna de racionalidade política nasce com os teóricos da razão de Estado ao colocarem a exigência de uma adequação ótima

---

[8] FOUCAULT, 2004b, p. 197.
[9] FOUCAULT, 2001, p. 855.
[10] COHN, 2003, p. 231.
[11] FOUCAULT, 2004a, p. 243, grifos meus.

entre princípios de governo, meios ou as técnicas governamentais para atingi-los, e as práticas ou os comportamentos dos indivíduos. Portanto, dizer que o liberalismo é uma racionalidade política implica apreendê-lo como uma prática na qual se encontra essa adequação ótima entre princípios de governo, técnicas governamentais e a conduta dos indivíduos. Para Foucault, é essa adequação ótima entre meios e fins que faz a especificidade histórica do liberalismo.

Trata-se de um aspecto importante: para Foucault aquilo que é peculiar, relevante e específico na história do liberalismo não é a valorização da liberdade, tampouco é o exercício da opressão; mas é sua configuração enquanto racionalidade política. Daí a possibilidade de delimitá-lo a partir dessa especificidade; uma delimitação que desconsidera, consequentemente, todo primado das liberdades individuais e do Estado de direito tradicionalmente evocados em sua defesa, bem como todas as denúncias de opressão contra ele dirigidas. Nada disso está na especificidade histórica do liberalismo, pois o que se encontra é, segundo Foucault (2004a, 2004b), a sua configuração como racionalidade política, isto é, como prática refletida sobre a maneira como os homens governam uns aos outros. Esse é o ponto de partida de Foucault; um ponto de partida que é estritamente histórico e não valorativo.

O momento histórico preciso no qual a racionalidade liberal começa a funcionar foi o momento em que se tornou evidente que "governar demais era, no fundo, não governar; governar demais era induzir resultados contrários aos resultados desejados".[12] A racionalidade liberal nasce quando o governo excessivo passa a ser considerado como uma prática irracional, isto é, como ação em que os meios empregados se tornaram inadequados aos fins almejados. Esse momento histórico foi o momento em que os fisiocratas descobriram a existência de mecanismos espontâneos, mecanismos naturais da economia para os quais qualquer governo deveria respeitar, caso não quisesse produzir resultados opostos aos almejados. Em suma, diante da economia, dos seus processos, da regularidade das suas leis, o governo, cuja função é precisamente governar, deveria cessar de ser governo; deveria deixar livre fluxo, livre movimento ao mercado. Com os fisiocratas, e notadamente a partir de François Quesnay, começa a surgir uma área, uma região, uma parte da realidade social em que o governo não deve governar, não deve intervir: é o comércio em relação ao qual "basta o governo zelar pelo crescimento das rendas dos bens do reino, não entravar a indústria e deixar aos cidadãos a facilidade e a escolha

---

[12] FOUCAULT, 2004b, p. 15.

das despesas."[13] Foi o nascimento do *laisser faire, laisser passer* (deixar fazer, deixar passar), consolidado em seguida pela teoria da mão invisível de Adam Smith: um processo espontâneo a partir do qual o indivíduo, ao perseguir seus próprios interesses, é conduzido a promover o interesse da sociedade. De tal modo, diz Smith, que "o estadista que tentasse orientar pessoas particulares sobre como devem empregar seu capital [...] assumiria uma autoridade que seguramente não poderia ser confiada nem a uma pessoa individual nem mesmo a alguma assembleia ou conselho."[14] A mão invisível indica, portanto, um tipo de autorregulação do mercado estabelecido por um processo natural sobre o qual o governo não deve intervir, sob pena de produzir efeitos contrários aos almejados.

O que é significativo é que a partir do estabelecimento dos saberes da economia política Foucault demostra a operacionalidade da sua definição do liberalismo como racionalidade política: quando os fisiocratas e os economistas, Quesnay, Adam Smith, etc., afirmam que existem processos econômicos naturais e espontâneos que todo governo é obrigado a respeitar, então, questiona Foucault (2004b), com isso estão afirmando que é preciso dar aos homens liberdade de agir? Ou que o governo deve ser menos autoritário? Ou que deve reconhecer os direitos e as liberdades individuais? A resposta é negativa.

> O que os fisiocratas deduzem disso é que o governo deve conhecer em sua natureza íntima e complexa esses mecanismos econômicos. Uma vez que os conhece, deve respeitá-los. Mas respeitá-los não quer dizer que adotará uma armadura jurídica em respeito às liberdades individuais e aos direitos fundamentais dos indivíduos. Significa simplesmente que o governo deve armar sua política de um conhecimento preciso, contínuo, claro e distinto do que se passa na sociedade, no mercado, nos circuitos econômicos. De modo que a limitação de seu poder não se dará em respeito à liberdade dos indivíduos, mas pela evidência da análise econômica que ele saberá respeitar. O governo se limita pela evidência, não pela liberdade dos indivíduos. (FOUCAULT, 2004b, p. 63)

Tomado como limitação da atividade governamental, o liberalismo não é a valorização das liberdades individuais; é simplesmente a proteção de uma economia de mercado dotada de processos naturais e espontâneos. Foucault ironiza dizendo que, no fundo, não se deveria falar em liberalismo, mas em naturalismo; tendo em vista que na sua história o que se encontra não é o respeito às liberdades, mas o respeito

---

[13] QUESNAY, 1983, p. 338.
[14] SMITH, 1983, p. 380.

às naturalidades do mercado, da economia, da divisão do trabalho, etc. O que existe na história do liberalismo são naturalidades, não liberalidades. Além disso, o que se manifesta na história do liberalismo é também a sua configuração enquanto racionalidade política: o liberalismo é um tipo de prática política que, pela primeira vez na história, foi obrigado a tudo conhecer, e a conhecer tudo em detalhe, em profundidade, de maneira clara, precisa e exaustiva. O liberalismo foi obrigado a conhecer todos os processos sociais, políticos, religiosos e morais de maneira a governá-los segundo as naturalidades da economia.

Segundo Foucault (2004a, 2004b), nenhum outro regime político na história jamais assumiu essa configuração racional como o liberalismo: um tipo de governo que, antes de tudo, pensa e reflete sobre a natureza das coisas, a liberdade dos homens e a melhor maneira de conduzir essas coisas e esses homens. É nesse sentido que Foucault irá chamar o liberalismo de *tecnologia política*, isto é, um tipo de prática que comporta tanto um aspecto técnico quanto um aspecto lógico, epistemológico, reflexivo. São essas duas dimensões técnica e reflexiva que se encontram compreendidas no termo tecnologia. E o liberalismo, compreendido nesse sentido, é tanto uma maneira de fazer quanto um modo de refletir sobre as coisas: uma racionalidade. Apreendido sob esse aspecto, o liberalismo pode ser considerado como um acontecimento reflexivo irredutível.

Uma questão se coloca: se o liberalismo é uma racionalidade política, de que maneira a racionalidade liberal produziu sua expansão? Como se deu o "processo de racionalização" da racionalidade política liberal? De que maneira a lógica política liberal foi racionalizada, isto é, expandiu sua racionalidade até recobrir todas as maneiras de fazer a política? O propósito de Foucault é, à primeira vista, semelhante ao de Max Weber. Em sua obra tornada clássica, Weber colocou a seguinte questão: de que maneira a *mentalidade econômica* própria do capitalismo, isto é, aquela atitude que considera o trabalho como uma vocação, como um fim em si mesmo e que implica um conjunto de hábitos mentais do trabalhador: uma maior capacidade de concentração, sentimentos de obrigação, conduta calculista direcionada para maiores ganhos de salário, autocontrole de si mesmo, em suma, todos esses hábitos sem os quais o capitalismo não teria sido possível. E a questão de Weber é: como esse conjunto de hábitos mentais, que fazem a mentalidade econômica do capitalismo, o seu *espírito*, foram racionalizados, isto é, tornaram-se a conduta dominante? A resposta, Weber a encontrou na Reforma Protestante como acontecimento histórico decisivo para a expansão da mentalidade econômica própria do capitalismo.[15]

---

[15] WEBER, 1997.

Foucault está propondo algo semelhante, porém sem cair no nível de generalização weberiana. Ao contrário de Weber, para Foucault a racionalidade política do liberalismo é um tipo de racionalidade específica, um tipo de racionalidade particular e que não se confunde com o processo racionalização global de uma sociedade ou cultura. Portanto, sendo a racionalidade liberal um tipo de racionalidade específica, sua origem deve ser percebida pelo historiador como um acontecimento histórico irredutível em relação à "grande história da Razão ocidental" (2004b, p. 293). Por exemplo, ao se fazer a história da Razão ocidental, encontrar-se-ão alguns acontecimentos históricos fundamentais e irredutíveis, tais como o aparecimento da reflexão de Kepler, Galileu, Descartes. Para Foucault, nessa grande história da Razão ocidental, o aparecimento da razão política do liberalismo possui a mesma importância e a mesma irredutibilidade. Trata-se de um acontecimento decisivo e específico na história, e que marcou o nascimento de uma maneira inteiramente nova de como os homens governam uns aos outros: com o liberalismo surge um tipo inteiramente inédito de *mentalidade governamental*.

Desse modo, para Foucault a questão é: como esse modo inédito de governar os homens foi racionalizado? Como as *mentalidades governamentais* próprias do liberalismo tornaram-se a prática dominante nas nossas relações política? Para responder a essa questão, Foucault não saiu em busca de uma ideia matriz como fez Weber. Procurando responder de que maneira a mentalidade governamental tornou-se dominante, ele forjou um tipo de abordagem chamado *governamentalidade*, isto é, uma proposta de estudos que resulta precisamente da junção de duas palavras: *mentalidade* e *governamental*. A governamentalidade é o estudo das diversas mentalidades governamentais.

Em primeiro lugar, ela possui uma perspectiva histórica de investigação que poderia ser resumida, *grosso modo*, da seguinte forma: existiram, na história das sociedades ocidentais, três grandes formas pelas quais o exercício do poder político, o exercício da soberania política, foi organizado. Existiram três grandes economias do poder político. A primeira delas está localizada no final da Idade Média, onde o exercício do poder soberano foi organizado em torno do texto religioso. A bíblia era uma espécie de manual político: dela deveriam ser extraídos os princípios, as máximas e os exemplos por meio dos quais o príncipe deveria conformar a sua conduta. O príncipe, dizia-se nessa época, deveria ser como um espelho: deveria refletir na sua própria pessoa, no seu próprio comportamento, as grandes virtudes cristãs de fé, esperança, caridade e amor contidas na bíblia. Essas virtudes deveriam reluzir, resplandecer na pessoa e na conduta do Príncipe como se ele fosse um espelho. Esse modo de governar ficou conhecido como *espelhos políticos* (*les miróirs politiques*).

Em seguida, com o fim da tradição política dos espelhos, surge outra maneira de exercer a soberania política, que consistia não mais em indexar a conduta do Príncipe em torno do texto religioso, mas em torno de um objeto que estava apenas nascendo e cujo nascimento, como é sabido, transformou amplamente a vida dos homens: o Estado. Com o nascimento do Estado, o segundo grande modo de exercer o poder político assume a forma da razão de Estado. Para ser mais preciso, o Estado, no momento do seu nascimento, não foi percebido como um objeto tal como ocorre hoje. Nesse momento, o Estado, como o próprio nome diz, indica simplesmente uma condição dada: Estado indica a condição de prosperidade, paz, de ordem, etc., do reino. Assim, governar segundo o Estado indica que o exercício do poder tem por objetivo manter o Estado do reino, conservar sua condição. Foi da necessidade de conservar o Estado, isto é, a condição do reino, que nasceu o que ficou conhecido na história com o nome de *Razão de Estado*. Se o príncipe pretende conservar o Estado do seu reino, ele deverá governar segundo uma razão de Estado que é simplesmente o conjunto dos conhecimentos acerca dos meios necessários para a conservação do Estado. A razão de Estado foi a segunda grande forma do exercício do poder político no Ocidente.

Terceira grande forma desenvolvida na história das sociedades ocidentais. Como se sabe, a Razão de Estado assume imediatamente uma forma bastante centralizada: o príncipe é a grande figura em torno da qual gravita todo o encargo da conservação do Estado. Dele depende sua conservação: o Estado dependerá da sua habilidade, da sua força, fortuna, *virtù*. O Príncipe tem, portanto, uma tarefa enorme, imensa, vital, na medida em que dele depende a vida ou a morte da República. Maquiavel sabia disso perfeitamente, e por isso escreveu *O Príncipe*, verdadeiro manual sobre a melhor maneira de reinar para a conservação do principado.

Em todo caso, na Razão de Estado, o Príncipe é essa figura unitária, solitária, única, que deverá saber reinar para conservar seu Estado. E o que é interessante é que logo após Maquiavel surge um tipo de literatura anti-Maquiavel dizendo exatamente o contrário. Afirmando que, se é verdade que o Príncipe reina único e solitário do alto do seu trono, no entanto, é igualmente verdade que o Príncipe não governa. Reinar, diz essa literatura, não é o mesmo que governar. Se apenas o Príncipe reina, comanda, ordena, de maneira única, de outro lado o exercício do governo não é jamais unitário, mas é múltiplo. Muitas outras pessoas além do Príncipe exercem esse tipo de poder governamental: o pai de família o exerce, o professor, o médico, o líder religioso, etc. Assim, se é verdade que existe unidade no comando real, existe pluralidade, multiplicidade no exercício do governo.

Essa literatura anti-Maquiavel introduz, pela primeira vez na história, uma distinção entre reinar, comandar, exercer a soberania política, e governar. Quando um pai de família governa não está, evidentemente, exercendo um poder soberano, mas exerce outro tipo de poder que Foucault chamou poder de governo: um poder que é morfologicamente distinto do poder soberano, pois não consiste simplesmente em comandar, em ordenar, em impor a lei. Aquilo que o governo faz é conduzir condutas, coisa muito distinta de impor a lei: um professor não impõe a lei, conduz a conduta dos alunos; um pastor conduz a conduta de seus fiéis; um pai conduz a conduta da família.

A partir dessa literatura anti-Maquiavel, a prática do governo começa a surgir como uma ação absolutamente específica e que não encontra seu ponto de explicação nem na bíblia, do lado de Deus, nem na razão de Estado, do lado do Príncipe. Então, essa a ação que consiste em governar os homens começa a ser percebida não somente como distinta e separada da soberania, mas também como sendo tão importante, suplementar e independente quanto a soberania.

Além disso, ao mesmo tempo em que está se afirmando essa percepção segundo a qual na ação de governo quem governa não é o soberano unicamente, começa igualmente uma intensificação, uma proliferação geral de problemas ligados à condução das condutas: condução das almas, das crianças, condução dos indivíduos de modo geral. Até aquele momento, o poder político jamais havia se ocupado do problema da condução das condutas dos indivíduos; mas eis que esse problema explode, e explode de tal maneira que, segundo Foucault, todo o século XVI pode ser visto como a "era das condutas, a era das direções, a era dos governos".[16] E o significativo é que essa intensificação da condução das condutas foi responsável pela expansão da racionalidade política liberal na medida em que produziu a inflação da prática governamental.

Como observou Bonnafous-Boucher,[17] Foucault considera o governo como sendo o motor do liberalismo: o governo torna-se sua regra interna após o liberalismo promover sua ampla e inédita reconstituição conceitual. E essa reconstituição ampla do conceito do governo assumiu a forma de um enorme processo que Foucault chamou de governamentalização do

---

[16] FOUCAULT, 2004a, p. 236.
[17] BONNAFOUS-BOUCHER, 2001.

Estado: um processo por meio do qual o liberalismo fez o conceito de governo explodir em todos os âmbitos da política e cujo resultado foi a transformação do Estado unitário e centralizado na figura do Príncipe, num Estado descentralizado, não mais indexado na figura do Príncipe, mas agora indexado na conduta dos governados. Esse Estado, que ainda é o nosso, Foucault o chamou de Estado de governo: a terceira grande economia do exercício do poder na história das nossas sociedades.

Em resumo, na história política das nossas sociedades encontram-se três grandes economias no exercício do poder soberano: a primeira é a tradição dos espelhos do Príncipe, a segunda é a razão de Estado, a terceira seria a nossa forma atual que Foucault chamou de Estado de governo ou Estado governamentalizado. O que marcou a expansão da racionalidade liberal foi essa última forma: o governo se tornou, segundo Foucault, a regra interna do liberalismo, o seu motor. E isso a tal ponto e com tanta intensidade, que o liberalismo chegou a sonhar até mesmo com a "debilitação do Estado até o limite de fazê-lo desaparecer por completo, porém sem jamais colocar em questão o conceito de governo que é por ele retomado e reconstituído".[18]

Foi para descrever o funcionamento histórico desse Estado governamentalizado pela racionalidade liberal que Foucault propôs os estudos da governamentalidade. Trata-se de investigar, no desenvolvimento histórico do Estado liberal, de que maneira a governamentalidade, ou as diversas mentalidades governamentais, imprimiram uma tendência na nossa prática política que, até nossos dias, não cessou de conduzir para uma direção que coloca em proeminência o poder de governo entendido como condução das condutas, em detrimento do Estado entendido como instituição centralizada. Essa tendência para a governamentalização do Estado constitui, segundo Foucault, um dos traços mais fundamentais das nossas sociedades políticas e foi responsável por transferir o exercício do poder da esfera exclusiva do monopólio da violência para a ordem do governo, isto é, da condução da conduta dos indivíduos. Em outras palavras, não é o Estado que exerce o poder político; não é o Estado que gere, com exclusividade, a dominação política: a dominação política em nossos dias encontra-se indexada na própria conduta dos governados.

Esse processo de governamentalização do Estado teve uma importância fundamental para a própria sobrevivência do Estado moderno: o velho Estado unitário e centralizado que fora inventado pela Razão de Estado não teria sobrevivido aos novos e complexos desafios colocados

---

[18] BONNAFOUS-BOUCHER, 2001, p. 81.

pelo surgimento da população e da economia. Foi graças à governamentalização que o Estado sobreviveu e que o liberalismo pôde triunfar como racionalidade política dominante. A questão é como e com quais instrumentos o liberalismo promoveu a gorvernamentalização do Estado? Como diria Donzelot, é aqui que reside a inteligência do liberalismo.[19] Para operar esse processo, segundo Foucault (2004a, 2004b), o liberalismo realizou a superposição de três lógicas distintas: a lógica da razão de Estado; em seguida, a lógica de um tipo de poder individualizante: o poder pastoral; e a terceira foi a lógica de um tipo de poder totalizante que Foucault chamou de biopolítica. São essas três lógicas que se encontram superpostas na prática política liberal. Detenhamo-nos especialmente nas duas últimas: primeiramente, o poder pastoral.

Economia do poder liberal

	1. Razão de Estado	2. Poder Pastoral	3. Biopoder
Forma	Anatomopolítica	Fisiologia moral	Biopolítica
Alvo	Corpo	Desejo	População
Domínio	Indivíduo empírico	Subjetividade	Processos biológicos
Técnica	Dispositivos disciplinares	Práticas de introspecção	Mecanismos de segurança
Finalidade:	Produção de corpos úteis e dóceis	Produção de sujeitos	Produção de forças vitais

É preciso lembrar-se de um dado histórico importante: o contexto de nascimento do Estado moderno, isto é, o momento em que a razão de Estado está se formando, é marcado pela crise dos laços de comunidade e de seus fundamentos teológicos e feudais. A antiga estrutura feudal encarava o indivíduo que se isolava ou com suspeita ou com admiração: ao isolar-se, o indivíduo ou era suspeito de contestação da ordem à qual pertencia, ou era admirado pela coragem de viver sozinho num ambiente social atravessado por conflitos. O que ocorre com o surgimento do Estado moderno é o aparecimento da esfera privada individual e com ela, o que é mais importante, o surgimento da noção de interesse: interesse por tal coisa, interesse por tal riqueza, interesse dos indivíduos uns pelos outros. Será esse jogo dos interesses individuais o novo objeto da racionalidade liberal.

No século XVIII dizia-se que depois das leis do movimento descobertas pela física, as leis do interesse foram a segunda grande descoberta

---

[19] DONZELOT, 2005, p. 60-81.

do século. Se o mundo físico é governado pelo movimento, diziam os economistas, é o interesse que governa o mundo moral. Começa a se tornar evidente que ninguém seria capaz de agir contra seu próprio interesse: agir contra o próprio interesse seria absurdo. Sendo assim, basta que o Estado ajuste sua política aos interesses dos indivíduos para que o governo se torne perfeito.[20] Essa ideia produziu tanta excitação que imediatamente os economistas a conectaram à lógica do mercado para dizer: o que governa o comportamento dos indivíduos é o interesse de ganhos, de lucro, de benefícios. Foi essa a imagem do indivíduo liberal: um tipo de homem portador de interesses econômicos e que se comporta de maneira consciente, de maneira refletida, tendo sempre em vista a maior probabilidade de ganho. Sujeito que calcula sua ação para obter o maior ganho possível.

Tendo em vista esse homem econômico, é preciso, acima de tudo, garantir e proteger sua liberdade de ação e de comportamento. Daí a razão pela qual o liberalismo ter assumido inicialmente uma versão *laisser faire, laisser passer*: é preciso deixar fazer, deixar ir e vir, deixar agir, deixar movimentar-se. É preciso que os indivíduos, compreendidos como homens econômicos, possuam toda liberdade necessária para perseguir seus interesses. Mais do que isso, é preciso, acima de tudo, fazer com que esses indivíduos persigam seus interesses, isto é, é preciso excitar no indivíduo o "interesse pelo interesse"; é preciso tornar o indivíduo interessado, estimular a interessar-se, numa palavra, é preciso banir o desinteresse.

De outro lado, é preciso igualmente direcionar os interesses: cultivar os bons interesses, eliminar os maus interesses; produzir interesses úteis, bloquear os inúteis. Em suma, o liberalismo surgiu como um jogo complexo e perpétuo entre interesse e liberdade: cabe ao liberalismo determinar a exata medida na qual "os diferentes interesses, individuais nisso que possuem de divergente uns dos outros, eventualmente opostos uns aos outros, não constituam um perigo ao interesse de todos".[21] Tomado sob esse aspecto, o liberalismo se configura como uma técnica de manipulação dos interesses individuais e coletivos que só é possível ocorrer a partir de um espaço de liberdade de ação e de movimento, isto é, de "laisser faire, laisser passer".

Mas ao assumir o jogo dos interesses individuais como alvo político, o exercício do poder liberal assume necessariamente um caráter individualizante e que, por sua vez, exigirá um conhecimento analítico,

---

[20] Cf. HIRSCHMAN, 2002.
[21] FOUCAULT, 2004b, p. 67.

um conhecimento detalhado e minucioso sobre os indivíduos para apreender, manipular, suscitar, induzir os interesses. Até então a velha Razão de Estado não exigia um conhecimento analítico sobre os indivíduos; demandava simplesmente um conhecimento estatístico, visto que não lidava com o jogo dos interesses, mas com unidades: o território, seus habitantes, suas riquezas, etc. No Estado liberal governamentalizado, o conhecimento sobre os objetos do governo alcança um nível analítico profundo na medida em que se trata de fazer com que os interesses individuais sejam induzidos, fomentados, estimulados; porém, ao mesmo tempo integrados numa espécie de totalidade representada pela economia, pelo mercado, pelo comércio, etc. Como manipular ou como conduzir a conduta desses sujeitos vivendo nesse espaço de liberdade de ação e de movimento? Como governar esse homem econômico sem destruir nele a liberdade de ação e de movimento? Em outras palavras, como fazer com que o sujeito liberal seja ao mesmo tempo livre para jogar o jogo do mercado e ao mesmo tempo suficientemente obediente às regras desse mesmo jogo?

Tarefa difícil, mas que o liberalismo resolveu ao retomar seu processo de governamentalização do Estado, um antigo poder individualizante que antes estava circunscrito aos monastérios, aos conventos, às práticas religiosas: o poder pastoral. Um tipo de poder que é, de certa forma, oposto ao poder da razão de Estado. Na prática pastoral, diz Foucault: "Nenhuma ovelha é indiferente. Nenhuma deve escapar a esse movimento, a essa operação de direção e de condução que leva à salvação. A salvação de cada uma é absolutamente importante".[22] É nesse sentido que o poder pastoral se ocupa de *omnes et singulatim*, todos e cada um. Trata-se de um tipo de poder absolutamente novo na história: durante toda a antiguidade até o cristianismo, o poder dos reis ou dos magistrados tinha por objetivo salvar sempre totalidades: o Estado, o território, a cidade, a massa dos cidadãos. A partir do cristianismo surge um tipo de poder que não se ocupa mais com totalidades: o bom pastor será aquele capaz de "velar pelos indivíduos em particular, sobre os indivíduos tomados um a um. Seu poder não é um poder global".[23]

Segundo Foucault (2001), a natureza individualizante do poder pastoral é um dos seus traços mais importante, pois implica uma *responsabilidade analítica* do pastor e ao mesmo tempo uma *hermenêutica do sujeito*. Em outras palavras, o traço individualizante do poder

---

[22] FOUCAULT, 2004a, p. 172.

[23] FOUCAULT, 2001, p. 562.

pastoral implica uma condução da conduta que é individualizada e um conhecimento exaustivo do sujeito ou daquele que é conduzido. O pastorado requer um conhecimento pleno e total de cada uma das ovelhas pelo pastor, pois assim o guia do rebanho saberá empregar os meios para salvação do rebanho na sua totalidade plena. E as técnicas que o cristianismo utilizou para assegurar ao pastor o conhecimento individual de cada ovelha foi o exame de consciência e a direção de consciência. Daí a importância da confissão.

Esse poder individualizante do pastorado cristão foi retomado pelo liberalismo que a ele justapôs outro tipo de poder, desta vez totalizante, mas que não assumiu a forma unitária da Razão do Estado, a forma centralizada do corpo do Príncipe. De modo diferente, é um poder que tem por referência não o corpo do Príncipe, mas outro corpo bem mais complexo: o corpo da população. Esse poder, Foucault (2004b) o chamou de biopolítica: um poder totalizante que tem por referência não o Estado, mas a população.

Ao contrário do pastorado, a biopolítica estabelece um conhecimento sobre os indivíduos que não é analítico: no conhecimento biopolítico, os indivíduos serão definidos a partir do campo econômico em que habitam e vivem, quer dizer, serão definidos a partir do número de habitantes, das taxas de longevidade, natalidade, mortalidade, saúde, etc. A biopolítica apenas levará em conta o indivíduo considerando-o a partir daquilo que o define como membro de uma população, isto é, a partir daquilo que "permite mensurar quantitativamente os efeitos de massa dos comportamentos individuais".[24] Como observou Lemke (2011, p. 5), "o objeto da biopolítica não são os seres humanos individuais, mas seus aspectos biológicos mensurados e agregados no nível da população".[25] É nesse sentido que a biopolítica torna a *vida* um fator objetivo mensurável e uma realidade coletiva epistemologicamente distinta com a finalidade de majorar suas forças vitais.

Todavia, para finalizar, ainda que segundo Foucault (2004b) o poder biopolítico seja o que existe de mais específico na racionalidade do liberalismo; ainda que o poder biopolítico possa ser considerado sua invenção mais original. Entretanto, no regime liberal o biopoder só produz efeitos eficazes quando associado e justaposto ao poder pastoral. Todo o êxito político do liberalismo repousa nessa sofisticada justaposição entre, de um lado, um poder pastoral individualizante e, de outro, um poder biopolítico totalizante. Se o alvo desse último são os corpos e as forças

---

[24] FOUCAULT, 2001, p. 551.
[25] LEMKE, 2011.

vitais dos indivíduos considerados como membros de uma população, o alvo do primeiro é precisamente constituído por esse elemento que tem por função tomar os seres humanos individualmente: a subjetividade. Nesse sentido, o poder pastoral é responsável por investir sobre a subjetividade dos indivíduos para constituí-los como sujeitos governáveis. A grande função dada ao poder pastoral pelo liberalismo foi a de produzir a objetivação e a subjetivação de um sujeito governável.

As racionalidades liberais e neoliberais, consideradas como instâncias reflexivas para a objetivação e a subjetivação de um sujeito governável, recolocaram na ordem do dia da política toda a importância da subjetividade e sua relação com a verdade. Ao retomar o poder pastoral, o liberalismo e o neoliberalismo se configuraram como uma tecnologia política cuja incidência se dá sobre a vontade, a alma, a consciência, o eu. E seu exercício diz respeito às práticas de si ou aos processos de subjetivação tais como as técnicas de interiorização, técnicas de tomada de consciência etc., com o objetivo de conduzir o indivíduo a constituir a si mesmo como sujeito governável.

Por fim, percebe-se o quanto se está distante de qualquer coisa como "práticas de desassujeitamento". Pelo contrário: o grande êxito político do liberalismo foi o de ter fornecido os conhecimentos e os instrumentos por meio dos quais o indivíduo moderno produziu sua própria obediência: um tipo de obediência que o indivíduo foi conduzido a exercer por ele mesmo e sobre ele mesmo. O (neo)liberalismo retomou e reforçou um tipo de sujeição mais perfeito e duradouro na história política ocidental.

Referências

ARENDT, H. *Origens do Totalitarismo. Antissemitismo, Imperialismo, Totalitarismo.* Tradução de Roberto Raposo. São Paulo: Cia. das Letras, 2009.

BONNAFOUS-BOUCHER, M. *Un libéralisme sans liberté. Pour une introduction du terme "libéralisme" dans la pensée de Michel Foucault.* Paris: L'Harmattan, 2001.

COHN, G. *Crítica e resignação. Max Weber e a teoria social.* São Paulo: Martins Fontes, 2003.

DAHL, R. A. *Poliarquia.* Tradução de Celso M. Paciornik. São Paulo: Edusp, 2012.

DONZELOT, J. Michel Foucault et l'intelligence du libéralisme. *Sprit*, Paris, n. 319, p. 60-81, 2005.

FOUCAULT, M. *Dits et Écrits, vol. II: 1976-1988.* Paris: Gallimard, 2001.

FOUCAULT, M. *Sécurité, territoire, population. Cours au Collège de France (1977-1978).* Paris: Gallimard/Seuil, 2004a. p. 243.

FOUCAULT, M. *Naissance de la biopolitique. Cours au Collège de France (1978-1979)*. Paris: Gallimard/Seuil, 2004b. p. 197.

HABERMAS, J. *O discurso filosófico da modernidade: doze lições*. Tradução de Luiz S. Repa e Rodnei Nascimento. São Paulo: Martins Fontes, 2000.

HIRSCHMAN, A. O. *As paixões e os interesses. Argumentos políticos a favor do capitalismo antes do seu triunfo*. Tradução de Luiz G. B. Chaves e Regina Bhering. Rio de Janeiro: Record, 2002.

LAGASNERIE, G. de. *La dernière leçon de Michel Foucault. Sur le néoliberalisme, la théorie et la politique*. Paris: Fayard, 2012.

LEFORT, C. *A invenção democrática. Os limites da dominação totalitária*. 3. ed. Tradução de Isabel Loureuro e Maria L. Loureiro. Belo Horizonte: Autêntica, 2011.

LEMKE, T. *Biopolitics. An Advanced Introduction*. New York: NYUP, 2011.

MARCUSE, H. O Combate ao Liberalismo na Concepção Totalitária do Estado. In: _____. *Cultura e Sociedade*. Tradução de Wolfgang L. Maar. Rio de Janeiro: Paz e Terra, 1997. v. 1, p. 47-88.

QUESNAY, F. Máximas do Governo Econômico. In: _____. *Quadro Econômico dos Fisiocratas*. Tradução de João G. V. Netto. São Paulo: Victor Civita, 1983. p. 338. (Coluna Os Economistas).

RORTY, R. *Ensaios sobre Heidegger e outros. Escritos Filosóficos vol. 2*. Tradução de Marco A. Casanova. Rio de Janeiro: Relume Dumará, 1999.

SMITH, A. *A riqueza das nações, vol. I*. Tradução de Luiz J. Baraúna. São Paulo: Victor Civita, 1983. (Coluna Os Economistas). p. 380.

WEBER, M. *A ética protestante e o espírito do capitalismo*. 12. ed. Tradução de M. Irene de Q. F. Szmrecsányi e Tomás J. M. K. Szmrecsányi. São Paulo: Pioneira, 1997.

Pensar, agir... viver uma vida verdadeira: desafios éticos à ação política do intelectual na atualidade

Pedro Angelo Pagni

Quando me convidaram para participar desta coletânea, a questão que veio à minha cabeça foi a seguinte: por que o nome de Michel Foucault é sucedido no seu título, após os dois pontos, pelas palavras "política – pensamento e ação"? Questões como esta são habituais quando escrevemos para um público desconhecido, ao interpelar-nos sobre as nossas expectativas, e nos faz sentir certa intranquilidade em relação ao que dizer nesta circunstância: teremos algo efetivamente a dizer? De que lugar, então, falaremos ou escreveremos? Em busca das palavras a serem ditas, ainda sem conhecer os leitores, seria muito esperar um encontro com eles apenas com minha escrita? Reconheço, então, posso ao menos lhes falar do lugar em que a elaboro.

Como não me considero um "foucaultiano", mas alguém que a obra de Foucault acompanha em um percurso acadêmico e, mais recentemente, com os seus últimos cursos, em minha vida (intelectual), juntamente com outras referências teóricas – Adorno, Dewey, Lyotard, Arendt –; é desse lugar que vou falar, com o intuito de abordar a questão da relação da ação e do pensar na política, num campo que me é familiar, o da educação. Sinto, também, uma ausência no título enunciado pelo colóquio: a da relação do pensar e da ação na política com a vida e, por sua vez, de seus restos ou excessos como linhas de fuga ou, em outras palavras, como possibilidade/potencialidade de resistência às formas atuais da biopolítica.

O viver uma vida verdadeira, o agir segundo o que somos e o devir de nosso próprio *ethos*, o elaborar um pensamento em conformidade com esse propósito e o enunciar um discurso de verdade em consonância com esse sujeito ético seriam desafios à ação do intelectual? Qual papel político que estes desafios éticos teriam na atualidade? E que sentidos teriam para a ação formativa empreendida por esse sujeito na escola ou na universidade? Estas questões, além de bastante caras para mim e para o que resta de minha ação intelectual, parecem ter sentido para um presente, sobretudo, se considerarmos o seguinte. Primeiro, o discurso de verdade se reduziu ao discurso científico, desvinculando-a da vida e da necessidade do sujeito que o enuncia se posicionar eticamente frente à vida. Segundo, o sujeito que o enuncia, o intelectual, que antes aspirava a sua universalidade, agora, o converteu em mera performatividade vazia na esfera universitária e, mesmo, na mídia, subjugando os restos ou os excessos de vida (*bíos*) mobilizados para a sua ação política e formativa a uma lógica identitária e a uma racionalidade prévia que concorrem, senão para o aniquilamento da diferenciação ética e da criação de modos de subjetivação outros, pelo menos para a despotencialização desses processos. Terceiro, os próprios campos do saber ou as práticas que poderiam resistir a essa racionalização da atividade acadêmica, como a Filosofia ou qualquer outra que requeira a atitude da crítica, parecem ter se acomodado aos dispositivos disciplinares e a uma espécie de subjugação do intelectual aos critérios de produtividade científica, que interdita toda e qualquer gestão ética da vida universitária, em suas nuances e diferenciações. Quarto, a ação formativa de parte dos profissionais dessas instituições de ensino se configurou também a partir desses critérios e de uma pragmática no ensino, que aspira a transmitir informações, desenvolver capacidades e treinar habilidades, necessárias à qualificação profissional das gerações mais novas de estudantes, priorizando o treinamento para o trabalho e pouco se importando com a formação de suas atitudes éticas para enfrentar a vida e se posicionar no mundo.

Para abordar o assunto, e tentar responder a essas questões, diante desse diagnóstico previamente indicado, não me aterei neste ensaio exclusivamente às discussões acerca do papel ou da função intelectual desenvolvida por Foucault em algumas entrevistas e ensaios em que a temática foi abordada, como as entrevistas *Verdade e Poder* e *Os intelectuais e o poder* ou o ensaio jornalístico É *inútil revoltar-se*, como tem sido comum na já extensa literatura sobre o assunto. O modo como abordarei o tema tem certa sintonia com a crítica foucaultiana ao intelectual universal, certa defesa com a função específica do intelectual nas lutas locais, de sua indignidade em falar pelos outros, e da assunção de uma moral antiestratégica, nos termos desenvolvidos por Koerner (2000), do modo como implica o professor em uma responsabilidade intelectual, como desenvolvido por Blacker (2010) ou, mais recentemente, numa função de educador, para mencionar uma expressão de Carvalho (2010). Penso que, dessa forma, é possível discutir se a ação do intelectual e, particularmente, do professor na atualidade poderia dar visibilidade às formas de resistência aos dispositivos do biopoder e à pragmática do ensino, instigando a criticidade e fazendo emergir a criação de contracondutas.

Embora o que eu pretenda neste ensaio esteja alinhado a essa perspectiva, gostaria de discutir a temática focando o sujeito ético no qual se concentra. Particularmente, interessa-me o tema da relação entre a verdade enunciada por esse sujeito e o modo como a vive numa espécie de coincidência e de interpelação entre o que diz e o que experimenta em e com a sua existência, em vistas a torná-la o campo de problematização de um pensar em que o que resta ou que excede à vida seria evidenciado. Assim, a resistência ao controle excessivo da vida e a fuga das tecnologias do biopoder que a enredam poderiam ser potencializadas e transformadas em atos por aqueles sujeitos que a vivem e a exprimem, constituindo diferentes modos de existência, aos quais os intelectuais deveriam estar engajados ou, simplesmente, atentos para torná-los dignos, por exprimirem regimes de verdades distintos e, por isso, importantes para a esfera pública e para a sua transformação.

Para além das razões de certa dissociação entre o que o intelectual diz e vive, analisada em outra ocasião ao retratar o problema da Filosofia Acadêmica e de seu ensino na atualidade (PAGNI, 2012, 2013), colocar essa verdade, por assim dizer, no centro da análise, aludindo à verdade parresiástica retratada em seus últimos cursos – particularmente, em *A coragem de verdade* –, e se perguntar se é possível vivê-la ou, melhor dizendo, se é possível viver uma vida verdadeira, referindo-me a um legado dos últimos textos de Foucault, parece-me uma maneira de ser leal ao seu projeto e à forma de exercício de uma filosofia. Isso porque, antes de interpelar genericamente o sujeito ético, constitui-se em um modo de interpelar a cada um de nós que desempenhamos essa função e, posso dizer por mim, realizando um questionamento radical do que somos, inclusive, como intelectuais ou, mais precisamente, intelectuais que exercem uma função de docente, de pesquisador, de docente-pesquisador, talvez, restringindo a essa ligação sua ação específica e seu engajamento nas lutas locais.

Vida, errância e diferença

A questão da vida que resiste à sua administração totalitária pelos dispositivos de poder institucionais perpassa quase toda a obra de Michel Foucault e parece ser encontrada de modo mais incisivo no prefácio que escreve ao *Anti-Édipo*, intitulado "Por uma vida não fascista", denotando a partir de então uma interseção da temática desse livro de Deleuze e Guattari (1976) com seu projeto filosófico, como também de outros filósofos da diferença.[1] Nesse prefácio, Foucault (2004) escreve um "manual para a vida cotidiana", contra as formas de totalitarismo incrustadas em cada indivíduo e enuncia, entre outras indicações, a defesa de uma desindividualização contra as formas de aprisionamento a um eu marcado pela identidade, pela normalidade e pela regulamentação institucional, que, assegurado pelo saber científico e pelas tecnologias do poder, subordina a vida e homogeneíza as suas formas de expressão plural, unificando-a em torno de um único regime de verdade possível. Essa temática percorre, desde então, um projeto que se encerra com o ensaio "Vida: experiência e ciência", o último publicado em sua vida.

Nesse ensaio, Foucault (2007) homenageia a Canguilhem como um de seus mestres e de toda uma geração que, mesmo sendo um filósofo da ciência, teria demonstrado a irredutibilidade da vida à ciência e, mesmo no caso da biologia, dos problemas que a atravessam, de sua contingência, de seus acidentes e de sua anomalia. O centro desses problemas, diz Foucault, "é aquilo que é capaz do erro" e, por isso, eventualmente, tenha que se "explicar o fato de a anomalia atravessar a biologia" e "interrogar a partir dela esse erro singular", que faz com que "o homem acabe sendo um ser vivo que nunca se encontre em seu lugar, um ser vivo condenado a 'errar' e a 'equivocar-se'" (2007, p. 56). Esse ser vivo se equivoca e erra porque procura apreender as vicissitudes da vida e seus percalços por meio dos conceitos e, particularmente, do pensamento que emerge historicamente no mundo; em vistas a instituir uma política da verdade, nada mais faz que propor uma série de "correções", que se procura empreender como uma "espécie de dimensão da própria vida dos homens, indispensável para a temporalidade da espécie" (FOUCAULT, 2007, p. 56).

Por mais que se outorgue à verdade um valor de um modo particular de vida e uma invenção para distingui-la do falso, é uma eventualidade

---

[1] É interessante notar que a necessidade de pensar a economia política em outros termos, como uma economia da vida, de seus restos e excessos é uma temática constante, por exemplo, nas obras não somente de Deleuze e de Foucault, como também de Jean François Lyotard (1981, 1990), particularmente, *Economia libidinal* e *Dispositivos pulsionais*. Nesta última coletânea é possível encontrar no capítulo "Capitalismo energúmeno" uma outra interpretação sobre essa economia da vida, talvez, mais clássica que a de Foucault ou a de Deleuze, mas não menos interessante. O que interessa, porém, é salientar o impacto que o *Anti-Édipo* teve entre os chamados filósofos da diferença, ao que parece tendo um papel de alinhar os seus projetos filosóficos, ainda que com as singularidades que os caracterizaram.

inscrita em sua existência e, como diria Canguilhem, segundo Foucault, "o azar permanente ao redor do qual se desprega a história da vida e o devir dos homens" (2007, p. 56). Se Canguilhem traz ciência à via e vislumbra nesta última as normas que deveriam reger a existência, ao provocar os cientistas a reconhecerem que os saberes decorrem do erro e os pensamentos novos emergem das normas vitais e de seus acidentes, Foucault parece ver na vida uma instância fugidia da biopolítica e uma fonte inesgotável de potencialidade para a qual o sujeito ético deveria estar atento e pronto para mobilizar uma atitude corajosa para enfrentá-lo, em busca, antes do que uma verdade a ser vivida, de uma vida a se tornar verdadeira.

A homenagem de Foucault a Canguilhem é, além do reconhecimento a um de seus mestres, um testamento de sua própria obra e, particularmente, de seu próprio projeto filosófico, como sugeriu Giorgio Agamben (2007).[2] Esse legado de seu projeto filosófico parece se centrar numa relação particular entre vida e verdade. Em tal relação, o pensar propulsionaria a formação de conceitos e decorreria do erro inscrito na existência na medida em que se constituísse como um campo de problematização para, de e nos próprios sujeitos éticos, mobilizá-los para atentarem aos acontecimentos que se passam aos seus pensamentos e inquietá-los no que se refere aos conceitos que não dão conta de abarcar nem de exprimir essa resistência da vida/ *bíos* que escapa a toda forma de domínio. Ao admitir o erro como esta instância fugidia e a sua ocorrência como intrinsecamente ligada à sorte ou ao azar, como uma espécie de jogo em uma temporalidade imprecisa, Foucault (2007, p. 54) entende que, por um lado, "formar conceitos é uma maneira de viver e não de matar a vida", gerando sua mobilidade, antes do que sua estagnação, por intermédio desse trabalho de si; por outro, é um modo de sua expressão, entre os mais

---

[2] O que é curioso é que essa interpretação procura explorar essa questão como um legado dos filósofos da diferença, porém, somente menciona o texto de Foucault para argumentar pela tese da vida como uma imanência absoluta defendida por Deleuze. Isso ocorre, pode-se dizer, em razão de o artigo de Agamben ter sido publicado em 1996, após onze anos da publicação de "Vida: experiência e ciência" e dois do ensaio "Imanência: uma vida..." de Deleuze, portanto, bastante tempo antes da transcrição dos últimos cursos de Foucault, ocorrida no final dos anos 2000. É nos cursos *Governo de si e dos outros I* (1982-1983) e *II ou A coragem de verdade* (1983-1984) que as relações entre a verdade e a vida, em sua articulação com a atividade política-intelectual, parecem ser mais bem elaboradas a partir de sua análise do cinismo e dos movimentos revolucionários e artísticos do século XIX. Por isso, preferimos analisar esses aspectos ainda pouco retratados da obra de Foucault para abordar essa questão, antes do que as obras de Deleuze, como preferiu Agamben (2007) em seu artigo "Imanência absoluta", propondo outro caminho para a sua análise.

variados possíveis, e uma forma particular de comunicação, no meio de milhares de seres vivos, capaz de produzir transformações nesse meio. Desse modo, a formação de conceitos (advogada pela filosofia) poderia, em vez de apelar à imobilização da vida, dobrar-se sobre a sua resistência a tudo que tenta controlá-la, persistindo em expô-la, quando as formações conceituais preexistentes e os saberes científicos não dão conta de abarcá-la, e produzindo uma experiência singular dos sujeitos que, antes do que dizer o já sabido, exprime o seu devir-errante e autotransformador.

Este exercício de pensar como expressão do não idêntico ao conceito e da diferenciação deste em relação à mobilidade da vida parece se alinhar ao que, anteriormente em sua obra, Foucault denominou de descontinuidade, de problematização e de crítica. Mais do que um recurso epistemológico, tal exercício implica um movimento do sujeito ético diante da vida, das possíveis escolhas de suas condutas, diante do que deseja, mas também do que pode no que se refere ao governo de si e dos outros, num contínuo dobrar sobre si próprio para tais propósitos, cujas consequências para a esfera pública forçam a sua reestruturação e a sua transformação. Em vistas a potencializar a vida e a expô-la ao mundo, na forma de um ensaio de si em que o sujeito mobiliza as forças e os recursos disponíveis para exprimir um modo de existir verdadeiro, a verdade almejada por tal exercício filosófico não é somente aquela a ser enunciada a partir de um discurso coeso, logicamente estruturado e conceitualmente fundamentado, mas a ser experienciada, provada e julgada na e pela própria existência, facultando àquele que a vive, tornar melhor e mais livre a sua vida.

Mesmo que as escolhas de sentidos e de condutas pelos sujeitos éticos possam resultar em equívocos, em devires-minoritários e em contínuos processos de diferenciação, tanto para si quanto para outrem, são essas vidas errantes, estilísticas da existência diversas e verdades plurais existentes, que propiciariam, na esfera pública, sob essa ótica, uma mobilidade e uma inovação capazes de resistir àquelas pressupostas pelo mercado e pela racionalidade econômica.[3] Isso porque

---

[3] Essa racionalidade que subjuga a vida às normas da *Ciência Econômica* e aos critérios determinados pelo mercado é descrito por Foucault (2008) no curso *O nascimento da biopolítica*, particularmente, nas aulas de 14, 21 e 28 de março de 1979. Nessas aulas, ao caracterizar a restrição do sujeito ético a um homo economicus ele argumenta que este último passa a ser visto como capital humano e o investimento em si mesmo como a sua ampliação, em vista a ser disponibilizado no mercado para ser vendido em conformidade com a sua qualificação e, em troca, se satisfazer com o consumo possibilitado por sua renda. O suposto básico para fazer parte desse modo de existência é, além de sua composição genética herdada, aquele

elas estariam centradas, poder-se-ia dizer, nas disputas públicas e na criação de modos outros de existência, responsáveis por políticas de verdade afirmativas da vida, porque movidas pela atenção aos equívocos, aos acontecimentos e pela diferença. Nesse sentido, esses últimos são tomados positivamente como móveis de uma experimentação de si que compreende riscos, um preparo para o impreparável e uma abertura para se transformar na relação com o outro de si ou com outrem, gerando a sensação de estranhamento, o sentimento de fragilidade, a percepção da ignorância no sujeito, fazendo dobrar-se à diferença, acolher ao acontecimento e reconhecer os equívocos, desaprendendo do que representa e acredita ser para reencontrar-se em seu devir.

Em contrapartida, para que tal propósito ocorresse na relação com outrem ou com outro, não bastaria estabelecê-lo como uma condição universal a ser conquistada por ambos, mas seria necessário discutir em que medida cada um deles dispõe de coragem para assumir os riscos que essas atitudes gerais representam para as suas existências em particular e para a comunidade em que vivem. Isso porque elas colocam em xeque tanto as particularidades de sua existência quanto as convenções estabelecidas pela comunidade, exigindo mais do que viver por uma questão de sobrevivência e do que se diferenciar para atender aos atuais objetivos do jogo, um viver como uma resistência à morte e, principalmente, a toda tanatopolítica, que acompanha a biopolítica. É nos modos de viver que experimentam outro de si, diferente do eu individual, nos processos de subjetivação e que produzem modos de existências distintos dos existentes, que parece residir, mais do que o *ethos* filosófico, um desafio político do intelectual no presente.

Nas formas de exercício de sua filosofia, o legado foucaultiano implica a noção de vida; foi considerado por alguns de seus intérpretes como um último deslocamento de sua obra. Tal deslocamento

---

investimento educacional necessário para que se converta num empresário de si, isto é, daquele que se empreende ao ampliar e, com isso, acumular o capital humano, satisfazendo-se para que um outro indeterminado, por assim dizer, lucre. Diferentemente de ocupar-se eticamente de si ou de se subjetivar, como veremos mais adiante, potencializando a vida, neste caso, por meio dessa configuração da biopolítica no neoliberalismo global, ocorreu um despotencialização ou, mesmo, um esvaziamento da vida, subjugando-a em todas as suas esferas a uma satisfação propiciada pelo consumo no mercado e pela eficiência no trabalho. Nesse sentido, o que defenderei a seguir, já se pode presumir, não é um retorno ao cuidado de si dos antigos, tampouco ao modo como se ocuparam da vida na tradição cínica, mas a insistência na atenção da tarefa intelectual às linhas de fuga de seus excessos e às resistências de seus restos, emergindo das lutas locais como partícipe e/ou como aquele que favorece para que o outro fale por si mesmo.

pode compreender a passagem tanto de um conjunto de funções que resistem à morte para ver nela um "ambiente próprio do erro", como sugere Agamben (2007), quanto da *aporia* literária dos "casos" que a singularizam para uma ética que, inspirada na ontologia da diferença, problematiza o sujeito e o comum, nos termos referidos por Judith Revel (2004). Erro e diferença, segundo tais intérpretes, parecem nutrir a remissão de sua filosofia à vida e indicam o seu caráter fugidio frente tanto às ciências e às filosofias do sujeito, revelando o seu pendor político na produção, tanto das tecnologias do biopoder quanto das configurações atuais da biopolítica, sobretudo, no que se refere à otimização das diferenciações em torno das chamadas políticas compensatórias ou de inclusão.

Política e verdade: por uma vida verdadeira

O pendor político do projeto foucaultiano sugere uma preocupação com um olhar genealógico que parte de problemas emergentes do tempo presente como objetos de sua filosofia e que pode ser ainda mais evidenciado nos últimos cursos ministrados no Collège de France, particularmente, *Le gouvernement de soi et des autres* (1982-1983) e *Le courage de la verité* (1983-1984). Nesses dois cursos, Foucault parte do problema da governamentalidade na modernidade para analisar a sua emergência e o seu desenvolvimento na antiguidade clássica grega e romana, passando por todo pensamento cristão, em vistas a discutir outro regime de verdade denominado de *parresía* ou, em resumo, uma espécie de falar franco em que a verdade enunciada pelo discurso expressa um modo de vida, um *ethos* do próprio sujeito que o enuncia, com as variações que assume historicamente, como expressão das diferentes escolas filosóficas. Se, no primeiro curso, Foucault (2010) chegou à análise da pragmática de si, produzindo um último deslocamento da história da subjetividade e das formas de subjetivação, no segundo, ele analisa a *parresía* nos filósofos cínicos, privilegiando o que considera ser uma de suas configurações e articulando-a aos movimentos políticos revolucionários e artísticos do século XIX. Nessa articulação e configuração das relações entre verdade e vida, Foucault (2011) procura salientar que os cínicos radicalizaram uma das tradições filosóficas encontradas nos diálogos socráticos de Platão, particularmente no *Laques*, em que a recomendação do cuidado de si implica não propriamente uma "metafísica da alma (*psychê*)", mas os modos de existência ou as formas de viver, exigindo que vida e verdade enunciada correspondam.

Para ser mais preciso, na aula de 22 e 29 de fevereiro de 1984, do curso *A coragem de verdade*, ao analisar a genealogia do princípio do cuidado no *Alcebíades* e no *Laques* de Platão, Foucault (2011) argumenta que o primeiro cuidado almejado é o da alma, onde o sujeito que se dobra sobre si, voltando seu olhar para o seu interior, encontra com o divino, enquanto que o segundo propugna-se a cuidar da vida, de sua estilística da existência ou de sua modalidade filosófica. Considera também que a metafísica da alma e a filosofia como prova de vida não são incompatíveis, pois, diz ele, primeiro, "a filosofia tem de se pôr sob o signo do conhecimento da alma e que faz desse conhecimento da alma uma ontologia do eu", e, então, "uma filosofia como prova de vida, do *bíos*, que é matéria ética e objeto de uma arte de si" (FOUCAULT, 2011, p. 112).

A opção de Foucault é pela segunda forma de abordar o cuidado de si, nesse curso. E não só porque Foucault (2004) já havia analisada a primeira forma no curso *Hermenêutica do sujeito*. Parece que a necessidade de discutir o modo como os cínicos compreendem a verdade e a vida verdadeira dá sinais de um modo outro de contrastar, diferenciar e atritar, esse modo de vida filosófico do passado da atual vida política, discutindo se o intelectual poderia viver, no presente, uma vida revolucionária e, portanto, de sua aproximação de um discurso enunciado não do alto, mas do cotidiano e do baixo, da imersão no meio daqueles que falam e no qual o sujeito que enuncia seu discurso também fala como seu elemento e seu ator.

É no âmbito dessa relação entre a verdade e a vida que Foucault (2011) analisa a *parresía* cínica, argumentando que o cínico é a figura do "homem errante" (p. 146), que se exprime pelo modo como vive, sendo que toda verdade ou todo dizer-a-verdade está associado justamente àquilo que é e que assume uma forma aletúrgica, isto é, uma forma em que a vida (*bíos*) expressa uma verdade, testemunhada em cada gesto físico, mais do que somente as palavras; uma verdade que chega a ser insolente, a inverter a ordem do discurso, a ironizar as hierarquias que representa, a carnavalizar o existente. Isso significa dizer que o cinismo "faz da vida", do *bíos*, uma "manifestação da verdade" (FOUCAULT, 2011, p. 150), vivendo a vida como prova, como desafio, por eles se deformando, se reformando e se transformando.

Nesses termos, segundo ele, o cinismo se estende da antiguidade, passando pelo cristianismo, até os movimentos artísticos e revolucionários do século XIX, quando assume uma forma específica de militância como "testemunho pela vida",[4] juntamente com as formas de militantismo

---

[4] De acordo com Foucault: "Esse estilo de existência próprio do militantismo revolucionário [...] deve estar em ruptura com as convenções, os hábitos, os valores da sociedade. E ele deve

revolucionário, visíveis como as organizações civis, tais como os partidos e sindicatos, ou não tão visíveis, tal como ocorre com as associações e sociedades secretas. O problema é que se, em sua emergência, esses três estilos de militância se articulam e, historicamente, em seu desenvolvimento durante os séculos XIX e meados do XX se sobrepõem uns aos outros, ao ponto de esse modo de engajamento revolucionário como "testemunho pela vida", gradativamente, ser abandonado, quase esquecido, salvo pela sua manifestação pontual em alguns movimentos. Tais movimentos, diz Foucault, "vão do niilismo ao anarquismo ou ao terrorismo" e de posicionamentos esquerdistas que continuam a postular o problema da "vida revolucionária" (2011, p. 162). Estes últimos ainda fariam soar os ecos do cinismo no presente, muitas vezes, assumindo uma forma mais incisiva na arte do que na esfera política da vida, tal como se observa a partir da modernidade, preservando a atitude de viver uma vida verdadeira, teatralizando essa verdade vivida e escandalizando o público que com ela se depara, provocando-o a se revolver, convidando-o a se abrir e convocando-o a se transformar.

A própria forma como Foucault (2011) vê o seu papel no presente, por assim dizer, insinua uma familiaridade com esse desdobramento do cinismo e com o *testemunho pela vida* que caracterizam seu engajamento, menos por uma excentricidade a qual os críticos associaram o que denominam de seu dandismo e mais por uma posição que, assumida deliberadamente, reverte os modos de ser filosófico marcados por um ideia de intelectual universal e atua no sentido de se engajar nas lutas locais (primeiro, nos presídios, depois, na militância homossexual, nos posicionamentos em prol da revolução iraniana, entre outras). Parece fazer dessas lutas anti-identitárias um campo de experimentação de si, onde se coloca à prova, mobilizando os conceitos formados para apreendê-las, nelas se subjetivando e se posicionando em consonância não com um olhar que propugna a verdade desde cima, mas com o de um de seus partícipes, que testemunha de seu interior uma experiência que é a sua, se impedindo de enunciar seu discurso fora desse registro nem de assumir o lugar da enunciação por outrem.

Essa postura de *intelectual específico*,[5] para usar a terminologia criada pelo próprio Foucault (1997) para exprimir o sentido em que compreende

---

manifestar diretamente, por sua forma visível, por sua prática constante e sua existência imediata, a possibilidade concreta e o valor evidente de uma outra vida, uma outra vida que é a verdadeira vida" (2011, p. 161).

[5] Na visão de Foucault (1977), antes de postular a compreensão da totalidade por intermédio de uma teoria universal, o intelectual específico atua em "setores determinados, em

seu papel, parecem conferir à sua ação política, com as suas análises sobre o cinismo e as suas ligações com o militantismo como "testemunho pela vida" revolucionária – mencionados anteriormente –, uma base ética ou, melhor dizendo, um *ethos filosófico* específico, comprometidos com a verdade, com a vida e, principalmente, com o escândalo de viver uma vida verdadeira. Viver essa vida verdadeira como um intelectual e um filósofo significa dar resposta a um paradoxo: o de viver no agonismo da luta, próximo aos seus partícipes, nas ruas e nas praças públicas, mesmo sabendo que em razão de sua vida errante, sempre estará à margem, pronto para ser expulso, por não agradar aos mesmos, dizer-lhes a verdade testemunhada por sua forma de vida, que quase nunca é similar ao da comunidade existente e que a interpela simplesmente porque está nela presente.

Para dar uma resposta a essa dubiedade é, segundo Foucault (1997), necessário ter uma atitude de coragem para assumir o risco de viver filosoficamente, que seria quase o mesmo que testemunhar a verdade de uma vida politicamente revolucionária nos termos anteriormente apresentados, vivendo à margem e interpelando os que estão na comunidade. Nesta espécie de luta sem fim em que o que conta são as particularidades do *ethos* daqueles que participam da vida pública, qualquer diferenciação ou transformação de cada um implica na de outrem e do todo. Por isso, esse seria o campo específico da atuação do pensar filosófico, da ação intelectual e de suas lutas políticas.

Diferentemente dos filósofos que se calam porque consideram a multidão incapaz de ser convencida ou daqueles que só se dirigem a

pontos precisos em que os situavam, seja suas condições de trabalho, seja suas condições de vida", se concentrando em "problemas específicos", emergentes de "lutas reais, matérias e cotidianas" (p. 9). Desaparece, praticamente, com a sua emergência, o modelo do escritor para se colocar em seu lugar os intelectuais que produzem e são produzidos por "ligações transversais de saber para saber, de um ponto de politização a outro" (p. 9). Assim, de magistrados a psiquiatras, de médicos a assistentes sociais, de físicos a biólogos, pode-se vislumbrar uma articulação e uma "politização global dos intelectuais", onde "o professor e a universidade aparecem, talvez não como elementos centrais, mas como 'permutadores', pontos de cruzamento privilegiados", justamente porque atuam no ensino e nessa instituição que consiste numa das "regiões ultrassensíveis politicamente" da atualidade e que concentra a multiplicação e o reforço dos efeitos de poder no meio de um conjunto "multiforme de intelectuais" em que todos se afetam por e se referem a eles (p. 9-10). E, agora, diz Foucault, não mais teríamos como a figura do intelectual a do "escritor genial", mas a do "cientista absoluto": "não mais aquele que empunha sozinho os valores de todos, que se opõe ao soberano e aos governantes injustos e faz ouvir seu grito até na imortalidade; é aquele que detém, com alguns outros, ao serviço do Estado ou contra ele, poderes que podem favorecer ou matar definitivamente a vida. Não mais cantor da eternidade, mas estrategista da vida e da morte" (1977, p. 10).

um público seleto em suas aulas ou palestras e de modo semelhante àquela como descreve os cínicos,[6] Foucault se dirige aos loucos, aos presos, aos homossexuais, enfim, aquele/as que estão à margem da comunidade, tentando ver nessa sua parcela invisível e nas formas de sua organização ou expressividade a possibilidade de falarem por si mesmos, lançando sobre ela outros modos de olhar e de viver que a interpelam no que estabeleceu como comum, se acercando de uma vida errante, marginal, que também é a sua. Com essa atitude, Foucault parece persistir numa prática filosófica que, ao analisar os desdobramentos da ética cínica na contemporaneidade e ao notar que a filosofia teria se convertido em um discurso sobre o discurso e em um ofício de ensino, ensaia "outra forma de vida, deslocada e transformada, no campo político", ou seja, "a vida revolucionária" (2011, p. 187). Dessa forma, materializa em seu discurso e atuação intelectual um gesto heroico que, no presente, recorda genealogicamente o *ethos filosófico* dos cínicos e, em seu desenvolvimento moderno, remete à formulação que assume no *Fausto* de Goethe para, finalmente, apresentar-se nesta forma tão distinta e diferenciada, no tempo presente, como vida revolucionária.

Considerações finais

Mais importante do que a coerência de Foucault em relação a essa posição, parece-me ser o sentido que, estrategicamente, ela assume num presente em que a prática política se dissociou não somente do *ethos filosófico*, como também a interpelação acerca da própria ética de seus atores na cena pública, que assumiram uma face utilitária, destituída de eticidade e de uma dramática de si. Para isso, a imersão que faz em suas últimas obras ou, mesmo, em toda a sua extensão, nesses campos da ética e da estética da existência, tem uma função eminentemente política, dando continência a sua atividade intelectual e filosófica. É como se, num mundo em que ação política do intelectual nos partidos, nos sindicatos e no Estado, teria perdido o sentido ético que norteia toda práxis, se este último fosse assinalado a partir de uma verdade não

---

[6] Foucault (2011) descreve os cínicos como uma terceira categoria de intelectual, em seu curso *Coragem de verdade,* citando Dion Crisóstomo, como aqueles que se "postam nas esquinas, nas alamedas, nas portas dos templos", enfim, perambulam pela rua em sua constante mendicância, e se dirigem às crianças, aos marinheiros e pessoas desse tipo, aproveitando de sua credulidade para "fazer rir da filosofia" [oficial] e desenvolvendo uma espécie de "filosofia popular", justificada por uma "pobreza teórica" e uma "magreza do ensino doutrinal" (p. 180-181).

dada epistemologicamente pelo saber científico ou fundada por uma moral em um metadiscurso filosófico, mas relacionada a um modo de existência, a formas de vidas capazes de exprimir alguma resistência à sua destituição pelo biopoder e oxigenar o aprisionamento proporcionado pela biopolítica no neoliberalismo.

Não creio, no entanto, que essa formulação geral em torno da resistência como remissão à vida ou, pior ainda, a atuação intelectual de Foucault possa servir de exemplo, de guia de conduta para a vida intelectual ou o que dela restou na atualidade, o que parece contradizer o seu próprio pensamento esboçado brevemente aqui. Talvez, o mais interessante e pertinente ao seu projeto filosófico, caso assim o considerássemos, fosse tomá-la como referência importante para pensar a nossa própria atuação e nos interpelar sobre o que somos nós como intelectuais que, a despeito do esvaziamento dessa categoria e do sentido ético daquela ação, ainda tem uma vida que se interpõe a um mero ofício e um modo de ser que se explicita publicamente. Diante da restrição daquela atuação às especialidades, aos campos disciplinares e ao ensino, assim como desse ser-intelectual aos mesmos critérios de performatividade, eficiência e inovação do mercado, independente da área na qual atuemos, além de nos instigar, essa referência incomoda. Ela nos cobra uma práxis, em seu sentido original de uma ação ética com vistas à realização de um bem comum, e certo engajamento, que implique nossas vidas errantes em nossa atuação e compreenda uma militância em lutas locais, não identitárias, postulando uma moral antiestratégica, contracondutas específicas na produção do conhecimento, no ensino e na extensão universitária, quem sabe, com um traço de cinismo.

Isso não significa retomar o jargão ideológico em torno do qual a militância do intelectual parece se perpetuar, articuladamente aos partidos e, sobretudo, aos sindicatos, veiculando um conjunto de ideias quase sempre desvinculadas dos modos de existência de quem as enuncia, que se constituiu em um modo de academicizar as próprias lutas locais, para manter intacta as posições de hierarquicamente superiores e olhar de cima para a multidão, com a esperança de não se misturar com ela. Ao contrário disso, significa uma atuação que emerja de um olhar atento aos acontecimentos e de uma experiência singular em que a vida esteja implicada, com um pensar em busca dos sentidos para uma existência que a destituiu em face das tecnologias do poder e das configurações atuais da biopolítica, imergindo nas próprias lutas da multidão da qual faz parte para lhes dar visibilidade e nelas prestar o testemunho de suas resistências ou, mesmo modo, das provas de que outros modos de subjetivação são possíveis. Nessa experimentação que brota de si mesmo e das lutas transversais que compreendem a sua existência, algumas delas parecem emergir desde o interior da política acadêmica, de nossa atuação como professores universitários e como pesquisadores; outras emergem de nossa relação com outros colegas, alunos, pessoas de nosso círculo, nem sempre familiar, às vezes estranhos, que nos mobilizam pelo que se diferenciam de cada um de nós.

É esse lugar de permutador e de estrategista da vida, que caracteriza o intelectual específico, que nos convoca a assumir responsabilidades políticas, desde nosso campo específico, em inter-relação com outros campos de saber, outras esferas da luta, como intelectuais e partícipes de uma comunidade na qual está enredado. Tais responsabilidades, seguramente, interfeririam nas políticas de verdade, apontando para campos pouco visíveis e outros regimes de sua produção, com os quais esse intelectual se alinha em razão de perceber que sua diferença produz uma mobilização de forças transformadoras de si e, em sua visibilidade, a possibilidade para que se exponha, trazendo à luz esse modo de ser outro, que pode transformar a outrem, não pelo que possui de idêntico, de familiar, mas de estranho, por exprimir o que resta ou excede à vida. Para isso, não bastaria elaborar teoricamente ou enunciar discursivamente a verdade que a compreende, mas vivê-la eticamente e testemunhá-la politicamente, exprimindo publicamente um modo de existência efetivo, num gesto político em que a vida se afirma e se faz presente em sua errância, nas diferenças que nela se mostram e que mobilizam o devir desse sujeito.

Testemunho pela vida, abertura às diferenças de outrem e à experimentação de si, disposição de se colocar à prova, de pôr em xeque a verdade que vive e em risco a própria vida parece ser um sentido ético bastante desafiador para esse intelectual. Se considerarmos um presente em que as lutas se dão contra os assujeitamentos identitários e os estados de dominação que esvaziam a vida, esta última, antes do que se pautar na errância, se potencializaria na e com a diferença, sendo esse o centro irradiador da resistência e o móvel de uma ontologia. Nela, a vida se esboçaria não apenas em sua luta contra a morte, produzida nos estados extremos da biopolítica, como também em sua potencialização ou seu extravasamento expressos em gestos cotidianos, absolutamente vitais, quase nunca pensados, porque suscitados num jogo de diferenciação incompreensível pelas categorias ou, simplesmente, a partir de um impulso de se desprender do que somos, somente possível numa relação com um outro.

É esse outro que suscita a diferença, como uma espécie de experiência de fora, muitas vezes por apresentar nessa relação algo assombroso ou monstruoso, alguma coisa que aos olhos de um seja uma anomalia, cuja reverberação em si, por qualquer razão que seja, mobilize-o para pensar em uma possibilidade de se livrar do incômodo que provoca. Por isso, o intelectual específico não se vincula às lutas locais e, particularmente, se engaja nos movimentos minoritários ou que defende as diferenças somente por uma escolha racional, por uma deliberação consciente ou por uma simpatia às suas reivindicações, como também por sua militância advir de um acontecimento, de um compromisso que provém das próprias entranhas ou, mesmo, de uma relação traumática ou de uma experiência singular que o fez transformar-se, que lhe faz falar deles, próximo ou ao lado deles – raramente, sobre eles –, como algo, alguém, que lhes fez renascer para a vida, dando sentido a ela e tornando-a verdadeira.

Nesse caso, o elo com esses movimentos e o engajamento do intelectual pode ser extremamente variado, termo preferível ao de especializado, das lutas em torno do que restou das classes, até as dos movimentos minoritários (étnico-racial, de gênero, de sexualidade, etc.), passando pelas questões relacionadas à deficiência. O que importa é que vislumbra nesse outro que se apresenta e se diferencia do que acredita ser como eu, como sujeito, como ator, uma forma de existência e uma vida mesma muito distinta da sua que, em geral, já está enquadrada às normas instituídas e às tecnologias do biopoder que a esvaziam de sentimentos, de experiências e de sentidos. Nesse jogo com a diferença, em que a vida emerge em sua potencialidade e na sua forma bruta, porém, a deficiência possui uma particularidade, do mesmo modo que os traumas profundos, na medida em que a diferenciação ética que os sujeitos que a possuem apresentam está bastante demarcada por acidentes genéticos ou mecânicos, por doenças congênitas ou adquiridas, enfim, por limitações físicas, psíquicas e intelectuais que lhes são impostas, fazendo parte de si e, por mais que desejem, sobre as quais não possuem qualquer ingerência. Neste caso, caberia ao deficiente somente aceitar essa imposição, as suas limitações e os acidentes contra os quais nada poderiam, aceitando-os como um modo de vida ou, mais precisamente, como uma condição de sua existência.

Por isso, talvez, muitos professores universitários e pesquisadores como eu tenham se interessado pela deficiência como um caso mais radical da diferença e como uma vida em que a resistência chega ao limiar de luta contra morte, luta contra a identidade absoluta ou contra os modos de vida fascistas. Quem sabe, também, a reflexão sobre esse tema permita olharmos para o deficiente com maior atenção e cuidado, ao ponto de tentar tornar visível a sua inserção ou a de seus familiares numa comunidade invisível aos olhos de outrem e interpelar-nos em que medida teríamos condições de dela participar efetivamente. Um engajamento numa luta não imediata e que ainda me parece tateante, por haver nessa relação uma errância própria da vida, movida pela diferença e pelo acontecimento, que escapa aos saberes acadêmicos e aos poderes instituídos. Isso porque, se uma das características do intelectual específico é propagar a indignidade de falar pelo outro, neste caso sentimo-nos responsáveis por decifrar seus sinais, por permutá-los em vozes, sempre em dúvida se devemos ou não intermediar por ela (se tento enunciar esses sinais por esse outro ou por mim). Ao mesmo tempo, enunciamos essas dúvidas, em uma experienciação incerta e num testemunho de uma vida errante em que a relação com o ser deficiente não é necessariamente desse outrem, senão a nossa, a da nossa própria deficiência. Quem sabe esse temor não seja somente o nosso, como também o do intelectual que adentra essas lutas específicas e, para além de toda eficiência que nos é exigida, se depara com essa diferença extrema, a sua própria deficiência.

Referências

AGAMBEN, G. Imanência absoluta. In: GIORGI, G.; RODRIGUEZ, F. *Ensayos sobre biopolítica: excesos de vida*. Buenos Aires: Paidós, 2007. p. 59-92.

BLACKER, D. Foucault e a responsabilidade intelectual. In: SILVA, T. T. (Org.). *O sujeito da educação: estudos foucaultianos*. 7. ed. Petrópolis: Vozes, 2010.

CARVALHO, A. F. *Foucault e a função-educador: sujeição e experiências de subjetividades ativas na formação humana*. Ijuí: UNIJUÍ, 2010.

DELEUZE, G.; GUATTARI, F. *O anti-Édipo*. Rio de Janeiro: Imago, 1976.

FOUCAULT, M. A verdade e o poder. In: _____. *Microfísica do poder*. Rio de Janeiro: Graal, 1997. p. 1-14.

FOUCAULT, M. Introdução à vida não fascista. In: _____. *Por uma vida não fascista*. São Paulo: Sabotagem, 2004. p. 4-08.

FOUCAULT, M. La vida: la experiencia y la ciencia. In: GIORGI, G.; RODRIGUEZ, F. *Ensayos sobre biopolítica: excesos de vida*. Buenos Aires: Paidós, 2007. p. 41-59.

FOUCAULT, M. *O governo de si e dos outros*. São Paulo: Martins Fontes, 2010.

FOUCAULT, M. *A coragem de verdade*. São Paulo: Martins Fontes, 2011.

KOERNER, A. Foucault: o intelectual e a política. *Cadernos da FFC,* Marília, Unesp, v. 9, n.1, p. 1-10, 2000.

PAGNI, P. A. Entre o discurso filosófico e a filosofia como modo de vida: aprender, ensinar e/ou experimentar? In: XAVIER, I; KOHAN, W. O. (Orgs.). *Filosofar: aprender e ensinar.* Belo Horizonte: Autêntica, 2012. p. 141-156.

PAGNI, P. A. El cuidado ético de sí y las figuras del maestro en la relación pedagógica: reflexiones a partir del último Foucault. *Revista de Educación,* Madrid, n. 360, p. 665-683, enero-abril 2013.

REVEL, J. O pensamento vertical. Uma ética da problematização. In: GROS, F. (Org.). *Foucault: a coragem da verdade.* São Paulo: Parábola, 2004. p. 65-87.

Foucault e a ética do intelectual[1]

Priscila Piazentini Vieira

O GIP, Grupo de Informações sobre as Prisões, foi formado por Michel Foucault, Jean-Marie Domenach e Pierre Vidal-Naquet, e funcionou entre 1971-1972. Daniel Defert também teve grande participação nas ações do grupo, além de ter sido o principal incentivador para Foucault entrar na organização. Interesso-me pelo GIP devido às seguintes questões, que são destacadas pelos organizadores da coleção *Dits et Écrits* (FOUCAULT, 1994a, p. 174): o contexto de lutas em torno das prisões no qual o grupo emerge, ao lado de outras importantes militâncias de esquerda, como os maoístas da *Gauche Prolétarienne*, por exemplo; a especificidade de ação do GIP, que insistia em coletar as informações sobre o sistema penitenciário dentro das prisões a partir de questionários distribuídos clandestinamente entre os próprios detentos e seus familiares.

O GIP, assim, ajudou a modificar o militantismo do pós-Maio de 68. Entre essas transformações, atenho-me a uma em especial: Daniel Defert (2003, p. 323) lembra que a situação nas prisões de mulheres diferia radicalmente daquela encontrada nas prisões dos homens. Um grupo de ação política centrou-se sobre essa problemática, ao analisar a prisão da feminina parisiense La Roquette. Esse grupo inscrevia sua ação nas problemáticas das lutas feministas. O mesmo acontecia com a situação dos travestis presos, que solicitavam a ajuda do GIP e levantavam questões completamente diversas daquelas tratadas anteriormente pela militância nas prisões. Defert comenta sobre a especificidade trazida por esses novos personagens:

> Assim, rapidamente, as lutas de prisões que nós havíamos tentado integrar nas lutas proletárias comunicavam-se cada vez mais

---

[1] Essa reflexão tem como referência minha tese de doutorado: *A coragem da verdade e a ética do intelectual em Michel Foucault*, que defendi em 2013 no IFCH da UNICAMP, sob a orientação da Prof.ª Dr.ª Luzia Margareth Rago. Agradeço o apoio financeiro da FAPESP e da CAPES.

com os novos movimentos feministas, homossexuais, ou em torno dos imigrantes, nos quais o controle social do corpo, as mutilações de identidades tornavam-se a questão estruturante (DEFERT, 2003, p. 323).

Além do grupo em torno das mulheres, também foi criado o *Front Homosexuel d'Action Révolutionnaire*, por Guy Hocquenghem, que, a partir de 1979, participaria do jornal *Le Gai Pied*, ligado ao movimento gay francês, no qual Foucault escreve com frequência entre 1979 e 1984. Defert ainda relata que, para "certos dirigentes da *Gauche Proletarienne*, os novos movimentos eram representativos da sociedade tipicamente pequeno-burguesa" (DEFERT, 2003, p. 323).

Os erros, os fracassos e as derrotas do movimento revolucionário eram sempre responsabilidade dessa influência negativa dos pequeno-burgueses. Nomear os novos grupos que participavam das revoltas nas prisões dessa maneira implicava a desaprovação, o rebaixamento, a ridicularização e a diminuição das reivindicações que surgiam com esses novos grupos. O GIP, no entanto, esteve atento a essas novas questões. É por isso que Daniel Defert, ao comparar os movimentos sociais de esquerda do pós-Maio de 68, cita as organizações marxistas, marxistas-leninistas, maoístas, trotskistas, que podiam ser mais ou menos autoritárias, mas que recorriam a modos de análise e de intervenção muito tradicionais. Segundo ele, os movimentos trotskistas privilegiavam a construção de meios bem estruturados, enquanto os maoístas, como a *Gauche Prolétarienne*, apostavam na imersão no seio das massas. O GIP ligava-se a outras preocupações:

> O GIP faz provavelmente uma ligação entre esse segundo tempo do pós-maio de 68 e o surgimento dos novos movimentos ditos de liberação (das mulheres, dos homossexuais, em especial) que escapavam profundamente em seu recrutamento, em seu modo de análise e em seus objetivos, dos movimentos políticos que pretendiam prolongar 68 à força [...] Eu qualificaria esses novos movimentos de desejosos, não somente de políticas, mas também de socioéticas, na medida em que se trata da subversão das relações de poder, das hierarquias e dos valores (DEFERT, 2003, p. 326).

Essa ligação entre o GIP, os novos movimentos de liberação e seus desejos socioéticos é fundamental, principalmente se ela for relacionada com o interesse de Foucault, no final dos anos 1970 e no começo da década de 1980, pelo tema das estéticas da existência, da ética e das práticas da liberdade que ele encontra nas sociedades grega, helenística e romana. O estudo do GIP é importante porque nos possibilita entender a diferença da militância de Foucault em relação às demais organizações de esquerda francesa, como os maoístas e os leninistas, indicando a especificidade da sua prática de intelectual específico; ele mostra, também, o interesse de Foucault por grupos marginalizados e não valorizados pela militância tradicional de esquerda, como foi o caso dos prisioneiros.

O olhar para as margens, além disso, pode ter inspirado Foucault a encantar-se pelos cínicos, figuras pouco celebradas pela filosofia, mesmo dentro da própria cultura antiga. Mas ainda há outro aspecto para ser levado em conta para compreender o fascínio de Foucault pelos modos de existência antigos, como o dos cínicos: a sua admiração pelos movimentos da Contracultura das décadas de 1970 e 1980, tais como os hippies, o movimento gay, o feminismo, a cultura black power e outros. Eles propunham, segundo o olhar atento de Foucault em seu diagnóstico da atualidade, novos modos de viver.

No texto[2] "O sujeito e o poder" (FOUCAULT, 1995), de 1982, Foucault fala sobre a especificidade desses novos movimentos sociais, lembrando como eles lidavam com "uma série de oposições que se desenvolveram nos últimos anos: oposição ao poder dos homens sobre as mulheres, dos pais sobre os filhos, do psiquiatra sobre o doente mental, da medicina sobre a população, da administração sobre os modos de vida das pessoas" (FOUCAULT, 1995, p. 234). Entre os aspectos mais originais dessas lutas, considero dois de extrema relevância. O primeiro refere-se ao fato de essas lutas questionarem o estatuto do próprio indivíduo, e das seguintes maneiras:

> [...] por um lado, afirmam o direito de ser diferente e enfatizam tudo aquilo que torna os indivíduos verdadeiramente individuais. Por outro lado, atacam tudo aquilo que separa o indivíduo, que quebra sua relação com os outros, fragmenta a vida comunitária, força o indivíduo a se voltar para si mesmo e o liga à sua própria identidade de um modo coercitivo (FOUCAULT, 1995, p. 234-235).

Foucault nomeia essas práticas de contestações políticas como batalhas contra o "governo da individualização". O principal objetivo dessas lutas, então, não seria tanto atacar certa instituição de poder, elite ou classe, mas investir contra uma técnica de poder que constrange o indivíduo em sua vida cotidiana, categorizando-o de tal modo que ele se torna preso à sua própria identidade. Essas relações de poder produzem

---

[2] No momento da pesquisa, muitas das publicações de Foucault ainda não haviam sido traduzidas para o português. Utilizarei, assim, a maioria de seus textos no original, em francês, principalmente os que compõem a coleção *Dits et Écrits* e os dois últimos cursos dados no Collège de France: *Le gouvernement de soi et des autres* e *Le gouvernement de soi et des autres: Le courage de la vérité*. Nesses casos, a tradução é de minha autoria.

indivíduos assujeitados. Daí o significado que a palavra "sujeito" adquire no vocabulário de Foucault: "sujeito a alguém pelo controle e dependência, e preso à sua própria identidade por uma consciência ou autoconhecimento" (FOUCAULT, 1995, p. 235).

Foucault considera que existiram três tipos de lutas sociais ao longo de nossa história. As que foram realizadas contra as formas de dominação (étnica, social e religiosa); as que lutaram contra as formas de exploração que separam os indivíduos daquilo que eles produzem; ou aquelas que se revoltaram contra aquilo que liga o indivíduo a si mesmo e o submete, desse modo, aos outros: as lutas contra a sujeição e as formas de subjetivação e submissão. Apesar de elas não aparecerem isoladamente, ele considera que nas sociedades feudais prevaleceram os conflitos contra as formas de dominação. O século XIX caracterizou-se pela luta contra a exploração, enquanto que na atualidade de Foucault (as décadas de 1970 e 1980) as lutas contra as formas de sujeição ou de submissão da subjetividade tornaram-se cada vez mais importantes, mesmo que as de dominação e exploração não tenham desaparecido.

Muitos estudiosos tratariam esses tipos de sujeição como fenômenos derivados de outros processos econômicos e sociais, tais como as "forças de produção, lutas de classe e estruturas ideológicas que determinam a forma de subjetividade" (FOUCAULT, 1995, p. 236). Se, para Foucault, os mecanismos de sujeição não podem ser estudados fora de sua relação com os mecanismos de dominação e de exploração, isso não quer dizer que ele os considere apenas como um reflexo dessas instâncias. E, para compreender as suas complexidades e especificidades, Foucault destaca o aparecimento de uma nova forma de poder que se desenvolveu desde o século XVI: o Estado. No entanto, em muitas ocasiões ele foi visto como um tipo de poder que ignora os indivíduos e preocupa-se apenas com os interesses de uma totalidade, como a classe, por exemplo.

Foucault, em *Segurança, território, população* (FOUCAULT, 2008a) possui um olhar característico sobre o Estado, ao mostrar como as relações de poder que este exerce são tanto individualizantes quanto totalizadoras. Isso ocorreu devido à formação do Estado moderno, que integrou uma antiga tecnologia de poder encontrada nas instituições cristãs: o poder pastoral. Essa forma de poder cuida da comunidade como um todo, mas também de cada indivíduo em particular. Para assegurar a salvação no outro mundo, o poder pastoral implica um saber sobre a consciência do indivíduo e acaba produzindo a sua própria verdade. Nesse sentido, Foucault afirma:

> Não acredito que devêssemos considerar o "Estado moderno" como uma entidade que se desenvolveu acima dos indivíduos, ignorando o que eles são e até mesmo sua própria existência, mas,

ao contrário, como uma estrutura muito sofisticada, na qual os indivíduos podem ser integrados sob uma condição: que a esta individualidade se atribuísse uma nova forma, submetendo-a a um conjunto de modelos muito específicos (FOUCAULT, 1995, p. 237).

O poder pastoral, que antes era associado somente à instituição religiosa, ampliou-se, na Modernidade, por todo o corpo social e apoiou-se em múltiplas instituições, como a família, a escola, os hospitais, as fábricas, etc. Diante desse diagnóstico, produzido por ele mesmo, das formas de poder e de produção da subjetividade contra as quais os movimentos sociais das décadas de 1970 e 1980 lutavam, Foucault lembra da importância de uma filosofia que se preocupa com as condições existentes da atualidade. Ele recorre ao gesto inicial de Kant, que se pergunta: "o que somos nós?" (FOUCAULT, 1995, p. 239). Foucault indica o desdobramento dessa pergunta, realizada em 1784, ao escrever: "o que está acontecendo conosco? O que é este mundo, esta época, este momento preciso em que vivemos?" (FOUCAULT, 1995, p. 239).

A problemática trazida por Kant, assim, inspira Foucault a produzir, também, um diagnóstico do seu presente. Mas o objetivo de Foucault já não é mais o mesmo de Kant no século XVIII, o de "descobrir quem somos". Na atualidade de Foucault, torna-se urgente a "recusa do que somos". O intuito fundamental é livrar-se da individualização e da totalização ligadas às estruturas do poder moderno. Ele acrescenta:

> A conclusão seria que o problema político, ético, social e filosófico de nossos dias não consiste em tentar liberar o indivíduo do Estado nem das instituições do Estado, porém nos liberarmos tanto do Estado quanto do tipo de individualização que a ele se liga. Temos que promover novas formas de subjetividade através da recusa deste tipo de individualidade que nos foi imposto há vários séculos (FOUCAULT, 1995, p. 239).

Nessa recusa aos modelos de individualidade elaborados pelo Estado moderno, torna-se urgente a criação de novas formas de subjetividade. Esse tema aparece em dois textos de Foucault anteriores a "O sujeito e o poder", que tematizam a questão do Irã: "O espírito de um mundo sem espírito" (FOUCAULT, 1994b) e "Inútil revoltar-se?" (FOUCAULT, 1994c), ambos de 1979. Não pretendo detalhar as discussões sobre os textos produzidos por Foucault acerca do Irã e todo o desconforto criado na época em torno dessa questão. Gostaria somente de ressaltar como o tema da produção de novas subjetividades aparece com grande importância nesses textos, assim como a figura daquele que se revolta diante do poder mesmo sabendo de seu risco de morte. É uma coragem de se revoltar, portanto, que aparece também nesses textos.

O título do primeiro texto, "O espírito de um mundo sem espírito", refere-se à frase um tanto esquecida de Marx, escrita em 1843, em sua *Crítica da filosofia do direito de Hegel* (MARX, 2005). A frase aparece próxima ao famoso trecho, muito mais citado, conhecido e lembrado por todos: "a religião é o ópio do povo". Foucault utiliza a frase desconhecida de Marx para mostrar as especificidades da Revolução do Irã, de 1978, que obteve uma reação muito negativa por parte da maioria dos intelectuais do período. Ao refletir sobre a revolução iraniana, Foucault produz dois deslocamentos fundamentais: primeiro, ele problematiza a noção tradicional de revolução. Em seguida, e exatamente por tratar de uma nova percepção de revolução, o tema de mudar radicalmente a produção da subjetividade, como já havia mencionado, emerge de maneira relevante.

Com relação ao tema da revolução, Foucault assinala que aprendemos a reconhecê-la a partir de duas dinâmicas: uma delas é pelas contradições existentes na sociedade, como aquela que envolve a luta de classes ou os grandes enfrentamentos sociais; a outra, pela presença de uma vanguarda, classe ou partido político que guiaria toda uma nação. A revolução do Irã ajuda Foucault a reconhecer que nem sempre uma revolução pode ser caracterizada somente pela presença desses dois aspectos. Mas, em contrapartida, os iranianos sabiam claramente contra quem e contra quais elementos eles estavam lutando:

> Revoltando-se, os iranianos diziam – e talvez seja essa a alma da revolta: é preciso mudar, certamente, de regime e livrar-nos desse homem, é preciso mudar esse pessoal corrupto, é preciso mudar tudo no país, a organização política, o sistema econômico, a política estrangeira. Mas, sobretudo, é preciso mudar a nós mesmos. É preciso que nossa maneira de ser, nossa relação com os outros, com as coisas, com a eternidade, com Deus, etc., sejam completamente modificadas, e não haverá revolução real sem que essa mudança radical aconteça em nossa experiência (FOUCAULT, 1994b, p. 749).

Daí a importância que o Islã possuiu dentro da revolução iraniana, segundo Foucault, principalmente porque a religião era, para os seus seguidores, a promessa e a garantia de algo para transformar radicalmente suas subjetividades. A intensidade do movimento iraniano viria exatamente dessa "vontade de uma mudança radical na existência" (FOUCAULT, 1994b, p. 754).

A importância da subjetividade também aparece em "Inútil revoltar-se?", em especial quando Foucault trata das revoltas como algo que, ao mesmo tempo, pertence e interrompe o movimento da própria história (FOUCAULT, 1994c, p. 790). É o momento no qual um homem prefere o risco da morte à certeza de ter de obedecer. A discussão sobre o tema da revolução aparece novamente. Para Foucault, ela constituiu um gigantesco esforço para aclimatar a revolta no interior de uma história racional e dominante, que definiu as leis do desenvolvimento de uma revolução, a sua legitimidade, as suas boas e más formas, e também fixou as condições preexistentes e as maneiras de executá-la. Ele ainda complementa: "definiu-se até mesmo a profissão de revolucionário" (FOUCAULT, 1994c, p. 791). Para Foucault, porém, ninguém tem o direito de dizer para alguém revoltar-se em seu nome, nem de prometer a salvação final a todos os homens, pois: "Não se faz a lei para aquele que arrisca a sua vida diante de um poder" (FOUCAULT, 1994c, p. 793). A coragem e o risco pela revolta são cruciais. Foucault prossegue:

> Tem-se razão ou não de se revoltar? Deixemos a questão aberta. Revolta-se, é um fato; e é por isso que a subjetividade (não aquelas dos grandes homens, mas de qualquer um) entra na história e lhe dá seu sentido. Um delinquente coloca sua vida em risco contra os castigos abusivos; um louco não pode mais ser encarcerado [...]; um povo recusa o regime que o oprime. Isso não torna o primeiro inocente, nem derrotado o segundo nem assegura ao terceiro o futuro prometido. Ninguém, aliás, está apto a ser solidário a eles. Ninguém está apto a dizer que essas vozes confusas cantam melhor que as outras e cantam a profundidade do verdadeiro fim. Basta que elas existam e que elas tenham contra elas tudo o que se obstina em lhes fazer calar, porque existe um sentido em escutá-las e em entender o que elas querem dizer (FOUCAULT, 1994c, p. 793).

Em um texto de 1979, "Foucault estuda a razão de Estado" (FOUCAULT, 1994d), Foucault não está mais preocupado somente com o Irã, mas com a sua atualidade e com as sociedades ocidentais. Para estas, o problema da subjetividade também é importante, pois, desde 1960, temas como a sexualidade, a identidade e a individualidade aparecem com grande destaque. Segundo Foucault, eles "constituem um problema político maior" (FOUCAULT, 1994d, p. 801), e o maior perigo seria considerar identidade e subjetividade como componentes profundos e naturais, que não são determinados por fatores políticos e sociais. Liberarmo-nos da subjetividade psicológica construída pelos psicanalistas é indicada por ele como uma das principais tarefas de seu presente. Foucault diz: "Nós somos prisioneiros de certas concepções de nós mesmos e de nossa conduta. Nós devemos liberar nossa subjetividade, nossa relação conosco" (FOUCAULT, 1994d, p. 801-802).

Essa problemática da urgência da produção de novas subjetividades liga-se diretamente com a questão da liberdade, em especial pelo sentido que ela adquire e pelo espaço que ela ocupa nos últimos cursos de Foucault. É fundamental para o seu pensamento, principalmente no começo da década de 1980, a relação entre verdade, liberdade e produção de novas subjetividades. Para iniciar essa discussão, ressalto a importância que a liberdade possui para a problemática da coragem da verdade. Essa ligação é indicada, ao menos, em duas ocasiões de *O governo de si e dos outros* (FOUCAULT, 2008b). Em uma passagem breve, Foucault afirma que o seu problema, ao estudar a *parrhesía*, não é saber até que ponto a verdade limita o exercício da liberdade, mas o inverso:

> [...] como e em que medida [...] esta obrigação {de dizer a verdade} é ao mesmo tempo o exercício da liberdade e o exercício perigoso da liberdade? Como [o fato de] se obrigar [...] a dizer a verdade [...] é efetivamente o exercício, e o exercício mais elevado, da liberdade? (FOUCAULT, 2008b, p. 64).

Posteriormente, ele revela seu projeto de uma "história ontológica dos discursos de verdade" (FOUCAULT, 2008b, p. 285). Para Foucault, um discurso que pretende dizer a verdade não deve ser analisado por uma história do conhecimento que permitiria determinar se ele diz o verdadeiro ou o falso. Esses discursos de verdade também não devem ser analisados por uma história das ideologias, que perguntaria por que eles dizem o falso em detrimento da verdade. Ao explicitar essa posição, ele reserva um papel central para a produção da liberdade, tema que perpassa todo o pensamento de Foucault e que, aqui, adquire um sentido característico. A liberdade, assim, não seria conquistada por um direito liberal que a sociedade de contrato assegura ao sujeito moderno já formatado, mas uma possibilidade de invenção constante:

> [...] é preciso que a história do pensamento seja sempre a história das invenções singulares. Ou ainda: a história do pensamento, se quisermos distingui-la de uma história dos conhecimentos que se faria em função de um índice de verdade, se quisermos distingui-la também de uma história das ideologias que se faria em relação a um critério de realidade, então esta história do pensamento – em todo caso é o que eu gostaria de fazer –, deve ser concebida como uma história das ontologias que seria relacionada a um princípio de liberdade, no qual a liberdade é definida, não como um direito de ser, mas como uma capacidade de fazer (FOUCAULT, 2008b, p. 285-286).

Ao perceber a liberdade como uma "capacidade de fazer" e não "um direito de ser", Foucault entende a liberdade como algo que deve ser permanentemente criado e elaborado. Não pensá-la como um direito a ser adquirido mostra o seu esforço, também revelado em 1982 (FOUCAULT, 1994e), de pensar a liberdade não mais a partir dos códigos morais e das instituições, mas pela criação de novos modos de vida:

> Mas se o que se quer fazer é criar um novo modo de vida, então a questão dos direitos do indivíduo não é pertinente. Com efeito, nós vivemos em um mundo legal, social, institucional, no qual as únicas relações possíveis são extremamente pobres. Existe evidentemente a relação de casamento e as relações familiares, mas quantas outras relações poderiam existir, poderiam encontrar seu código não em instituições, mas em suportes eventuais? (FOUCAULT, 1994e, p. 309).

Para Foucault, então, vivemos em um mundo relacional em que as instituições se empobreceram e acabaram por limitar a possibilidade de novas relações acontecerem. Devemos lutar contra esse empobrecimento do tecido relacional, para que sejam reconhecidas as relações de coexistências provisórias, e não sejam incentivadas somente as relações estanques, como as do casamento. Ele complementa:

> Mais do que fazer valer que os indivíduos tenham direitos fundamentais e naturais, nós deveríamos tentar imaginar e criar um novo direito relacional, que permitiria que todos os tipos possíveis de relações possam existir e não sejam impedidas, bloqueadas ou anuladas pelas instituições relacionalmente empobrecedoras (FOUCAULT, 1994e, p. 310).

Nessa discussão, duas questões são importantes, as quais se referem aos dois encantamentos de Foucault sublinhados nessa entrevista: o mundo helenístico e romano anterior ao cristianismo[3] e a cultura gay.[4] Quanto ao seu primeiro encanto, lembro que o mundo antigo e as discussões sobre as estéticas da existência referem-se a um período histórico em que não existia a noção moderna de sujeito liberal de direitos. Na cultura antiga, prioriza-se a formação do cidadão por meio de relações autônomas. O cuidado de si e do outro socrático, ainda, defendia que houvesse uma harmonia entre o discurso e a ação, ou seja, entre o que se diz e o próprio modo de viver. Com os cínicos, tratava-se de mostrar a verdade pelo escândalo da própria vida.

---

[3] Foucault diz: "Atualmente, encanto-me pelo mundo helenístico e romano anterior ao cristianismo" (FOUCAULT, 1994e, p. 310).

[4] Foucault comenta: "[...] há uma parte extremamente interessante [...] que me encanta: a questão da cultura gay" (FOUCAULT, 1994e, p. 311).

Uma sociedade, portanto, que não organiza a vida dos cidadãos pela conquista de direitos institucionais. É uma problematização que escapa drasticamente dos modos de produção das subjetividades modernas, tanto por não se pautar pela produção do cidadão assujeitado e disciplinado quanto por não recorrer ao arsenal institucionalizado e ligado aos direitos assegurados pelo Estado, tão característicos às noções que envolvem o conceito de cidadania moderna. Foucault explicitou esse perigo de lutar por mais direitos no prefácio que ele fez, em 1977, ao *Anti-Édipo* (DELEUZE, GUATTARI, 1976):

> Não exija da política que ela restabeleça os "direitos" do indivíduo, tais como a filosofia os definiu. O indivíduo é produto do poder. O que é preciso é "desindividualizar" pela multiplicação, pelo deslocamento e pelo agenciamento de combinações diferentes (FOUCAULT, 1991, p. 83-84).

Com relação ao seu segundo encanto, a cultura gay, Foucault ressalta a possibilidade que ela abre para pensar as relações fora do casamento institucional. É uma cultura que, para ele, "inventa modalidades de relações, modos de existência, tipos de valores, formas de troca entre indivíduos que sejam realmente novas, que não sejam homogêneas nem sobrepostas às formas culturais gerais" (FOUCAULT, 1994e: 311). Tal cultura, ainda, não seria apenas uma escolha de homossexuais para homossexuais, mas serviria também aos heterossexuais: "Propondo um direito relacional novo, nós veremos que pessoas que não são homossexuais poderão enriquecer suas vidas modificando seus próprios esquemas de relações" (FOUCAULT, 1994e, p. 311). A urgência de sua atualidade, a de recusar as identidades impostas pelo Estado e a de criar novas formas de subjetividade, aparece aqui concretizada na criação de "outros espaços" pela cultura gay, que escapam ao direito institucional. Tal cultura aproxima-se bastante dos problemas tratados por Foucault em seus últimos cursos. Em "O triunfo social do prazer sexual: uma conversa com Michel Foucault", Foucault associa o tema "inventar novos modos de vida" (FOUCAULT, 1994e, p. 314) às práticas da cultura gay do começo da década de 1980. Foucault comenta:

> E é possível que essas mudanças afetem, em uma proporção maior, as rotinas estabelecidas, na medida em que os homossexuais aprenderão a exprimir seus sentimentos em relação uns aos outros sob os modos mais variados, e criarão estilos de vida que não vão se assemelhar aos modelos institucionalizados (FOUCAULT, 1994e, p. 334).

Ao falar sobre a sua relação com o movimento gay, Foucault revela diálogos constantes. Mas, como ocorreu com os prisioneiros, ele nunca se coloca no lugar do intelectual que teria um programa a oferecer para ser seguido, nem impõe suas discussões ao movimento gay. Ele cuida, assim, para incentivar a invenção dos grupos por eles mesmos:

> Tenho, naturalmente, trocas regulares com outros membros da comunidade gay. Nós discutimos, nós tentamos encontrar maneiras de nos abrir uns com os outros. Mas eu tomo cuidado para não impor meus próprios pontos de vista [...] Eu não quero desencorajar a invenção, eu não quero que os homossexuais parem de crer que cabe a eles cuidar de suas próprias relações, descobrindo o que se adapta melhor à sua situação individual (FOUCAULT, 1994e, p. 334).

Outro tema trabalhado por Foucault, ainda dentro da possibilidade de criação de novas relações fora do campo institucional pela cultura gay, é o da amizade (FOUCAULT, 1994f). A relação entre rapazes, para Foucault, não participa de laços institucionalizados, tais como o casamento, nem adquire a forma do casal e, por isso, deve ser tratada "como uma questão de existência" (FOUCAULT, 1994f, p. 163). Daí sua pergunta: "Quais relações podem ser, por meio da homossexualidade, estabelecidas, inventadas, multiplicadas, moduladas?" (FOUCAULT, 1994f, p. 163). Essa discussão de Foucault não procura pela descoberta da verdade contida no sexo, tema muitas vezes caro à maioria dos movimentos de liberação sexual, mas ressalta a importância de práticas, tais como a amizade, que possibilitem a criação de novos modos de vida para além das relações institucionalizadas e reconhecidas pelo Estado. Ele diz:

> Os códigos institucionais não podem validar essas relações com suas múltiplas intensidades, com suas cores variáveis, seus movimentos imperceptíveis, com suas formas que se transformam. Essas relações produzem um curto-circuito e introduzem o amor onde deveria ter a lei, a regra ou o hábito (FOUCAULT, 1994e, p. 164).

Ao se perguntar sobre o uso que pode ser feito da obra, dos métodos e dos objetos herdados de Foucault, Stéphane Legrand aponta para "uma significação imediatamente política" (LEGRAND, 2007, p. 249) dessa entrevista de Foucault, principalmente quando ele indica a necessidade de invenção das relações de amizade entre os homossexuais. Isso porque, ao propor uma espécie de ascetismo homossexual, Foucault indica o seguinte movimento: "uma ascese homossexual que nos faria trabalhar sobre nós mesmos e inventar, eu não digo descobrir, uma maneira de ser ainda improvável" (FOUCAULT, 1994f, p. 165). Essa noção de modo de vida é muito importante para Foucault, pois ela permite ir além das classes sociais, das diferenças de profissão, de níveis culturais. Ele complementa:

> Um modo de vida pode ser partilhado entre indivíduos de idade, de *status*, de atividade social diferentes. Ele pode dar lugar a relações intensas que não se parecem com nenhuma daquelas que são institucionalizadas e, parece-me, que um modo de vida pode dar lugar a uma cultura e a uma ética. Ser gay é, creio eu, não se identificar com os traços psicológicos e com as máscaras visíveis do homossexual, mas procurar definir e desenvolver um modo de vida (FOUCAULT, 1994f, p. 165).

Para Foucault, em uma entrevista de 1984 (FOUCAULT, 1994g), o problema da sexualidade não deve ser entendido somente pelo gesto de liberação sexual. Essa é uma das causas de ele não se ligar a nenhum movimento de liberação sexual, já que ele recusa a ideia que identifica a verdade do indivíduo com a sua sexualidade. Ele relaciona a sexualidade com outra questão: "Para mim, a sexualidade é um problema de modo de vida, ela remete à técnica de si" (FOUCAULT, 1994g, p. 663). Nesse contexto, assim como em sua militância nas prisões, Foucault choca-se com a esquerda tradicional, que ainda trabalhava com a divisão entre proletariado e subproletariado, relegando as lutas como as dos prisioneiros e as dos homossexuais ao campo das lutas com menor importância ou, pior ainda, aos interesses pequeno-burgueses. Os movimentos das décadas de 70 e 80 lutavam por problemas e questões que "a tradição política europeia do século XIX tinha banido como indignas da ação política" (FOUCAULT, 1994h, p. 428), como Foucault defende em 1973:

> Mas não é precisamente isto que caracteriza os movimentos políticos atuais: a descoberta de que as coisas mais cotidianas – o modo de comer, de se alimentar, as relações entre um operário e seu patrão, o modo de amar, a maneira pela qual a sexualidade é reprimida, as obrigações familiares, a proibição do aborto – são políticas? (FOUCAULT, 1994h, p. 428).

Todo um campo de problemas sociais, portanto, negligenciado pela esquerda tradicional, abre-se para ser discutido. Foucault presta atenção nesses novos atores sociais: "se levarmos em conta as mulheres, as prostitutas, os homossexuais, os drogados, há aí uma força de contestação da sociedade que nós não temos o direito, penso eu, de negligenciar na luta política" (FOUCAULT, 1994h, p. 535). Como diz Senellart sobre a análise das formas de resistência realizada por Foucault em *Segurança, território e população*: "tudo é politizável, tudo pode se tornar político" (SENELLART,

2008, p. 535). Aparece, novamente, como Foucault aponta em 1974, "o problema da integração da sexualidade na luta política" (FOUCAULT, 1994i, p. 537). Toda a política do corpo como força de trabalho que reinou desde os séculos XVI e XVII, e que Foucault estudou em *Vigiar e punir* (FOUCAULT, 2005) é colocada em questão por vários movimentos que tematizam a sexualidade e o corpo: "no movimento político que tende para a recuperação do corpo, encontramos movimentos pela liberação da mulher, assim como pela homossexualidade masculina ou feminina" (FOUCAULT, 1994i, p. 537).

Para esses novos movimentos, então, não se trata mais de seguir a partilha entre o proletariado e o subproletariado, ou seja, os que trabalham e os que estão fora das relações sociais de produção, pois, além de ser uma postura hierárquica que elege as relações sociais de produção como o elemento que explica todos os demais problemas de dominação, a fronteira entre os proletariados e aqueles que estão excluídos do mundo do trabalho se apaga com o crescimento cada vez maior do desemprego (FOUCAULT, 1994g, p. 664). Temas marginais como aqueles que dizem respeito à sexualidade tornam-se, assim, problemas de alcance geral.

A criação de novas formas de subjetividades que escapem às relações de poder modernas liga-se claramente à construção de novos modos de vida e ao trabalho de Foucault sobre a noção de liberdade. Nesse contexto, a temática da sexualidade mobiliza todas essas questões:

> O problema não é antes tentar definir as práticas de liberdade pelas quais se poderiam definir o que é o prazer sexual, as relações eróticas, amorosas [...] com os outros? O problema ético da definição das práticas de liberdade é, parece-me, muito mais importante que a afirmação, um pouco repetitiva, de que é preciso liberar a sexualidade ou o desejo (FOUCAULT, 1994j, p. 710).

A definição da ética como prática da liberdade serve muito bem ao propósito de Foucault de criar novos modos de vida. O seu diagnóstico da atualidade apontou para a necessidade de recusar as identidades impostas pelo Estado. Tanto o seu interesse pela cultura antiga quanto o destaque dado à cultura gay do começo da década de 1980 apontam para a sua luta principal – criar um êthos que problematize o fascínio que a modernidade teve pela dominação na produção da subjetividade dos indivíduos:

> Eu creio que não seja possível existirem sociedades sem relações de poder, se as entendermos como estratégias pelas quais os indivíduos tentam conduzir, determinar a conduta dos outros. O problema não é tentar dissolvê-las na utopia de uma comunicação

perfeitamente transparente, mas de criar as regras de direito, as técnicas de gestão e também a moral, o êthos, a prática de si, que permitirão, em seus jogos de poder, funcionar com o mínimo possível de dominação (FOUCAULT, 1994j, p. 727).

Referências

DEFERT, D. L'émergence d'un nouveau front: les prisons. In: ARTIÈRES, P.; QUÉRO, L.; ZANCARINI-FOURMEL, M. (Orgs.). *Le Groupe d'Information sur les Prisons. Archives d'une Lutte, 1970-1972*. Documents réunis et présentés par Phillippe Artières, Laurent Quéro et Michelle Zancarini-Fournel. Postface de Daniel Defert. Paris: Éditions de l'IMEC, 2003. p. 315-326.

DELEUZE, G.; GUATTARI, F. *O Anti-Édipo: capitalismo e esquizofrenia*. Rio de Janeiro: Imago, 1976.

FOUCAULT, M. *Anti-Édipo*: uma introdução à vida não-fascista. In: ESCOBAR, C. H. de (Org.). *Dossier Deleuze*. Rio de Janeiro: Hólon, 1991.

FOUCAULT, M. Manifeste du G.I.P. In: *Dits et Écrits II (1970-1975)*. Paris: Gallimard, 1994a. p. 174-175.

FOUCAULT, M. L'esprit d'un monde sans esprit. In: *Dits et Écrits III (1976-1979)*. Paris: Gallimard, 1994b. p. 743-755.

FOUCAULT, M. Inutile se soulever? In: *Dits et Écrits III (1976-1979)*. Paris: Gallimard, 1994c. p. 790-794.

FOUCAULT, M. Foucault étudie la raison d'État. In: *Dits et Écrits III (1976-1979)*. Paris: Gallimard, 1994d. p. 801-805.

FOUCAULT, M. Le triomphe social du plaisir sexuel: une conversation avec Michel Foucault. In: *Dits et Écrits IV (1980-1988)*. Paris: Gallimard, 1994e. p. 308-334.

FOUCAULT, M. De l'amitié comme mode de vie. In: *Dits et Écrits IV (1980-1988)*. Paris: Gallimard, 1994f. p. 163-167.

FOUCAULT, M. Interview de Michel Foucault. In: *Dits et Écrits IV (1980-1988)*. Paris: Gallimard, 1994g. p. 636-646.

FOUCAULT, M. Prisons et révoltes dans les prisons. In: *Dits et Écrits II (1970-1975)*. Paris: Gallimard, 1994h. p. 425-432.

FOUCAULT, M. Sexualité et politique. In: *Dits et Écrits II (1970-1975)*. Paris: Gallimard, 1994i. p. 536-537.

FOUCAULT, M. L'éthique du souci de soi comme pratique de la liberté. In: *Dits et Écrits IV (1980-1988)*. Paris: Gallimard, 1994j. p. 708-729.

FOUCAULT, M. O sujeito e o poder. In: DREYFUS, H.; RABINOW, P. *Michel Foucault. Uma trajetória filosófica. Para além do estruturalismo e da hermenêutica*. Rio de Janeiro: Forense Universitária, 1995.

FOUCAULT, M. *Vigiar e punir: nascimento da prisão*. 30. ed. Tradução de Raquel Ramalhete. Petrópolis: Vozes, 2005.

FOUCAULT, M. *Segurança, território e população. Curso dado no Collège de France (1977-1978)*. Tradução Eduardo Brandão. São Paulo: Martins Fontes, 2008a.

FOUCAULT, M. *Le gouvernement de soi et des autres. Cours au Collège de France (1982-1983)*. Paris: Gallimard, 2008b.

LEGRAND, S. Que faire? In: *Collectif-Essai. Michel Foucault*. Paris: L'Arc/Inculte, 2007. p. 242-254.

MARX, K. *Crítica da filosofia do direito de Hegel: 1843*. Tradução de Rubens Enderle e Leonardo de Deus. São Paulo: Boitempo, 2005.

SENELLART, M. Situação dos cursos. In: *Segurança, território e população. Curso dado no Collège de France (1977-1978)*. Tradução de Eduardo Brandão. São Paulo: Martins Fontes, 2008.

VIEIRA, P. P. *A coragem da verdade e a ética do intelectual em Michel Foucault*. São Paulo: Intermeios; Fapesp, 2015.

Entre a biopolítica e a sexopolítica

Susel Oliveira da Rosa

Giorgio Agamben (2000) chama de "coincidência singular" o fato de que os últimos textos publicados, tanto de Michel Foucault quanto de Gilles Deleuze, versam sobre o conceito de "vida". Para Agamben, trata-se de um legado testamentário a inspirar o que ele tem denominado de "filosofia que vem": Foucault mostrou a assunção da vida pelo poder através da biopolítica e Deleuze sinalizou para os entretempos, nos quais a vida pode ser pensada como singularidade, potência, beatitude.

Certamente Foucault não sinalizou apenas para as capturas; teceu também possibilidades de pensarmos a experiência para além delas, sinalizando com modos de vida possíveis e libertários. No Brasil, pesquisas e publicações como as de Margareth Rago, Marilda Ionta, Fábio Lopes, Ana Carolina Murgel, Priscila Vieira, Júlia Oliveira, Luana Tvardovskas, Maria Rita César, Jamil Sierra, entre tantas outras, inspiram-se nessas possibilidades ao trabalhar com temas que envolvem mulheres, gênero e sexualidades.

Ressalva registrada, vou explorar um pouco mais a "coincidência singular" apontada por Agamben (2000) e a qual ele próprio dá continuidade – quem sabe com uma "intenção singular" – com a ideia de profanação. Profanação potencializada por Beatriz Preciado (2010) – também inspirada em Foucault e Deleuze – que propõe pensarmos na transformação da biopolítica em sexopolítica.

"Fazer viver"

Ao longo do século XIX, a política tomou a vida como objeto, quando o direito soberano de "fazer morrer e deixar viver" transformou-se em poder de "fazer viver e deixar morrer", afirmou Foucault. Podendo decretar a morte de seus súditos (*fazer morrer*), o soberano exercia também o poder sobre a vida (*deixar viver*). Na medida em que o Estado passou a se ocupar da saúde e da higiene das pessoas, em nome do "futuro da espécie", do "bem comum" e da "saúde das populações", esse antigo direito soberano cedeu lugar à biopolítica. A partir de então, em nome dos que "devem viver" (*fazer viver*), estipula-se quem "deve morrer" (*deixar morrer*) – "a morte do outro, da raça ruim é o que vai deixar a vida em geral mais sadia" (Foucault, 2002a, p. 305). No limiar da modernidade biológica, a espécie ingressava no jogo das estratégias políticas, como assinalou também Hannah Arendt (2004), mostrando que a vitória do *animal laborans* – a superioridade da vida sobre todo o resto – colocou a vida biológica no centro dos interesses políticos (Rosa, 2007).

Nesse contexto, o sexo foi tomado como foco das disputas políticas entrelaçando a disciplina dos corpos e a regulação das populações, dando acesso à vida do corpo – "adestramento, intensificação e distribuição das forças, ajustamento e economia das energias" (Foucault, 2001, p. 136) – e a vida da espécie:

> [...] regulação das populações, por todos os efeitos globais que induz. Insere-se, simultaneamente, nos dois registros; dá lugar a vigilâncias infinitesimais, a controles constantes, a ordenações espaciais de extrema meticulosidade, a exames médicos ou psicológicos infinitos, a todo um micropoder sobre o corpo; mas também dá margem a medidas maciças, a estimativas estatísticas, a intervenções que visam todo o corpo social ou grupos tomados globalmente. O sexo é acesso, ao mesmo tempo, à vida do corpo e à vida da espécie. Servimo-nos dele como matriz das disciplinas e como princípio das regulações. É por isso que, no século XIX, a sexualidade foi esmiuçada em cada existência, nos seus mínimos detalhes; foi desencavada nas condutas, perseguida nos sonhos, suspeitada por trás das mínimas loucuras, seguida até os primeiros anos da infância; tornou-se a chave da individualidade [...] vemo-la também tornar-se tema de operações políticas, de intervenções econômicas [...] é empregada como índice de força de uma sociedade [...] (Foucault, 2001, p. 137).

Seguindo essa linha de argumentação, Foucault esboça a sexualidade como dispositivo político central na assunção da vida pela política. Dispositivo que se desdobra e atualiza em inúmeros outros, como no "dispositivo amoroso" que tece um "corte cirúrgico no humano", como tão bem enfatiza Tania Swain ao dizer tratar-se de

> [um] investimento social na instituição de um feminino conduzido pelo amor, sacrifício e pelo cuidado de outrem [...] dividindo-o em mulheres e homens a partir de um modelo reprodutivo e

heterossexual em que se fixam identidades, atribuindo papéis e funções aos sujeitos sociais [...] constrói e ensina às mulheres a necessidade do esquecimento de si, do cuidado de outrem, da abdicação de seus desejos, da submissão à ordem estabelecida, do respeito às regras e normas sob pena de exclusão, banimento, execração e até mesmo lapidação em alguns países. Devem viver sob o signo do Amor: amor à família, ao próximo, amor que as faz realizar as tarefas mais cansativas e rotineiras, que as faz se ocupar dos enfermos e das crianças, idosos e necessitados (SWAIN, 2011, p. 4).

Giorgio Agamben (2004a), ao esboçar suas reflexões sobre biopolítica dando continuidade ao pensamento de Michel Foucault, deixa de lado o dispositivo da sexualidade e faz a produção de um corpo biopolítico remontar a esfera soberana. Apesar desse vazio, Agamben mostra-nos o quanto a biopolítica expõe a vida humana à categoria de "vida nua", traçando cotidianamente os limites entre a vida que deve ser preservada e a vida que pode ser descartada. Como uma produção específica do poder – já que não podemos pensar em uma pessoa sem linguagem e sem cultura: nem sequer a criança é vida nua, diz Agamben (2004a, p. 146) – a vida nua é a vida "matável e insacrificável do *homo sacer*". É a vida que foi colocada fora da jurisdição humana e cujo exemplo supremo é a vida no campo de concentração. O *homo sacer*, figura enigmática do direito romano arcaico, é aquele que foi posto para fora da jurisdição humana sem, entretanto, ultrapassar para a esfera divina. Alguém que foi privado dos direitos mais básicos, compondo uma sobra. Sobra humana ou, ainda, um alimento simbólico para a manutenção de uma estrutura de poder. A vida nua do *homo sacer* é sacrificada na estrutura biopolítica contemporânea. Vida que "não está mais confinada a um lugar particular ou a uma categoria definida, mas habita o corpo biológico de cada ser vivente" (AGAMBEN, 2004a, p. 146): a produção de uma sobrevida é atualmente o obséquio do biopoder.

No entanto, se Foucault afirmou que a vida tornara-se alvo dos investimentos biopolíticos, não deixou de lembrar, também, que essa mesma vida, sem cessar, escapa aos cálculos do poder: "não é que a vida tenha sido exaustivamente integrada em técnicas que a dominem e gerem; ela lhes escapa continuamente" (FOUCAULT, 2001, p. 134). Faz isso apoiando-se no mesmo ponto onde o biopoder investe, ou seja, na vida e no homem enquanto ser vivo: "o que é reivindicado e serve de objetivo é a vida, entendida como as necessidades fundamentais, a essência concreta do homem, a realização de suas virtualidades, a plenitude do possível" (p. 135).

"Uma vida..."

Dois meses antes de sua morte, Gilles Deleuze publicou um pequeno texto chamado "A imanência: uma vida...". Nele, Deleuze fala do momento em que a vida do indivíduo cede lugar a uma vida impessoal, singular, liberta tanto da subjetividade quanto da objetividade do que acontece. Dois exemplos guiam o filósofo para pensar "uma vida...": o de um moribundo e o de um recém-nascido. O moribundo é o personagem do romance *L'ami commun*, de Charles Dickens, um canalha desprezado por todos que, prestes a morrer, imerso num coma profundo, percebendo que todos ao seu redor se empenham em salvá-lo, sente-se invadido por "algo terno" – "*homo tantum*, do qual todos se compadecem, que atinge uma espécie de beatitude" (DELEUZE, 1997b, p. 17). Entre a vida e a morte, diz Deleuze, "há um momento em que não é mais o de *uma* vida que brinca com a morte". Trata-se da vida situada para além do bem e do mal, vida que não emerge, ou não deveria emergir, apenas no momento de confronto com a morte. Deleuze mostra-nos isso com o exemplo do recém-nascido: vida imanente, que não tem ainda individualidade, mas sim singularidades – "um sorriso, um gesto, uma careta" – ou seja, o recém-nascido é, também, perpassado "por uma vida imanente que é pura potência, e até beatitude, nas dores e nas fraquezas". Apresentando uma vitalidade não orgânica, o bebê representa um "querer viver obstinado, cabeçudo, indomável", concentrando em sua pequenez "energia suficiente para arrebentar os paralelepípedos" (1997a, p. 151).

Se o moribundo e o recém-nascido representam a vida biológica pura e simples, representam também a vida que, em seu extremo, libertou-se de tudo que a continha, transformando-se na vitalidade de "uma vida...". Vitalidade que Deleuze situa como o "combate-entre", que trata de apossar-se de uma força para fazê-la sua, enriquecendo-se num devir constante. Não mais o "combate-contra" – o "lutar contra" – que procura destruir ou repelir uma força. Combate visualizado aqui na vida que escapa continuamente às técnicas que intentam dominá-la, como sugeriu Foucault. Escapa continuamente e está em todos os lugares, "não tem propriamente momentos, por mais próximos que sejam uns dos outros, mas apenas entretempos, entremovimentos" (DELEUZE, 1997b, p. 18). Vida como a do "ser-qualquer", aquele que não se filia a nenhuma identidade, vive como um habitante do limbo que morreu sem ser batizado e, portanto, está para além da perdição e da salvação. Se a pena do habitante do limbo é a ausência da visão de Deus, esta é também sua natural alegria: irremediavelmente perdidos, permanecem sem dor no abandono divino (AGAMBEN, 1993).

Vida imanente e "combate-entre" que inspiram a criação de possibilidades de "profanação" no mundo contemporâneo. Ao retomar a noção de "profanar", eis que Agamben se junta a Foucault e Deleuze, dando continuidade ao que denomina "filosofia que vem".

Profanação

Giorgio Agamben (2007) diz que perdemos a capacidade de "profanar". Para os romanos, as coisas sagradas ou religiosas pertenciam aos deuses e, como tais, não faziam parte do mundo dos homens. Se *consagrar* significava retirar algo da esfera humana tornando-a "divina", *profanar* "significava restituí-las ao livre uso dos homens", num universo em que o sacrifício regulava a passagem do sagrado ao profano e vice-versa. Mais do que restituir alguma coisa ao uso livre dos homens, profanar "significa abrir a possibilidade de uma forma especial de negligência, que ignora a separação, ou melhor, faz dela um uso particular" (AGAMBEN, 2007, p. 66). É essa possibilidade que perdemos, já que hoje praticamente tudo é profanável.

No espetáculo do consumo da atualidade assistimos a um incessante processo de separação: "uma profanação absoluta e sem resíduos coincide agora com uma consagração igualmente vazia e integral" (AGAMBEN, 2007, p. 67). Agamben se refere a algo como uma "museificação do mundo", a "exposição a uma impossibilidade de usar, de habitar, de fazer experiência" (2007, p. 73). Impossibilidade de fazer experiência ou "pobreza da experiência" sobre a qual Walter Benjamin alertava, observando que as pessoas voltavam emudecidas dos campos de batalha da segunda guerra. Não mais a catástrofe de uma guerra mundial, mas sim o cotidiano banal da existência numa grande cidade, hoje é suficiente para a destruição da experiência: "o homem moderno volta pra casa à noitinha extenuado por uma mixórdia de eventos – divertidos ou maçantes, banais ou insólitos, agradáveis ou atrozes –, entretanto nenhum deles se tornou experiência" (AGAMBEN, 2007, p. 73). Esta última se efetua agora, "fora do homem", "e, curiosamente, o homem olha para elas com alívio" (AGAMBEN, 2005, p. 23).

Entretanto, profanar o improfanável não é impossível, e o próprio Agamben reconhece essa possibilidade, dizendo existirem, ainda, formas eficazes de profanação. Se as separações marcam as sociedades ocidentais – como humano/inumano, zóe/bios, norma/anomia, etc – é preciso fazer um uso novo delas, "brincar com elas". Se vida nua e vida politicamente qualificada foram cindidas, pode-se ainda abrir espaço para a imanência, para "uma vida..." que representa a "impossibilidade radical de traçar hierarquias e separações" (AGAMBEN, 2000, p. 184), já que "o plano de imanência funciona, em outros termos, como um princípio de indeterminação virtual, em que o animal e o vegetal, o dentro e o fora e, até mesmo, o orgânico e o inorgânico se neutralizam e transitam de um para o outro" (AGAMBEN, 2000, p. 184). Profanar o improfanável, fazendo uma escolha ética em favor da riqueza do possível, como sugere Guattari, pensando numa ética e numa política que desterritorialize "a contingência, a causalidade linear, o peso dos estados de coisas e das significações que nos assediam" (GUATTARI, 1992, p. 42).

Se a biopolítica tomou de assalto a vida, penetrando e mobilizando todas as esferas da existência, "os gens, o corpo, a afetividade, o psiquismo, até a inteligência, a imaginação, a criatividade, tudo isso foi violado, invadido, colonizado, quando não diretamente expropriado pelos poderes" (PELBART, 2007), podemos ainda buscar a potência afirmativa da vida, fazer uma escolha ética em favor do possível.

Entretanto, como já situei anteriormente, Giorgio Agamben (2000), ao propor brincar com as separações que marcam a sociedades ocidentais, parece deixar de lado algo essencial: a construção binária dos gêneros e dos sexos e a centralidade do dispositivo da sexualidade no funcionamento da biopolítica. Profanação efetiva, nesse sentido, pode ser a sugerida por Beatriz Preciado (2010), ao pensar na transformação da biopolítica em sexopolítica.

Sexopolítica

Michel Foucault dizia que desde os anos 1960 não vivemos mais em sociedades de consumo, mas em sociedades empresariais, marcadas pelos investimentos em capital humano. Cenário no qual o *"homo economicus* neoliberal é um empresário de si mesmo, ele próprio é seu capital, a fonte de sua renda" (FOUCAULT, 2008). Para tanto, precisamos investir constantemente em nosso equipamento genético: o corpo.

Sociedade empresarial que continua atualizando o dispositivo da sexualidade. Não é ele central ao funcionamento da biopolítica e suas tecnologias como a heterossexualidade?

Sociedade empresarial que coincide com a "sexopolítica" – forma de ação biopolítica que passa a ser dominante no capitalismo contemporâneo, especialmente a partir ou após 1950, com a ruptura do regime disciplinar do sexo e "proliferação das tecnologias do corpo sexual: medicalização e tratamento das crianças intersex, gestão cirúrgica da transexualidade, investimento na reconstrução e aumento da masculinidade e da feminilidade normativas, regulação do trabalho sexual pelo estado, boom das indústrias pornográficas" (Preciado, 2011, p. 13). Essa "multiplicidade de anormais é a potência que o Império sexual se esforça em regular, controlar, normalizar" (Preciado, 2011, p. 15). Se o sexo é correlato ao capital, essa é ainda uma questão central da política e da governabilidade.

No entanto, não é que a vida tenha sido exaustivamente integrada em técnicas que a dominam e gerem; ela escapa continuamente (Foucault, 2001). Esse modelo de existência – do *homo economicus* – se aplica àqueles que aceitam a realidade, os que são manejáveis, os eminentemente governáveis (Foucault, 2008).

Inspirada em Foucault e também Deleuze, Preciado (2011) dirá que o que a interessa é como essas tecnologias falham: "como são produzidas descontinuidades, como são gerados interstícios ou dobras de subjetivação ou incorporação desviantes".

Para ela, se a invenção do gênero sinaliza a passagem das sociedades disciplinares às sociedades de controle (ou empresariais), já não é mais um modelo de clausura, mas um modelo de tecido, de rede, marcado pelo deslocamento, pela conexão, pela metamorfose, que experimentamos. Cenário no qual aqueles que até agora haviam sido produzidos como abjetos, anormais, "vão reclamar progressivamente a produção de um saber local, um saber sobre si-mesmos, um saber que questiona o saber hegemônico" (Preciado, 2011, p. 56).

É assim que ela "dobra" a noção de biopolítica foucaultiana, compreendendo os corpos e as identidades dos anormais como potências políticas – nada mais político que a vida nua, diria Agamben (2004a) –, pensando em termos do que denomina de "sexopolítica".

"Minha mãe teve cinco filhos: dois homens, duas mulheres e eu"

Mas se o sexo permanece uma questão central da governabilidade (agora no que Preciado (2010) denomina de segunda industrialização da sexualidade, com a invenção do gênero), no entanto, os corpos não são mais dóceis: as disciplinas biopolíticas não mais naturalizam o sexo.

"Minha mãe teve cinco filhos: dois homens, duas mulheres e eu", diz Madona – personagem do ator Igor Cotrim – e protagonista do filme *Elvis e Madona* (Brasil, 2010/Direção Marcelo Laffitte).

Madona é uma personagem trans, uma travesti, e Elvis, uma lésbica. Madona trabalha num salão de beleza e junta dinheiro para estrear um show no teatro... Elvis é fotógrafa *freelancer* e trabalha entregando pizzas enquanto não consegue um contrato fixo em um jornal. Ambas conhecem bem o peso da normalização dos corpos, sexos e desejos...

no entanto, tanto quanto possível, escapam... Madona há muito tempo perdeu contato com sua família, e reage com provocação e deboche quando chamada de "bicha, viado".

Ao "sai daí, ô viado" que escuta de um frequentador da casa noturna onde se apresenta, responde: "Nossa, essa história de trazer a família funciona mesmo. Brigada, tia Carmem (respondendo ao frequentador). Por que o Bira, essa homossexual que me acompanha, minha pupila, sempre me falou 'leva a parentada pobre pra gritar teu nome: VIADO" (que pronuncia com ênfase, em alto e bom som)!

Logo, nessa cena, ao modificar as posições de enunciação, Madona se apropria da força performativa do que era, até então, um insulto: "Viado"! "Chamo a família pra gritar meu nome, tia Carmem: v-i-a-d-o". Nesse caso, "viado" – pronunciado como insulto heterossexual para marcar o corpo abjeto de Madona – se transforma em uma autodenominação contestatória e produtiva. Madona toma a palavra e acentua a força performativa ao se identificar como viado!

"Se o corpo é o espaço de construção biopolítica, lugar de opressão, ele também funciona como centro de resistência", enfatiza Bourcier (2002) no prefácio do *Manifesto contrassexual*. Lembrando que no contrato contrassexual (alternativa irônica proposta por Preciado frente ao contrato social que naturaliza os corpos), os corpos não mais se reconhecem como homens ou mulheres, mas como corpos falantes e reconhecem os outros da mesma maneira (PRECIADO, 2002, p. 18). Trata-se da produção de formas de prazer-saber alternativas à sexualidade moderna, como instigou Foucault.

Aqui talvez tenha lugar a proposta de Deleuze, que, ao retomar Espinosa, diz que o corpo não se define por uma forma ou funções, mas pelo poder de afetar e ser afetado (nas relações de movimento e repouso, de lentidão e velocidade entre as partículas). Com isso, "definiremos um animal, ou um homem, não por sua forma ou por seus órgãos e suas funções, e tampouco como sujeito: nós o definiremos pelos afetos de que é capaz" (DELEUZE, 2002, p. 130). Logo, não há separação entre as espécies, não há separação entre natural e artificial e assim por diante.

Voltando a Preciado (2002), se o corpo é um texto socialmente construído, um arquivo orgânico da história da humanidade no qual certos códigos foram naturalizados, outros eliminados ou patologizados, a contrassexualidade deve identificar os erros, as falhas na escritura-naturalização desses corpos-textos (corpos viados, intersexuais, histéricas, transexuais, etc... etc.) e reforçar o poder dos deslocamentos e desvios ao longo da produção do heterocapitalismo. Deleuzianamente, trata-se da desterritorialização da heterossexualidade, tanto no espaço urbano quanto no espaço corporal.

Desterritorialização visível na cena em que Elvis e Madona vão ao médico fazer uma primeira consulta, após saberem que Elvis está grávida. Incomodado e sem entender por que Madona está respondendo às questões feitas a Elvis, o médico sugere suspender o questionário e partir para o exame mais íntimo. Nesse momento, solicita que Madona se retire:
– Elvira, a sua amiga poderia nos dar licença? – pergunta o médico.
– Amiga, como assim amiga?!! – responde Madona, já indignada.
– A senhora não é amiga dela?? Ou é o quê: cunhada, prima?? – retoma o médico, muito irritado.
– Eu não sou amiga dela, não, doutor. [com voz mais firme:] Eu sou o pai da criança.

Sem dúvida, a cara-surpresa-estupefação do médico ao ouvir a resposta de Madona é uma das melhores tiradas do filme!

Como dizia antes, fugindo da "grade" do *homo economicus*, nem todos os corpos são objetos passivos sobre os quais age o biopoder: são também potências que tornam possível a incorporação protética dos gêneros, como diz Preciado (2002). Corpos que efetuam a profanação da monotonia das conexões binárias e de uma suposta correspondência entre sexo, gênero e orientação sexual.

Referências

AGAMBEN, G. *A comunidade que vem*. Lisboa: Presença, 1993.

AGAMBEN, G. "A imanência absoluta". In: ALLIEZ, E. *Deleuze: uma vida filosófica*. São Paulo: Ed. 34, 2000.

AGAMBEN, G. *Homo sacer: o poder soberano e a vida nua I*. Belo Horizonte: Ed. da UFMG, 2004a.

AGAMBEN, G. *Estado de exceção*. São Paulo: Boitempo, 2004b.

AGAMBEN, G. *Infância e História*. Belo Horizonte: Ed. da UFMG, 2005.

AGAMBEN, G. *Profanações*. São Paulo: Boitempo, 2007.

ARENDT, H. *A condição humana*. Rio de Janeiro: Forense Universitária, 2004.

BOURCIER, M.-H. *Sexpolitiques: Queer Zones 2*. Paris: La Fabrique, 2005.

BOURCIER, M.-H. *Queer Zones: politique des indentités sexueles et des savoirs*. Paris: Ed. Amsterdam, [2001] 2006.

BOURCIER, M.-H. Prefácio. In: PRECIADO, B. *Manifiesto Contrassexual: prácticas subversivas de identidad sexual*. Madri: Opera Prima, 2002.

BUTLER, J. *Cuerpos que importan: sobre los límites materiales y discursivos del "sexo"*. Buenos Aires: Paidós, 2008.

BUTLER, J. *Vida precaria: el poder del duelo y la violencia*. Buenos Aires: Paidós, 2009.

BUTLER, J. *Deshacer el género*. Buenos Aires: Paidós, 2006.

DELEUZE, G. *Mil Platôs, vol. 1*. São Paulo: Ed. 34, 1980.

DELEUZE, G. *Crítica e clínica*. São Paulo: Ed. 34, 1997a.

DELEUZE, G. A imanência: uma vida. In: *Gilles Deleuze: imagens de um filósofo da imanência*. Organização de Jorge Vasconcellos e Emanuel Ângelo da Rocha Fragoso. Londrina: Ed. da UEL, 1997b.

DELEUZE, G. *Conversações*. São Paulo: Ed. 34, 2000.

DELEUZE, G. Pensamento nômade. In: *A ilha deserta*. São Paulo: Iluminuras, 2006.

DELEUZE, G. *Espinosa: Filosofia prática*. São Paulo: Escuta, 2002.

FOUCAULT, M. *História da Sexualidade 1*. Rio de Janeiro: Graal, 2001.

FOUCAULT, M. *Em defesa da sociedade*. São Paulo: Martins Fontes, 2002a.

FOUCAULT, M. *Microfísica do poder*. Rio de Janeiro: Graal, 2002b.

FOUCAULT, M. *A ordem do discurso*. São Paulo: Edições Loyola, 1996.

FOUCAULT, M. *Ditos e Escritos, vol. 5: ética, sexualidade, política*. Rio de Janeiro: Forense Universitária, 2004.

FOUCAULT, M. *Nascimento da biopolítica*. São Paulo: Martins Fontes, 2008.

FOUCAULT, M. O corpo utópico. In: *El cuerpo utópico. Las heterotopías*. Argentina: Nueva Vision, 2010. (Publicado no jornal *IHU-Online*, edição de 22 nov. 2010).

GUATTARI, F. *Caosmose: um novo paradigma estético*. São Paulo: Ed. 34, 1992.

PELBART, P. P. *Vida nua, vida besta, uma vida*. Disponível em: <http://pphp.uol.com.br/tropico/html/textos/2792,1.shl>. Acesso em: 20 maio 2007.

PRECIADO, B. *Manifiesto contra-sexual*. Espanha/Madrid: Opera Prima, 2002.

PRECIADO, B. Multidões queer: notas para uma política dos "anormais". *Revista Estudos Feministas*, Florianópolis, v. 19, n. 1, p. 312, jan./abr. 2011.

PRECIADO, B. *Testo Yonqui*. Madrid: Espasa Calpe, 2008.

PRECIADO, B. Entrevista concedida a Jesús Carrillo. *Revista Poiésis*, n. 15, jul. 2010.

PRECIADO, B. *La muerte de la clínica*. Entrevista, abril de 2013. Disponível em: <http://www.youtube.com/watch?v=4aRrZZbFmBs>. Acesso em: 10 abr. 2015.

ROSA, S. O. Os investimentos em capital humano. In: RAGO, M.; VEIGA-NETO, A. *Para uma vida não-fascista*. Belo Horizonte: Autêntica, 2009. p. 377-388.

ROSA, S. O. *A biopolítica e a vida "que se pode deixar morrer"*. São Paulo: Paco, 2012.

ROSA, S. O. Fazer viver é deixar morrer. *Revista Aulas*, n. 3, 2007.

SWAIN, T. N. Tecnologias sociais e a construção da diferença sexual. *Revista Mora*, Buenos Aires, v. 17, n.1, jan./jul. 2011.

Liberdade

Tania Navarro Swain

Foucault é fonte de inspiração.

Sua escrita, seus conhecimentos, seu manejo da linguagem, suas ideias libertárias exercem uma atração intensa.

Mas é verdade que também desperta temor: os defensores dos pré-conceitos, das verdades nas quais se apoiam para melhor dominar ou excluir, são os adversários ferrenhos de Foucault. Ele, porém, não se detém em suas invectivas pois não pretende ser mestre de ninguém, nem criar teorias construídas com o cimento das verdades.

Foucault nos fala de liberdade. Examina a construção das amarras que compõe o social sem, todavia, pregar soluções ou caminhos incontornáveis. No cadinho das instituições do social, suas análises se debruçam sobre as práticas discursivas que ultrapassam os limites codificados do tempo, dos séculos, das redes de sentido que se embaraçam em seus próprios fios. E a liberdade se perde nesta trama que enlaça vontade de poder, preconceitos, normas, exclusões.

O que é uma prática discursiva, senão um conjunto composto pelo imaginário, pelos discursos, verdades, crenças, leis, normas, estereótipos, ciência? Detectar seus fundamentos em uma configuração cientifico-social e os valores que a regem é uma tarefa eminentemente política. Trata-se de auscultar a construção das relações sociais, em termos de liberdade e de direitos.

Decodificar os nós que ligam o passado ao presente, encontrar as condições de produção da ordem do discurso vigente àquele momento, da circulação de verdades e seus sentidos, esta é uma das empreitadas que Foucault propõe.

É o que faz a genealogia: buscar a eclosão dos saberes obscurecidos por uma situação geral de forças sociais e pela interpretação que dobra à sua vontade o fio dos acontecimentos e de seus significados. Foucault (1988) assim se exprime:

> Mas se interpretar é se apoderar por violência ou sub-recepção de um sistema de regras que não tem em si significação essencial, e lhe impor uma direção [...] a genealogia deve ser a sua história: história das morais, das ideias, dos conceitos metafísicos, história do conceito de liberdade ou de vida ascética, como emergências de interpretações diferentes. Trata-se de fazê-las aparecer como acontecimento no teatro dos procedimentos (FOUCAULT, 1988, p. 26).

Uma vez fundadas, entretanto, as categorias apresentam-se enquanto verdade, e a arqueologia de Foucault não é senão a metodologia que permite desvelar sua aparição em configurações diferentes, cujo alcance é outro.

Dessa forma, para ele, nos discursos se encontram as fontes para tal análise, pois

> [...] o indivíduo que se põe a escrever um texto no horizonte onde ronda uma obra possível toma para si a função de autor [...] todo este jogo de diferenças é prescrito pela função autor, tal como a recebe de sua época, tal como, por sua vez, ele a modifica (FOUCAULT, 1971, p. 30-31).

As experiências que compõem o vivido do indivíduo em sua construção no social estão claramente imbricadas nesta formulação. As identidades e os papéis sociais são engendrados da mesma maneira: as condições de possibilidade indicam as maneiras de ser no mundo, nos corredores estreitos das normas e dos estereótipos ou na liberdade do movimento e da criatividade.

A questão da verdade é central nesta perspectiva, pois são os enunciados "verdadeiros" que determinam o grau de liberdade social.

É de fato o desejo de poder que controla a produção e a circulação de enunciados enquanto verdades incontestáveis e a retomada de enunciados, e para Foucault, lhes assegura um caráter de verdade. É o caso das tradições, religiosas ou de costumes, da história, da antropologia, que utilizam categorias universais ou ideias preconcebidas como base de suas narrativas. Tais como a dominação universal e atemporal do masculino sobre o feminino.

A reaparição de um enunciado em novas configurações do saber carreia novos sentidos e a genealogia para Foucault procura estes significados, apagando a continuidade dos pressupostos enraizados. "Sempre foi assim". Entretanto, se as configurações sociais mudam, os poderes podem se reconstituir e de novos significados criar novas exclusões e regras limitadoras da liberdade, assim como aumentar sua dominação sobre o mundo, humano e não humano.

Ora, esta retomada de enunciados dá-lhes um caráter axiomático e sua afirmação reiterada tem o papel de fundamento. Muitas vezes a tradição invocada impõe o silêncio às vozes dissidentes e as apagam da memória social. É assim que um quadro de pensamento se forma e se instala, se institui em leis e normas como evidentes, como emanações da natureza.

É assim também que se formulam em política, por exemplo, categorias como a direita e a esquerda, que disputam a posse do bem e rejeitam sobre o outro a sombra do mal. Entre o "nós" e o "eles" se perfila a disputa pela verdade e a restrição das liberdades de expressão e de opinião.

Com frequência a tradição invocada impõe o silêncio às vozes dissidentes e as apagam da memória social. De fato, uma ditadura de esquerda, como nos países comunistas – entre os quais Cuba (financiada e louvada pelo governo brasileiro) – ou uma ditadura de direita, militar ou fundamentalista – sem esquecer as ditaduras religiosas, étnicas, em sua produção de verdades –, cria campos de concentração, tanto físicos quanto ideológicos e mentais. Neste caso, de fato, não há direita ou esquerda, há apenas *a infâmia* (FABIUS, 2013).

Penso aqui em Yoani Sánchez, dissidente cubana, que esteve no Brasil no início de 2013, cuja palavra foi sequestrada na democracia brasileira, sob pretextos obscuros e vergonhosos que sopravam o fétido odor das ditaduras cegas do pensamento.

Num país democrático, assim, é tolerada e incentivada uma partilha entre os que podem e os que não podem se expressar? Isto é um movimento conhecido de arbítrio e de imposição de silêncio aos que não pensam segundo certos cânones estabelecidos. Desde quando uma ditadura histórica como a de Cuba não pode ser criticada, ao menos por respeito às vítimas de perseguição e aprisionamento nessa ilha?

Foucault também foi impedido de falar, foi mandado para longe, fora da França, pois suas aulas sacudiam a ordem do discurso estabelecido. Seus livros foram ignorados durante longo tempo pela *intelligentsia*, imersa no pântano de suas certezas e de seu poder de julgar, de comandar.

Atualmente, novas configurações do saber deixam-nos ouvir sua voz, que fala de liberdade. Liberdade de expressão é um princípio que não pode obedecer aos interesses de grupos que pretendem esconder o totalitarismo lá onde ele se manifesta. O ato de apagar, de retirar a palavra, de impor o silêncio é a imagem de um poder organizado de controle, que se exerce e contra o qual se insurge Foucault.

Assim, a liberdade é vigiada, mesmo nos países democráticos, pois é pela crítica que os indivíduos podem agir no sentido de aperfeiçoar e transformar as configurações de saber e poder, nas quais são constituídos.

A liberdade, de fato, é um bem maior da vida e as análises de Foucault esteiam esta proposição. Liberdade de ser, de viver, de se expressar, de se construir enquanto sujeito, de escolher seus caminhos, de trabalhar, de viajar, sem coerções. Toda forma de pensamento que exclui não apenas a diferença, mas também a dissidência, cria quadros de poder totalitários, dobrando às exigências da "verdade" toda forma de criatividade e de subjetivação, sob ameaça e terror.

Da mesma maneira, os direitos fundamentais das mulheres sobre seus corpos, dos direitos cívicos dos "diferentes" são negados diante do referente humano geral: o macho heterossexual branco, criado para melhor discriminar, explorar e excluir.

O estupro, esta praga social maciça, é cada vez mais denunciada por suas vítimas, o que talvez desperte a consciência desta intolerável violência: isso significa que uma mudança está se produzindo na ordem do discurso androcêntrico; este crime foi sempre silenciado, graças à condescendência de uma sociedade masculina, crente em seu direito "natural" de apropriação das mulheres e seus corpos. Um manifesto foi assinado na França por 313 vítimas de estupro em 2012, seguido de centenas de manifestações que denunciavam as exações sofridas em todas as idades e consumadas por desconhecidos, mas sobretudo por homens da família ou próximos a elas (Le Nouvel Observateur, 2013, p. 56).

Da mesma forma, o estupro institucionalizado tem sido incentivado nas guerras, da antiga Iugoslávia ao Ruanda e à República Democrática do Congo, e não despertam reações internacionais: mas para um milhar de vítimas na Síria são mobilizadas a opinião e o repúdio internacional. Afinal, trata-se apenas de mulheres violentadas, torturadas, massacradas, apesar de seu número atingir centenas de milhares.

Assim, Foucault nos interpela para a crítica do social, e é o que fazem os feminismos, tão denegridos pelos que se sentem ameaçados em seus poderes de possuir e dominar.

O crime de lesa majestade do qual é acusado Foucault é, portanto, de pôr em jogo a natureza do saber e suas ingerências nas práticas discursivas, entre outras, a do político *lato sensu*. Pois, segundo ele, o solo sobre o qual se apoiam os regimes de verdade não é senão uma criação temporal e histórica. E esta é também uma proposição feminista.

Foucault analisa aquilo ao qual era tabu fazer alusão. Mostra as fraquezas e os limites das ideologias desviadas pelo desejo de poder e de verdade. Pois, no fundo, todas as teorias sociais, religiosas ou políticas pregam um caminho único, a salvação pela cega adesão às determinações seja de um partido, de uma crença ou de um, raciocínio, todos marcados pelas condições de produção variáveis e frequentemente reconduzidas.

Não é ocioso falar de condições de produção, pois o pensamento, assim como os atos materiais estão mergulhados em uma rede de sentidos que se instituem e são por eles instituídos, em uma coreografia de possibilidades que resulta em uma configuração social dada.

O poder, diz Foucault, não provém de um só e único ponto. Define-o como sendo [...] um feixe de relações mais ou menos organizado, mais ou menos piramidalizado, mais ou menos coordenado (FOUCAULT, 1988, p. 248).

E este é o caso do patriarcado, poder masculino de apropriação de tudo que é considerado ou associado ao feminino e que se converte à medida das conquistas de direitos das mulheres, continuando assim a dominar. Foucault se interroga:

> [...] no fundo, será que o sexo, que parece ser uma instância dotada de leis, coações, a partir de que se definem tanto o sexo masculino quanto o feminino, não seria ao contrário algo que poderia ter sido produzido pelo dispositivo da sexualidade? (FOUCAULT, 1988, p. 259).

É esse tipo de crítica que, pelo seu poder de destruir as evidências e os sentidos fixos, traz mudanças na ordem do discurso. É em torno da desnaturalização dos sexos, isto é, da desconstrução discursiva/social de uma pretensa "natureza" humana que os feminismos contemporâneos insistiram e sacudiram os regimes de verdade estabelecidos.

A filosofia, a psicanálise, as ciências biológicas, sociais, as religiões fizeram do sexo a matéria do bem e do mal, do superior e do inferior, daquele que fala e daquela que deve ser mantida em silêncio. Uma vez estabelecida a "natureza", não é difícil argumentar sobre esta base, pois o saber histórico, temporal, transmuta o transitório e pontual em verdade incontestável.

Eis aí uma face do biopoder ao qual se refere Foucault, que cria, "na carne" as instâncias de dominação.

Monique Wittig (1980) detecta as condições de produção da divisão binária do humano que ela denomina "la pensée *straight*", ou seja, "o pensamento heterossexual" como base das relações humanas de maneira a-histórica. Isso se torna sistema onde as práticas discursivas agrilhoam o pensamento a seu fundamento: o "natural", baseado sobre os órgãos genitais.

Um sistema, portanto, político pelo seu alcance social e econômico na divisão do trabalho e na importância atribuída ao humano dividido em dois. Diz ela:

> Pois estes discursos fornecem da realidade uma versão científica onde os humanos são dados como invariantes, intocados pela história, não atingidos pelos conflitos de classe, com uma psique individual idêntica por ser programada geneticamente (WITTIG, 1980, p. 46).

E acrescenta:

> Tendo sido posto como princípio evidente [...] a relação inexorável da "pensée straight" se dispõe a uma interpretação totalizadora da história, da realidade social, das culturas e das sociedades, da linguagem e de todos os fenômenos subjetivos (WITTIG, 1980, p. 46).

Em suma, estes saberes construíram as ideias de "natureza", e de "essência" dos seres humanos segundo os valores, os enunciados da tradição, recobertos de uma nova cor, segundo as condições de produção e de possibilidade de seu tempo e de sua memória. Mas a procriação permanece como o valor maior que ordena a relação heterossexual como sendo a verdade do humano. Ocasião para fazer do masculino o centro do universo. E reter a liberdade das mulheres quanto a seu corpo, seu destino, suas aspirações.

Foucault analisa, desse modo, as tecnologias que dão ao sexo e à sexualidade um valor e um sentido, como se fosse o núcleo e a base da existência, onde a heterossexualidade teria direitos irrevogáveis. A luta contra o casamento gay, que deu ocasião a manifestações enormes no início do ano na França (março/abril de 2013) é um exemplo significativo.

Adrienne Rich (1981) comenta, nesse sentido:

> Mas a incapacidade de ver na heterossexualidade uma instituição é da mesma ordem que a incapacidade de admitir que o sistema econômico nomeado capitalismo ou o sistema de castas que constitui o racismo são mantidos por um conjunto de forças, que compreendem tanto a violência física quanto a falsa consciência (RICH, 1981, p. 31-32).

Teresa de Lauretis (1987), outra referência teórica feminista, analisa as tecnologias de gênero que instauram as divisões sociais e estabelecem os lugares de fala e de ação dos indivíduos segundo o valor atribuído a seu sexo biológico.

Na perspectiva de Foucault, a criação e o controle dos corpos sexuados pelo biopoder produziram a figura da "população", cujo objetivo era preservar a vida: entretanto, na atualidade, o frenesi pelo sexo enquanto instância maior da vida não faz senão instalar a morte como meio maciço de controle.

Rosi Braidotti (2013) considera que o biopoder, assim como a necropolítica são atualmente as duas faces da mesma moeda: não é a racionalidade e a universalização da noção de direitos humanos, mas um exercício do poder que é [...] a soberania irrestrita do direito de matar, estuprar e destruir a vida de outrem (2013). Isso seria a necropolítica em um esquema de globalização. Para essa autora, a

> [...] globalização é relativa à militarização do espaço tecnológico e social. É também a respeito da globalização da pornografia, do tráfico e da prostituição de mulheres e crianças, num comércio brutal da vida humana. É igualmente sobre a feminização da pobreza e do crescente aumento do analfabetismo feminino, assim como o desemprego estrutural de amplos setores da população, especialmente jovens (BRAIDOTTI, 2013).

Braidotti estima assim que:

> Tendo em vista que a política econômica do capitalismo global consiste em multiplicar e distribuir diferenças para o benefício do lucro, isto produz vagas de genderização e sexualização, racialização e naturalização de múltiplos "outros" (BRAIDOTTI, 2013).

É assim que a necropolítica gera a morte de uns para melhor assegurar a dominação de outros, graças a um movimento sinérgico que estrutura o exercício do poder. Disso decorre que a opressão do patriarcado sobre as mulheres se encontra reforçada e a violência torna-se um meio maciço de controle, como o estupro apregoado enquanto arma de guerra.

A categoria "população", segundo a autora, se compõe em múltiplos grupos sob diferentes denominações, refugiados, terroristas, rebeldes, manifestantes ou "normais". As guerras étnicas são fratricidas e levam às vezes a verdadeiros genocídios, como em Ruanda nos anos 1990, ou na Iugoslávia, ou a exterminação de milhões de pessoas no pós-guerra em campos de concentração soviéticos e chineses. Sem esquecer, é claro, o extermínio dos judeus pelos nazistas.

Era e é ainda a morte ideológica gerida pela fome, pela guerra, pela prisão. A necropolítica é finalmente uma guerra civil global, como sublinha Braidotti (2013).

As configurações atuais dessa necropolítica, com o patriarcado como ponto de apoio, inauguram uma inversão de gênero quanto a crimes e abusos. É assim que se exploram os raros casos de violências cometidos por mulheres como sendo atos comuns e corriqueiros, com o objetivo de criar uma partilha das responsabilidades sociais na brutalidade que devasta o mundo.

Além disso, os traços maléficos ou perversos atribuídos ao feminino pelos discursos religiosos, científicos, e pela mídia retomam um vigor inesperado, pois, finalmente, se as mulheres são mortas ou violentadas é bem culpa delas mesmas, de sua "natureza". Mentira, traição, luxúria, provocação são traços habitualmente colados às mulheres mas que agora aparecem no imaginário social em papéis ativos de violência e abuso.

Temos aqui o dispositivo da sexualidade retomado pelo patriarcado e a necropolítica para assegurar aos homens o poder e o dever de corrigir as mulheres por todos os meios, feminicídio, estupro, ácido, mutilações múltiplas. O aborto seletivo que elimina os fetos femininos na China cria um desequilíbrio entre os sexos que hoje é estimado em torno de 100 milhões de mulheres a menos que o habitual nos nascimentos. E isso representa hoje um mercado imenso, pois os chineses compram mulheres nos países vizinhos, principalmente no Vietnam. Mais lucro para os exploradores e para benefício dos homens. Na Índia, além do aborto seletivo, as meninas que nascem em prostíbulos são criadas como futura carne a consumir, sem mencionar a venda das mulheres no mercado do casamento.

O etnogenocídio toca em primeiro lugar as mulheres: as revoluções que exigem direitos humanos esquecem ou sequestram os direitos das mulheres, tais como as "primaveras árabes". No Egito, as manifestações de rua eram ocasião para o estupro coletivo das mulheres que acreditavam poder reivindicar também seus direitos de cidadania. Os jornais no Brasil pouco mencionaram este fato.

Onde foi parar a indignação?

Foucault nos convida a mudar os regimes de verdade. E a lutar pela liberdade. Principalmente das mulheres.

É um desafio aceito pelos feminismos, os verdes, os antiespecistas. Mudar a face do mundo é pensar um outro mundo. Talvez sem gêneros, em que o sexo não seja definidor de importância e de valor. Um mundo livre.

Referências

BRAIDOTTI, R. Nomadic Feminist Theory in a Global Era. *Labrys, Études Féministes*, jan./jun. 2013.

FABIUS, L. L'étrange mansuétude. *Le nouvel Observateur*, n. 2519, 14 fev. 2013.

FOUCAULT, M. *Ordem do discurso*. Paris: Gallimard, 1971.

FOUCAULT, M. *Microfísica do poder*. Rio de Janeiro: Graal, 1988.

LE NOUVEL Observateur, n. 2508, p. 56, 29 maio 2013.

RICH, A. 1981. La contrainte à l'heterosexualité et l'existance lesbienne. *Nouvelles Questions Féministes*, Paris, Mars 1981.

SWAIN, Tania Navarro. Por um feminismo libertário: pode-se utilizar o pensamento de Foucault? *Labrys, Études Féministes*, jul./dez. 2013.

TERESA DE LAURETIS. *Technologies of Gender. Essays on Theory, Film, Fiction*. Bloomington/Indianapolis: Indiana University Press, 1987.

WITTIG, M. 1980. La pensée straight. *Questions Féministes*, Paris, n. 7, février 1980.

Sobre os autores

Alexandre Simão de Freitas
Doutor em Sociologia pela Universidade Federal de Pernambuco, professor do Programa de Pós-Graduação em Educação, também da Universidade Federal de Pernambuco. Neste momento, suas pesquisas concentram-se no estudo da ética do cuidado de si formulada nos cursos finais de Michel Foucault no Collège de France (1982-1984).

André Duarte
Doutor em Filosofia pela Universidade de São Paulo, professor da Universidade Federal do Paraná nos níveis de Graduação e Pós-Graduação em Filosofia. Tem experiência na área de Filosofia, com ênfase em filosofia política, ética, fenomenologia, ontologia fundamental e hermenêutica, atuando principalmente na discussão dos seguintes autores e temas: diagnósticos filosóficos da modernidade, biopolítica, técnica, Heidegger, Arendt, Foucault, Nietzsche e Agamben.

André Queiroz
Doutor em Psicologia pela Pontifícia Universidade Católica de São Paulo, professor da Universidade Federal Fluminense. Tem experiência na área de Filosofia, com ênfase em filosofia francesa contemporânea, atuando principalmente nos seguintes temas: filosofia francesa, estudos da subjetividade, literatura contemporânea e crítica, cinema e narrativa. Escritor e ensaísta, é autor de vários livros.

Celso Kraemer
Doutor em Filosofia pela Pontifícia Universidade Católica de São Paulo, professor na Faculdade São Luiz e no Programa de Pós-Graduação em Educação – Mestrado em Educação da Universidade Regional de Blu-

menau. Atua principalmente nos seguintes temas: educação, capacitação docente, ética e política, e história da filosofia.

Cesar Candiotto

Doutor em Filosofia pela Pontifícia Universidade Católica de São Paulo, professor da Pontifícia Universidade Católica do Paraná. Tem experiência na área de Filosofia Contemporânea, com publicações nas subáreas de Ética e Filosofia política e Filosofia Francesa Contemporânea, especialmente no pensamento de Michel Foucault. Atua principalmente nos seguintes temas: ética, política, verdade, subjetivação, biopolítica, governamentalidade, resistência.

Dulce Quental

Dulce Quental é mãe, cantora e compositora (não nesta ordem). Cronista em busca da poesia esquecida destes dias perdidos, (sobre)viveu (a)os anos 1980, e procura uma forma de se renovar sem se tornar cinza. Ela ouve a voz da chuva, acredita no poder do desejo, e brinca de amar o cinema, a música e a vida.

Guilherme Castelo Branco

Doutor em Comunicação pela Universidade Federal do Rio de Janeiro, professor também da Universidade Federal do Rio de Janeiro, onde realiza ensino, pesquisa e orientação no Programa de Pós-Graduação em Filosofia. Participa do Centre Michel Foucault, na França. Tem experiência na área de Filosofia, com ênfase em Filosofia Contemporânea, Michel Foucault, Filosofia Política, Deleuze e Estética.

Haroldo de Resende

Doutor em Educação: História, Política, Sociedade pela Pontifícia Universidade Católica de São Paulo, professor da Universidade Federal de Uberlândia, na Faculdade de Educação. Atua na linha de História e Historiografia da Educação no Programa de Pós-Graduação em Educação da Universidade Federal de Uberlândia, com pesquisas voltadas para os conceitos de governamentalidade e biopolítica.

Maria Rita de Assis César

Doutora em Educação pela Universidade Estadual de Campinas, professora Adjunta do Setor de Educação na Universidade Federal do Paraná. Atua no Programa de Pós-Graduação em Educação. Coordenadora do Laboratório de Investigação (LABIN) em corpo, gênero e subjetividade na Educação. Tem experiência na área de Educação com ênfase nos estudos sobre corpo, gênero, sexualidade e subjetividade, atuando principalmente nos seguintes temas: poder, biopolítica, governamentalidade e estética da existência; pós-estruturalismo; teorias de gênero; feminismo e teoria queer.

Marilda Ionta

Doutora em História pela Universidade Estadual de Campinas. Atualmente é professora da Universidade Federal de Viçosa. Tem experiência na área de História, com ênfase em História do Brasil República, atuando principalmente nos seguintes temas: história, subjetividade, gênero, cultura e metodologias de ensino.

Nildo Avelino

Doutor em Ciências Sociais, professor na Universidade Federal da Paraíba, no Departamento de Ciências Sociais e no Programa de Pós-Graduação em História. Tem experiência nas áreas de Ciência Política, Sociologia, História e Educação, com ênfase em Teoria Política, Sociologia Política, História Política e Políticas da Educação, atuando principalmente nos temas: estudos anarquistas, estudos foucaultianos, socialismo, democracia, liberalismo.

Pedro Angelo Pagni

Doutor em Educação pela Universidade Estadual Paulista Júlio de Mesquita Filho, professor da mesma universidade. Tem experiência na área de Educação, com ênfase em Filosofia da Educação, atuando principalmente nos seguintes temas: filosofia da educação, filosofia da educação no Brasil, filosofia contemporânea e educação e ensino de filosofia.

Priscila Piazentini Vieira

Doutora em História pela Universidade Estadual de Campinas, professora na Universidade Federal do Paraná. Atua principalmente em temas relativos à concepção de história genealógica proposta por Michel Foucault e na questão da coragem da verdade (parrhesía) na cultura antiga, para articulá-la com as suas reflexões sobre a construção de uma ética do intelectual no presente.

Susel Oliveira da Rosa

Doutora em História pela Universidade Estadual de Campinas, professora da Universidade Estadual da Paraíba e do Programa de Pós-Graduação em História da Universidade Federal da Paraíba. Tem experiência na área de Ciências Humanas, com ênfase em História do Brasil, especialmente no período da ditadura civil-militar, com enfoque nos seguintes temas: histórias de vida, violência, tortura, biopolítica, estado de exceção, mulheres, gênero, feminização da cultura. Também se interessa por temas que envolvem sexopolítica e teoria queer.

Tania Navarro Swain

Doutora em Sociétés Latino-Américaines pela Université de Paris III, professora da Universidade de Brasília (aposentada). Áreas de atuação e pesquisa: epistemologia feminista, sexualidade, gênero, história das mulheres, teoria e metodologia da história. Atualmente edita a revista digital *Labrys*, Estudos Feministas.

Este livro foi composto com tipografia Bembo e impresso
em papel Off Set 75 g/m² na Paulinelli Serviços Gráficos.